高等学校应用型特色系列教材
省级精品资源共享课程配套教材

▶ 配套微课视频

Animate CC
课件制作案例教学经典教程（第2版）

卢连梅　史创明　王　丹　编著

电子工业出版社
Publishing House of Electronics Industry
北京·BEIJING

内 容 简 介

本书是省级精品资源共享课程配套教材，是使用 Animate CC 制作课件的经典学习用书。本书共 12 章，主要内容包含 Animate CC 课件制作快速入门、Animate CC 课件中图形的绘制与编辑、Animate CC 课件中的元件、Animate CC 动画课件的制作过程、Animate CC IK 动画课件、Animate CC 课件的交互与导航、Animate CC HTML5 Canvas 课件、Animate CC 音频与视频课件、在 Animate CC 课件中加载和控制外部内容、Animate CC 课件的摄像机控制、Animate CC 虚拟现实课件、发布 Animate CC 课件。本书重在阐述 Animate CC 制作课件的基本技能和原理，每章都设计了一个经典的教学案例和模拟练习作品。

本书的教学资源丰富，包含全部案例的素材文件和源文件、教学视频、电子课件、拓展学习资源、教学大纲等，可为读者自学、在线学习及教师进行翻转课堂教学等提供便利的条件和丰富的学习资源。

本书可作为在校师范类学生的教材及教师教育培训教材，也适合广大课件制作爱好者阅读。对初、中级 Animate CC 动画制作爱好者来说，本书也是一本实战性较强的学习用书。

未经许可，不得以任何方式复制或抄袭本书之部分或全部内容。
版权所有，侵权必究。

图书在版编目（CIP）数据

Animate CC 课件制作案例教学经典教程 / 卢连梅，史创明，王丹编著. —2 版. —北京：电子工业出版社，2022.2

ISBN 978-7-121-42795-4

Ⅰ．①A… Ⅱ．①卢… ②史… ③王… Ⅲ．①多媒体课件－动画制作软件－高等学校－教材 Ⅳ．①G434

中国版本图书馆 CIP 数据核字（2022）第 018389 号

责任编辑：戴晨辰　　　　　特约编辑：田学清
印　　　刷：北京建宏印刷有限公司
装　　　订：北京建宏印刷有限公司
出版发行：电子工业出版社
　　　　　北京市海淀区万寿路 173 信箱　　　邮编：100036
开　　本：787×1092　　1/16　　印张：14.75　　字数：378 千字
版　　次：2015 年 2 月第 1 版
　　　　　2022 年 2 月第 2 版
印　　次：2025 年 2 月第 3 次印刷
定　　价：49.00 元

凡所购买电子工业出版社图书有缺损问题，请向购买书店调换。若书店售缺，请与本社发行部联系，联系及邮购电话：(010) 88254888, 88258888。

质量投诉请发邮件至 zlts@phei.com.cn，盗版侵权举报请发邮件至 dbqq@phei.com.cn。

本书咨询联系方式：dcc@phei.com.cn。

前言

Animate CC 在动画制作、交互式 Web 应用和移动应用开发等方面提供了功能强大的创作和编辑环境，是教育行业不可缺少的重要工具。本书主要介绍 Animate CC 课件制作方面的基础技能知识。

学习前的准备工作

在学习本书之前，请读者确保正确地设置了计算机的软、硬件工作环境。我们建议读者使用 Windows 10 以上版本的操作系统（本书的实例操作环境使用微软 Windows 操作系统）和 Animate CC 2019 以上版本的软件。读者应当能够使用鼠标、标准菜单和命令，知道如何打开、关闭和保存文件。播放实例需要使用 Flash Player 11 以上版本的播放器，同时我们建议读者安装 Photoshop、Illustrator 等软件。

建议学习步骤

第 1 步，复制文件。

下载本书配套资源中的"范例文件"文件夹中相应章节的学习材料到本地硬盘上。

第 2 步，手把手范例教学。

按照本书的详细提示，完成范例的制作，掌握相应的理论和知识点。初学者在学习过程中切忌浮躁，应认真做完要求的每一步。

第 3 步，进行模拟练习。

打开本书配套资源中的"模拟练习"文件夹中相应章节的模拟练习示例文件，在观看效果后，参考说明文件，使用提供的素材制作出具有同样效果的 Animate CC 作品。"模拟练习"文件夹中只有最终文件、素材和操作概要，没有源文件，以便读者独立自主地完成作品。读者若需要模拟练习的源文件，可联系本书作者或编辑获取。

第 4 步，进行创意制作。

运用以上学习的技能，自己制作一个包含章节知识点的 Animate CC 课件。如果不能独立自主地进行创意制作，就说明还没有完全掌握章节内容，请重复前 3 个学习步骤，直到能自主进行创意制作为止。

第 5 步，进行拓展学习。

本书配套资源中还包含 Animate CC 更多学习资源，可辅助读者进行拓展学习。

本书的特点

（1）学习过程精心设计，学习效果好。

通过范例教学案例手把手训练 → 通过模拟练习案例巩固训练 → 通过创意训练掌握学习内容

（2）实例典型，轻松易学。

本书每章的案例都经过精心设计，既是一个独立的作品，又能够完整反映每章的知识点。案例通俗易懂，深入浅出。

（3）配套服务完善。

为了使读者更好地掌握本书的内容，本书提供了丰富的配套资源，读者可登录华信教育资源网（www.hxedu.com.cn）搜索本书进行下载和学习。

配套资源

本书的配套资源中既有每章范例文件的源程序和素材文件，如第1章的范例文件在"范例文件\Lesson01"文件夹中；又有每章模拟练习文件的最终编译文件和素材，如第1章的模拟练习文件在"模拟练习\Lesson01"文件夹中。此外，本书还提供配套教学视频、电子课件、拓展学习资源、教学大纲等。

致读者

本书由卢连梅、史创明和王丹编著，同时，李姚晨、杜盼、刘条蕾、何杰等在案例的调试、讲解视频录制中做了大量的工作。在本书的编著过程中，我们以科学、严谨的态度，力求精益求精，但由于水平有限，本书的疏漏和不足之处在所难免，敬请广大读者批评、指正。

读者有任何疑问，可发邮件至邮箱 dcc@phei.com.cn。

编著者

第 1 章 Animate CC 课件制作快速入门 1

1.1 启动 Animate CC 2
1.2 预览完成的课件 2
1.3 Animate CC 的工作区 3
1.4 舞台 3
1.5 "库"面板 4
1.6 时间轴 5
1.6.1 重命名、显示和隐藏、锁定和以轮廓显示图层 6
1.6.2 添加新图层 7
1.6.3 删除和移动图层 7
1.6.4 组织图层 7
1.7 "属性"面板 8
1.8 工具面板 8
1.8.1 了解工具面板 9
1.8.2 使用工具面板 9
1.9 帧 10
1.10 撤销执行的步骤 12
1.11 预览影片 12
1.12 完成案例剩余部分的制作 13
1.12.1 图片逐帧动画制作 13
1.12.2 从外部文件拷贝图层和帧的复制、粘贴 15
1.12.3 同时编辑多个帧 17
1.12.4 文字滤镜和元件初感 20
1.12.5 为课件加上主题文字和背景音乐 22
1.13 发布影片 24
课后习题 24

第 2 章 Animate CC 课件中图形的绘制与编辑 25

- 2.1 预览完成的课件 26
- 2.2 新建文件 26
- 2.3 填充和笔触 26
- 2.4 创建基本形状 27
  - 2.4.1 使用"椭圆工具" 27
  - 2.4.2 更改笔触和使用渐变填充 28
- 2.5 创建背景图案 29
  - 2.5.1 使用"矩形工具" 29
  - 2.5.2 使用"渐变变形工具" 31
  - 2.5.3 使用"钢笔工具" 31
  - 2.5.4 使用"选择工具"或"部分选择工具"编辑曲线 32
  - 2.5.5 删除或添加锚点 33
- 2.6 创建特殊形状 33
  - 2.6.1 创建星形形状 33
  - 2.6.2 创建圆形形状 34
- 2.7 将图形转换为元件 34
- 2.8 创建和编辑文本 35
- 2.9 美化天空 38
- 课后习题 39

第 3 章 Animate CC 课件中的元件 40

- 3.1 预览完成的课件 41
- 3.2 元件 41
  - 3.2.1 元件概述 41
  - 3.2.2 元件的类型 41
- 3.3 新建动画文件 41
- 3.4 创建元件 42
- 3.5 向 Animate CC 中导入矢量图形 42
- 3.6 向 Animate CC 中导入位图 43
- 3.7 通过库来管理元件 45
- 3.8 更改元件实例的大小和位置 45
- 3.9 对元件进行编辑 46
  - 3.9.1 在"库"面板中编辑元件 46
  - 3.9.2 在舞台中直接编辑元件 48
- 3.10 为元件实例添加特效 48
- 3.11 添加 3D 特效文字 50
- 3.12 让画面动起来 51

	3.12.1	导入和添加音乐	51
	3.12.2	编辑 Dancer 元件实例的动态效果	52
	3.12.3	编辑 Player 元件实例的动态效果	54
	3.12.4	编辑 Singer 元件实例的动态效果	56

3.13 通过按钮元件控制动画 ... 57
    3.13.1 制作按钮元件 ... 57
    3.13.2 为元件实例命名 ... 60
    3.13.3 为元件实例添加控制代码 ... 60

课后习题 ... 62

第 4 章 Animate CC 动画课件的制作过程 ... 63

4.1 预览完成的课件并开始制作 ... 64
    4.1.1 动画的基本概念 ... 64
    4.1.2 补间动画和传统补间的差异 ... 65

4.2 制作位置动画 ... 65

4.3 更改播放速度和播放时间 ... 67
    4.3.1 更改动画持续时间 ... 67
    4.3.2 添加帧 ... 67
    4.3.3 添加关键帧 ... 68

4.4 制作具有不同不透明度的动画 ... 68

4.5 制作人物补间动画 ... 69

4.6 制作添加滤镜的动画 ... 70

4.7 制作变形的动画 ... 71

4.8 更改运动的路径 ... 73
    4.8.1 更改运动路径的缩放比例或旋转元件实例 ... 73
    4.8.2 编辑运动路径 ... 74

4.9 导入音频文件 ... 74

4.10 预览动画 ... 75
    4.10.1 快捷预览 ... 75
    4.10.2 在编译为 SWF 文件后预览 ... 75
    4.10.3 在其他环境中预览 ... 76

4.11 动画预设 ... 76
    4.11.1 预览动画预设 ... 76
    4.11.2 应用动画预设 ... 77
    4.11.3 将补间另存为自定义动画预设 ... 77

课后习题 ... 78

第 5 章 Animate CC IK 动画课件 ... 79

5.1 预览完成的课件并开始制作 ... 80

5.2	IK 动画的基本概念	80
5.3	利用 IK 制作关节运动	81
	5.3.1 定义骨骼	81
	5.3.2 骨架的层次结构	82
	5.3.3 插入姿势	83
5.4	约束链接点	84
	5.4.1 约束链接点的旋转	84
	5.4.2 约束链接点的平移	84
	5.4.3 隔离各个节点的旋转	85
	5.4.4 固定单个节点	86
	5.4.5 编辑骨骼	86
5.5	形状的 IK	86
	5.5.1 在形状内定义骨骼	86
	5.5.2 在元件间定义骨骼	88
	5.5.3 元件的命名和复制	89
	5.5.4 创建简单的补间动画	91
5.6	主骨架和副骨架的链接	92
	5.6.1 全身骨架的创建	92
	5.6.2 皮影动画背景的添加	94
5.7	在动画中替换元件	94
	5.7.1 把以上制作的动画包装成单独的元件	94
	5.7.2 元件的替换	96
课后习题		97

第 6 章 Animate CC 课件的交互与导航 99

6.1	预览完成的课件并开始制作	100
6.2	交互的基本概念	100
6.3	在课件中创建按钮元件	100
	6.3.1 创建按钮元件	101
	6.3.2 复制按钮元件	103
	6.3.3 交换元件	103
	6.3.4 放置按钮元件	104
	6.3.5 为按钮元件实例命名	105
6.4	了解 ActionScript 3.0	105
	6.4.1 ActionScript 3.0 简介	105
	6.4.2 理解脚本术语	106
	6.4.3 语法简介	107
	6.4.4 导航"动作"面板	107
6.5	扩充课件的时间轴	109

6.6	添加停止动作代码	109
6.7	为课件的按钮创建事件处理程序	110
	6.7.1 事件处理程序的创建步骤	110
	6.7.2 鼠标事件和 ActionScript 常用的导航命令	110
	6.7.3 为按钮添加 ActionScript 3.0 代码	111
6.8	创建目标关键帧	112
	6.8.1 插入具有不同内容的关键帧	112
	6.8.2 使用关键帧上的标签	114
6.9	创建返回事件	115
6.10	创建播放文字介绍的动画	116
	6.10.1 创建过渡动画	116
	6.10.2 使用 gotoAndPlay 命令	118
	6.10.3 停止动画	118
6.11	动画式按钮	119
	6.11.1 在影片剪辑元件中创建动画	119
	6.11.2 用代码为仪器按钮元件创建动画	120
课后习题		121

第 7 章 Animate CC HTML5 Canvas 课件ﾠ…122

7.1	Animate Canvas 简介	123
	7.1.1 HTML5 Canvas	123
	7.1.2 Animate Canvas	123
7.2	网站设计环境配置	124
	7.2.1 安装 IIS	124
	7.2.2 改变 IIS 网站目录	126
7.3	预览本章课件案例	126
7.4	用"动作"面板的"使用向导添加"按钮为"导航菜单"设置导航	127
7.5	绝对地址和相对地址	129
7.6	制作"上部区域"元件	130
	7.6.1 在"补间"图层中制作图片过渡效果	130
	7.6.2 使用"组件"面板添加搜索框	131
	7.6.3 添加文字按钮	132
7.7	制作"中部区域"元件中的"戈壁风景"影片剪辑元件	133
7.8	使用代码实现鼠标事件效果	136
	7.8.1 设置鼠标指针悬停事件	136
	7.8.2 设置鼠标指针移出事件	138
	7.8.3 设置鼠标单击事件	138
7.9	使用"组件"面板的视频组件为网页添加视频	139
7.10	发布和预览	140

	7.10.1	完成网页	140
	7.10.2	发布 Animate Canvas 文件	140
	7.10.3	预览网页	140
课后习题			141

第 8 章　Animate CC 音频与视频课件 … 142

8.1	预览完成的课件并开始制作	143
8.2	了解项目文件	143
8.3	使用音频	144
	8.3.1　导入音频文件	144
	8.3.2　把音频放在时间轴上	144
	8.3.3　剪去音频的尾部	145
	8.3.4　更改音量	147
	8.3.5　删除或更改音频	148
	8.3.6　设置声音的品质	148
8.4	导入外部视频文件	149
8.5	视频文件 3 种导入方式的区别	152
	8.5.1　使用播放组件加载外部视频	152
	8.5.2　在 SWF 中嵌入 FLV 并在时间轴中播放	153
	8.5.3　将 H.264 视频嵌入时间轴	155
8.6	嵌入视频	155
	8.6.1　导入视频	155
	8.6.2　调整嵌入的视频	156
课后习题		158

第 9 章　在 Animate CC 课件中加载和控制外部内容 … 159

9.1	预览完成的课件并开始制作	160
9.2	创建遮罩层	161
9.3	加载外部的 SWF 文件	163
9.4	删除已加载的外部 SWF 文件	166
9.5	控制影片剪辑	167
课后习题		169

第 10 章　Animate CC 课件的摄像机控制 … 170

10.1	预览完成的课件	171
10.2	摄像机功能介绍	171
10.3	在创建的文件中打开和关闭摄像机功能	171
10.4	创建摄像机图层，启用或禁用摄像机	172
10.5	缩放、旋转或平移摄像机	173

	10.5.1 缩放摄像机 173
	10.5.2 旋转摄像机 173
	10.5.3 平移摄像机 173
	10.5.4 摄像机效果的重置选项 174
10.6	对摄像机图层应用色调 174
10.7	在摄像机图层中调整滤镜 174
10.8	使用摄像机锁定图层 175
10.9	使用"图层深度"面板创建景深 175
	10.9.1 图层深度的概念 175
	10.9.2 "图层深度"面板的使用 176
10.10	图层父子关系 177
10.11	本章课件案例制作 179
	10.11.1 打开文件并开始制作 179
	10.11.2 在摄像机图层中添加关键帧并设置摄像机的参数 180
	10.11.3 添加字幕 184
课后习题	 190

第 11 章　Animate CC 虚拟现实课件 ... 192

11.1	虚拟现实简介 193
11.2	VR 360 和 VR Panorama 文件 193
11.3	设置预览环境 193
11.4	预览本章课件 193
11.5	开始制作本章课件 194
11.6	制作"庭院"场景的"cj2" 194
	11.6.1 新建并命名场景 194
	11.6.2 为"cj2"场景创建纹理变形效果和添加音乐 194
	11.6.3 在"VR 视图"面板中预览设计内容 195
11.7	制作导航元件 196
	11.7.1 制作"庭院"按钮 196
	11.7.2 设计"去哪里看看呢？"导航面板 199
11.8	添加导航代码 200
	11.8.1 为按钮添加鼠标单击事件 200
	11.8.2 为按钮添加鼠标指针悬停事件 203
	11.8.3 为按钮添加鼠标指针移出事件 205
11.9	为各场景添加导航面板并在"VR 视图"面板中调整其位置 205
11.10	发布课件 207
课后习题	 207

第 12 章 发布 Animate CC 课件 208
12.1 开发时环境和运行时环境 208
12.2 发布到 HTML5 运行时环境 208
12.2.1 发布 HTML5 Canvas 文件 208
12.2.2 发布 VR 360 和 VR Panorama 文件 210
12.2.3 发布 WebGL glTF 文件 210
12.3 发布到 Flash Player 运行时环境 212
12.4 发布到桌面应用环境 213
12.4.1 创建 AIR 应用程序 213
12.4.2 安装 AIR 应用程序 217
12.5 发布到移动设备 217
12.5.1 测试移动应用程序 218
12.5.2 模拟移动应用程序 218
12.6 使用"导出"命令导出图像、影片、视频和动画等 221
12.7 Animate CC 文件类型转换 223
课后习题 224

第 1 章

Animate CC 课件制作快速入门

本章视频学习资源

本章学习内容

（1）Animate CC 的界面。
（2）使用 Animate CC 新建文件。
（3）Animate CC 的工作区。
（4）Animate CC 各类部件的操作和设置。
（5）使用 Animate CC 进行影片的预览和发布。

本章课件案例介绍

本章课件案例是一个阐述种子的魅力的课件案例（见图 1.1），以种子的发芽、生长等环节的形象、简洁的动画，引发人们对种子的魅力的想象。通过学习本章，读者要掌握在"时间轴"面板中组织帧和图层；导入文件到库和舞台中；在"属性"面板中设置图片的属性；通过工具面板添加文字；制作简单的逐帧动画等操作。

图 1.1

1.1 启动 Animate CC

选择"开始"→"所有程序"→"Adobe Animate CC"命令,启动 Animate CC。

在启动 Animate CC 后,会进入开始界面(见图 1.2),在这里,用户可以通过模板和各种模式新建 Animate CC 文件和项目,也可以看到最近打开的项目。开始界面中还有教程等学习资料的链接。

图 1.2

1.2 预览完成的课件

(1)使用 Animate CC 打开文件。选择"文件"→"打开"命令,选择本书配套资源中的"范例文件\Lesson01\01Complete\01Complete.swf"文件并单击"打开"按钮,同时按 Ctrl+Enter 组合键播放动画,如图 1.3 所示。

图 1.3

（2）关闭 Flash Player 预览窗口，Animate CC 将重新回到开始界面。

（3）选择"文件"→"新建"命令，弹出"新建文件"对话框。在"预设"选项卡中选择"标准"选项，在"平台类型"下拉列表中选择"ActionScript 3.0"选项，单击"创建"按钮，创建一个新的 Animate CC 文件，文件扩展名为".fla"（这是最常用的 Animate CC 文件格式）。截至目前，ActionScript 3.0 是 Animate CC 中可以进行编程的脚本语言的最新版本。

注意：如果使用 Animate CC 2019 以外的其他版本，那么新建文件的操作会略有不同。

（4）选择"文件"→"保存"命令，将文件命名为"01Demo.fla"，保存在"范例文件\Lesson01\01Start"文件夹中。

1.3 Animate CC 的工作区

Animate CC 的工作区如图 1.4 所示，包括菜单栏、各种工具和面板等。Animate CC 可用于在影片中添加和编辑多媒体元素。

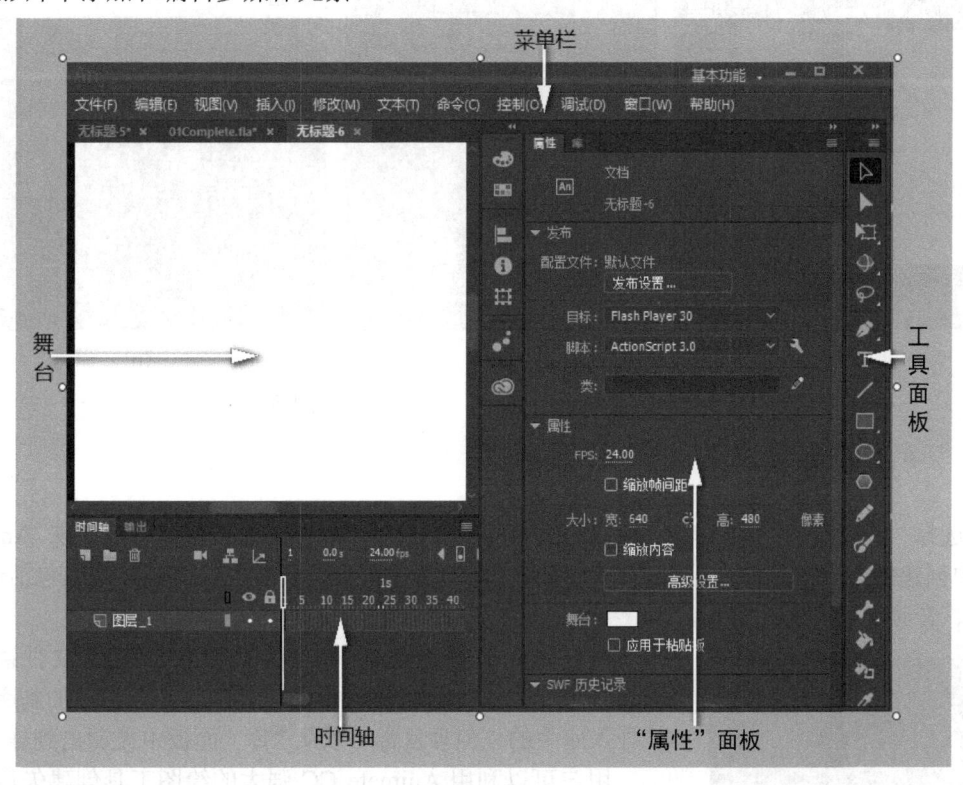

图 1.4

在默认情况下，Animate CC 会显示菜单栏、舞台、时间轴、"属性"面板、工具面板及另外几个面板。在 Animate CC 中工作时，用户可以打开、关闭、停放和取消停放面板，以及在屏幕上移动面板，以适应自己的工作风格或者屏幕分辨率。

1.4 舞台

Animate CC 工作区中间的白色矩形称为舞台。舞台是用户在创建 Animate CC 文件时放置多媒体内容的矩形区域，这些内容包括矢量图、文本框、按钮、导入的位图或视频等。要在工作时更改舞台的视图，可以单击舞台右上方的下拉按钮，在弹出的下拉列表中选择不同选项，如图1.5所示。若要在舞台中定位项目，则可以使用网格、辅助线和标尺。

用户还可以在"属性"面板的"属性"栏中通过设置"大小"和"舞台"参数来对舞台进行修改，如图1.6（a）所示。如果"属性"面板没有被打开，那么用户可选择"窗口"→"属性"命令打开它。在"属性"面板中直接单击"大小"后面的两个数值，待其变成文本框后，将数值修改为"800"和"500"，此时，舞台的宽度和高度都会发生变化。单击"舞台"右侧的白色块可设置舞台的颜色。单击"高级设置"按钮，在弹出的"文档设置"对话框中可以设置"锚记"和"舞台颜色"，如图1.6（b）所示。

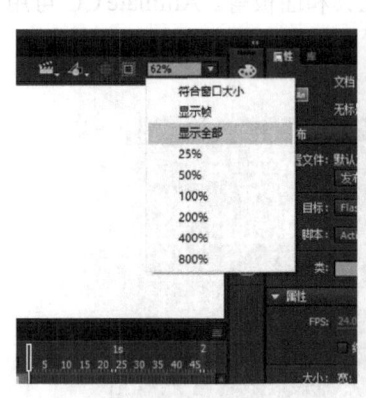

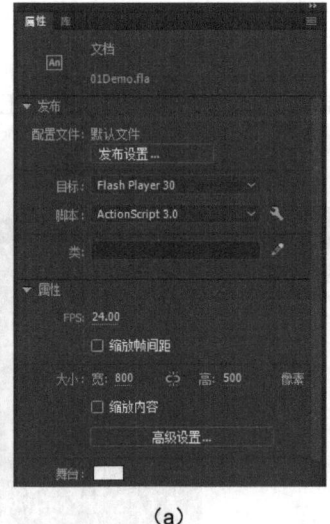

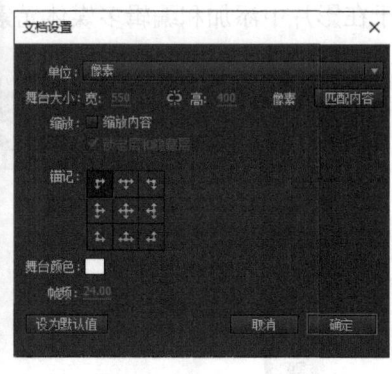

(a)

(b)

图1.5

图1.6

1.5 "库"面板

选择"窗口"→"库"命令，可以打开"库"面板。"库"面板用来存储和组织在 Animate CC 中创建的元件（元件是用于制作动画和交互的常用图形）及导入的文件，其中包括位图、图形、音频文件和影片剪辑。

在导入文件到 Animate CC 中时，用户可以把文件直接导入舞台或库中。被导入舞台中的任何项目都会被添加到库中，被导入库中的任何项目都可以从"库"面板中被调出到舞台中。

用户可以利用 Animate CC 强大的绘图工具创建矢量图形并将它们保存为元件，存储在库中。但是 Animate CC 不能编辑 JPG 格式的位图文件和 MP3 格式的音频文件，因此往往在导入外部的各种媒体文件到 Animate CC 中时，它们也被存储在库中。本章课件案例将导入图像和音频文件到"库"面板中，以便在动画中使用。

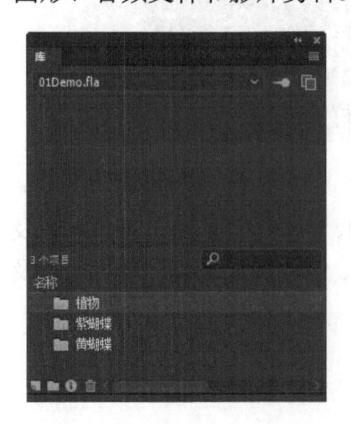

图1.7

（1）在"库"面板中单击 ■ 按钮，创建3个文件夹，并将3个文件夹分别命名为"植物""紫蝴蝶""黄蝴蝶"，如图1.7所示。

（2）选择"文件"→"导入"→"导入到库"命令，在弹出的"导入到库"对话框中，选择"范例文件\Lesson01\01Start\植物"文件夹中的所有文件（先选择第一个文件，然后按住Shift键选择最后一个文件即可选中全部文件，按住Ctrl键可间断地选择多个文件），单击"打开"按钮。

（3）Animate CC将导入的文件放在"库"面板的根目录中，全选这些文件并拖动到"植物"文件夹中，如图1.8所示。

（4）用同样的方法把"范例文件\Lesson01\01Start\紫蝴蝶"文件夹中的所有文件都导入"库"面板的"紫蝴蝶"文件夹中；把"范例文件\Lesson01\01Start\黄蝴蝶"文件夹中的所有文件都导入"库"面板的"黄蝴蝶"文件夹中。

（5）也可以从Animate CC其他文件的"库"面板中复制文件。打开"范例文件\Lesson01\01Complete\01Complete.fla"文件，或者在"01Demo.fla"文件的"库"面板中直接切换到"01Complete.fla"文件的"库"面板，具体方法：展开"库"面板上方的下拉列表，选择"01Complete.fla"选项，即可看到该文件的"库"面板中的内容，如图1.9所示。

（6）按住Shift键，在选择如图1.10所示的文件后右击，在弹出的快捷菜单中选择"复制"命令；在切换到"01Demo.fla"文件的"库"面板后右击，在弹出的快捷菜单中选择"粘贴"命令。这样，这些文件就被复制到"01Demo.fla"文件的"库"面板中了。

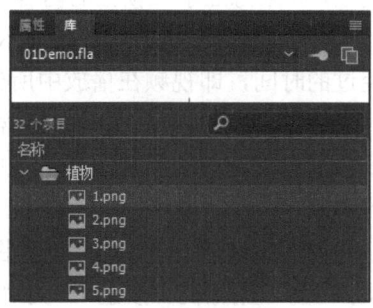

图1.8

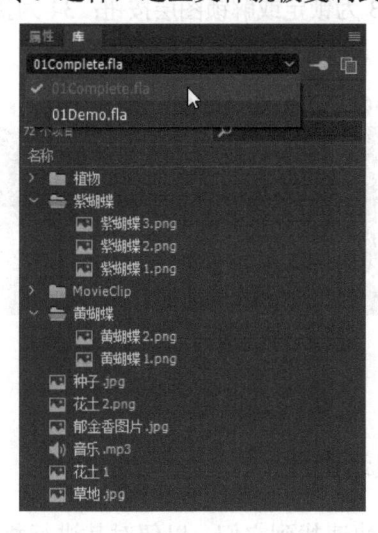

图1.9

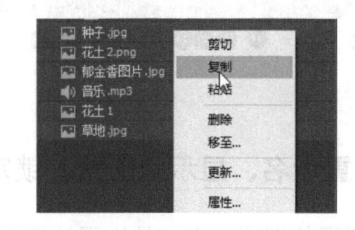

图1.10

注意：如果文件被复制到"库"面板的文件夹中，那么可通过拖动把这些文件放到"库"面板的根目录中。

1.6 时间轴

时间轴用于组织和控制文件在一定时间内播放的内容，由帧和图层组成。对Animate CC来说，时间轴至关重要，时间轴是动画的灵魂。只有熟悉了时间轴的操作和使用方法，制作动画才能得心应手。

帧：和胶片一样，Animate CC 文件中的帧为测量时间的单位，当播放视频时，红色的直线为播放头，在播放时播放头在时间轴中向前移动，这样可以为不同的帧更换舞台中的内容。反之，如果想显示某帧上的内容，就可以直接在"时间轴"面板中把播放头移动到对应帧上。

"时间轴"面板的底部会显示所选帧的编号和当前帧的速率（每秒播放多少帧），以及所经过的时间，即视频在播放中所使用的时间。

图层："时间轴"面板中包含的图层就像层叠在一起的多张幻灯片，每个图层都包含一个显示在舞台中的不同图像。用户可以在一个图层中绘制和编辑对象，而不影响其他图层中的对象。

如图 1.11 所示，1 为"新建图层"按钮；2 为"新建文件夹"按钮；3 为"删除图层"按钮；4 为"摄像机"按钮；5 为"显示父级视图"按钮；6 为"调用图层深度"按钮；7 为当前帧；8 为运行时间；9 为帧速率；10 为"到前一个关键帧"按钮；11 为"插入关键帧"按钮；12 为"到下一个关键帧"按钮；13 为"到第一帧"按钮；14 为"后退一帧"按钮；15 为"播放"按钮；16 为"前进一帧"按钮；17 为"转到最后一帧"按钮；18 为"帧居中"按钮；19 为"循环"按钮；20 为"绘图纸外观"按钮；21 为"绘图纸外观轮廓"按钮；22 为"编辑多个帧"按钮；23 为"修饰标记"按钮；24 为"还原时间轴显示比例默认设置"按钮；25 为"在视图中放入更多帧"按钮；26 为调整时间轴视图大小按钮；27 为"在视图中放入较少帧"按钮；28 为"帧视图"弹出菜单；29 为图层图标；30 为图层名称；31 为"以轮廓方式显示图层"按钮；32 为显示或隐藏图层按钮；33 为锁定或解锁图层按钮；34 为播放头；35 为帧刻度标识；36 为帧标识；37 为时间标识（秒）；38 为关键帧；39 为图层。

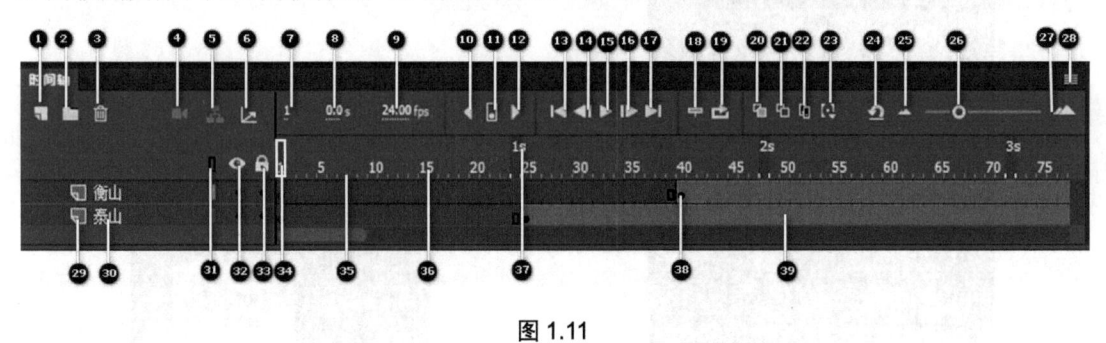

图 1.11

1.6.1 重命名、显示和隐藏、锁定和以轮廓显示图层

为不同的图层命名，是为了让用户在编辑时能够快速找到它们，以便对其进行相应操作（一般为了更好地操作，用户会把编辑的内容放到不同的图层中，并按其上的内容为图层命名）。

（1）在"时间轴"面板中双击"图层_1"的图标，弹出"图层属性"对话框。在该对话框中修改图层的名称为"背景"，单击"确定"按钮，如图 1.12（a）所示。在"图层属性"对话框中还可以设置图层的锁定、可见性、类型和轮廓颜色等属性。也可以双击"图层_1"的名称，直接更改修改图层的名称，如图 1.12（b）所示。

（2）单击隐藏图层按钮，可以隐藏选中的图层。被隐藏的图层在编辑时不显示，但在播放中会显示。

（3）单击锁定图层按钮，可以锁定图层。被锁定图层中的内容不能被选中和编辑，这样可以防止其内容被意外更改。

（4）单击"以轮廓方式显示图层"按钮，可以以轮廓方式显示被选中图层中的内容，以便在动画设计过程中加快显示速度、突出被编辑的内容等。

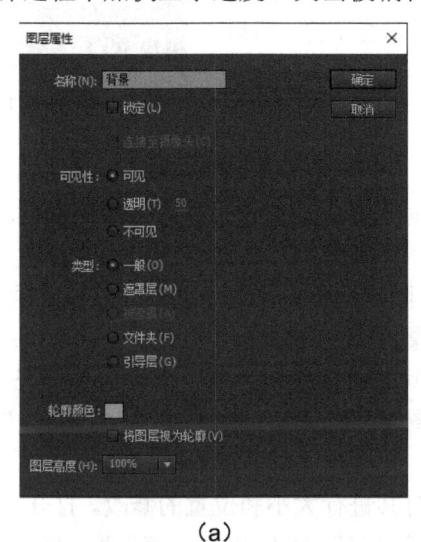

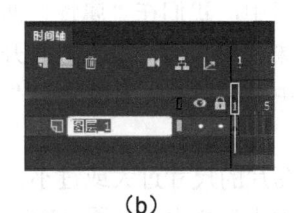

(a) (b)

图 1.12

1.6.2 添加新图层

在刚打开 Animate CC 时，"时间轴"面板中只有一个图层，用户可以根据需要添加多个图层，上方图层中的对象将遮盖下方图层中的对象。

（1）选中"时间轴"面板中的"背景"图层。

（2）单击"新建图层"按钮，新建的图层将出现在"背景"图层上方。

（3）双击新建的图层，为其重命名：将"图层 2"修改为"文字"（将在后面的操作中用到"文字"图层），如图 1.13 所示。

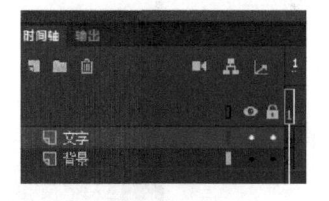

图 1.13

1.6.3 删除和移动图层

在编辑时若不想要某个图层，则可以删除该图层：选中图层，单击"时间轴"面板中的"删除图层"按钮；也可以在图层上右击，在弹出的快捷菜单中选择"删除图层"命令。

如果想重新编排图层的位置，那么只需要选中图层，并将其拖动到相应位置即可。

1.6.4 组织图层

此时在"时间轴"面板中有两个图层，虽然现在图层不多，但当课件增大时，图层也会越来越多且越来越难管理。为了使操作方便、高效，我们可以创建一个图层文件夹。图层文件夹有助于组合相关的图层，可被视为在桌面上为相关文件创建的文件夹。

（1）选中最上层的"文字"图层，单击"新建文件夹"按钮，新建的图层文件夹就会出现在"文字"图层之上。

（2）将新建的图层文件夹重命名为"种子"，把"文字"和"背景"图层添加到"种子"文件夹中。在安排图层时，Animate CC 会按各个图层出现在"时间轴"上的顺序来显示它们，靠前的图层显示在上方，靠后的图层显示在下方，所以我们把"背景"图层放到下方，如图 1.14 所示。

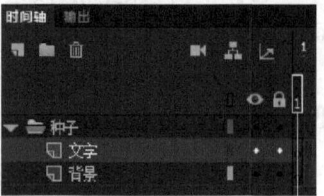

图 1.14

1.7 "属性"面板

使用"属性"面板可以轻松访问舞台或时间轴上当前选中内容的常用属性。用户可以在"属性"面板中更改对象或文件的属性。

"属性"面板中显示的相关属性内容是会随着选择对象的不同而发生变化的。例如，在之前舞台的学习中，我们在"属性"面板中设置了舞台的大小和颜色。

（1）如果"库"面板没有被打开，那么可选择"窗口"→"库"命令打开"库"面板。

（2）选中"时间轴"面板中的"背景"图层，将"库"面板中的"种子.jpg"图片拖动到舞台中。

（3）若图片的尺寸过大或过小，则需要对其进行大小和位置的修改。打开"属性"面板，在"位置和大小"栏中，设置"X"为"0.00"、"Y"为"0.00"、"宽"为"800.00"、"高"为"600.00"，如图 1.15 所示。

图 1.15

1.8 工具面板

工具面板是 Animate CC 中使用比较频繁的一个面板。它的功能很多，我们在制作图形和文字时都需要使用工具面板，所以我们要了解并学会使用工具面板。

1.8.1 了解工具面板

工具面板中有选择变换工具、绘画工具、绘画调整工具、视图工具、颜色工具、工具选项区，如图 1.16 所示。

工具面板中有许多工具，其中每个工具都能实现不同的功能。熟悉各个工具的功能特性是 Animate CC 学习的重点之一。由于工具太多，一些工具被隐藏起来，如果工具按钮的右下角有小三角形，就表示该工具中还有其他隐藏工具。

（1）选择变换工具：包括"选择工具"、"部分选择工具"、任意变形工具组、3D 旋转工具组和套索工具组。利用这些工具可对舞台中的元素进行选择、变换等操作。

（2）绘画工具：包括钢笔工具组、"文本工具"、"线条工具"、矩形工具组、椭圆工具组、多角星型工具组、"铅笔工具"、画笔工具（Y）和画笔工具（B）。这些工具的组合使用能让用户更方便地绘制出理想的作品。

（3）绘画调整工具：该组工具能让用户对所绘制的图形、元件的颜色等进行调整，包括骨骼工具组、"颜料桶工具"、"墨水瓶工具"、"滴管工具"、"橡皮擦工具"、"宽度工具"和"资源变形工具"。

（4）视图工具：其中的"手形工具"用于调整视图区域，"缩放工具"用于放大/缩小舞台，另外还有"摄像机工具"。

（5）颜色工具：主要用于笔触颜色和填充颜色的设置和切换。

（6）工具选项区：动态区域，会随着用户选择的工具的不同而显示不同的选项。

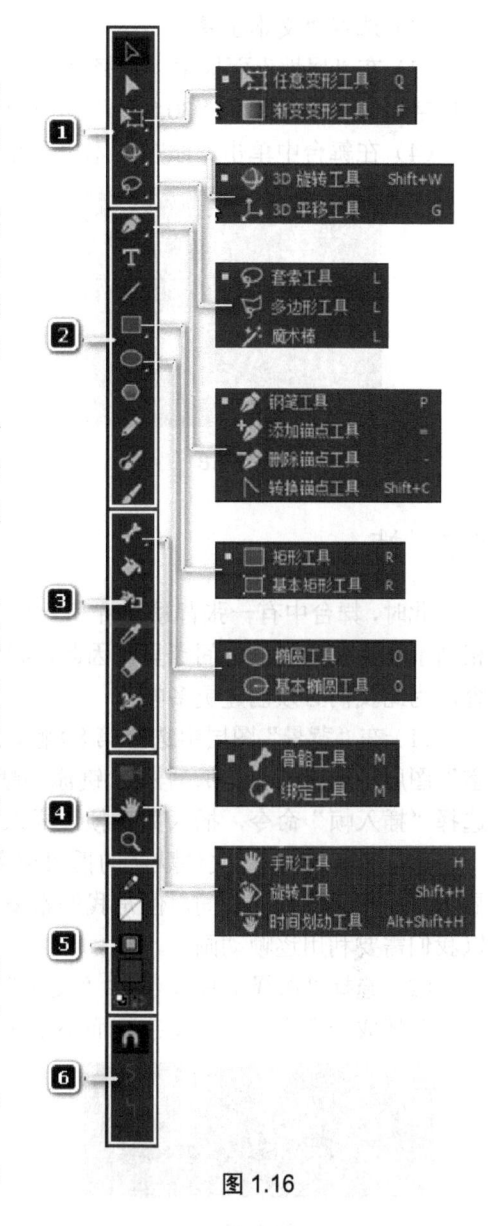

图 1.16

1.8.2 使用工具面板

在这里，我们使用工具面板中的"文本工具"为"时间轴"面板中的"文字"图层添加内容。

（1）为了方便编辑，可单击"背景"图层右侧第一个黑色小点，使黑色小点变成锁的形状（见图 1.17），此时"背景"图层处于锁定状态，在编辑其他图层时，"背景"图层中的内容就不会被误编辑了。选择"时间轴"面板中的"文字"图层。

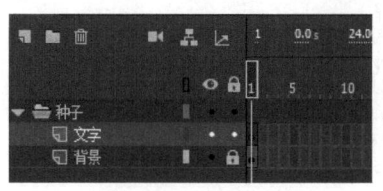

图 1.17

（2）选择"文本工具"。

（3）在"属性"面板中，选择"静态文本"选项，设置"系列"为"微软雅黑"（或任意其他字体）、"大小"为"30.0磅"、"颜色"为蓝色，如图1.18所示。

（4）在舞台中单击，添加文本"我是一颗种子"，如图1.19所示。

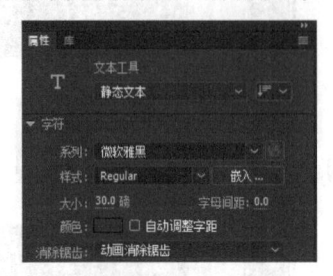

图 1.18

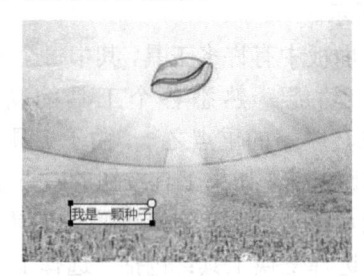

图 1.19

1.9 帧

此时，舞台中有一张背景图片和一行文字。但这些内容所组成的动画只有单个帧的时间，相当于只存在于一个时间点里。因此，我们必须在时间轴上创建更多时间，用于显示这些内容，为此我们必须创建更多帧。

（1）在"背景"图层中选择第80帧，选择"插入"→"时间轴"→"帧"命令。选中"文字"图层，选择第80帧，按F5键添加帧。也可以在第80帧上右击，在弹出的快捷菜单中选择"插入帧"命令，插入关键帧。插入关键帧之后的效果如图1.20所示。

由于Animate CC文件默认的播放速率是每秒24帧，因此目前动画中所有的内容将一起显示并持续3秒多的时间。但是我们希望文字按先后顺序逐个出现，最后全部显示出来，所以我们需要利用逐帧动画。

（2）选择"选择工具"，选中"文字"图层中的文字，选择"修改"→"分离"命令，文字就分离成一个个独立的文字，而不是作为一行的整体了，如图1.21所示。

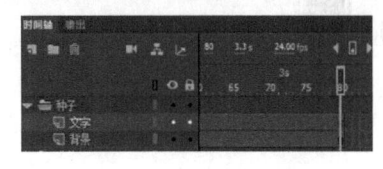

图 1.20

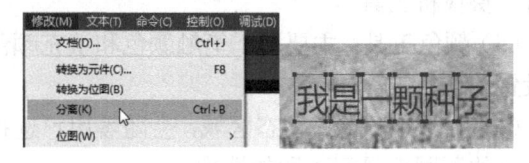

图 1.21

（3）在舞台中拖动文字，摆放成如图1.22所示的形状。

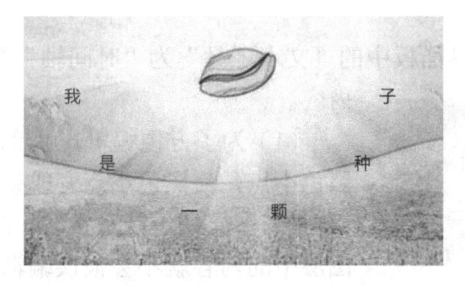

图 1.22

（4）在"文字"图层中的任意一帧上右击，在弹出的快捷菜单中选择"转换为逐帧动画"→"自定义"命令，在弹出的"自定义逐帧动画"对话框中双击"每此帧数设为关键帧"后的数字，在出现的文本框中输入"10"，如图 1.23 所示。

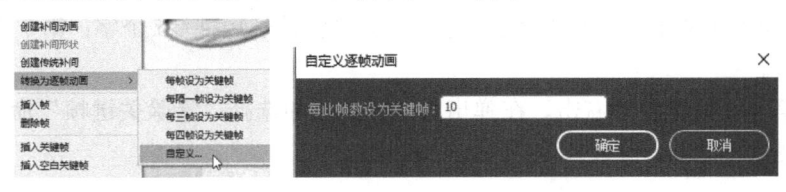

图 1.23

（5）此时，时间轴上出现 8 个关键帧，每 10 帧一个，每个关键帧都保存着同样的文字内容，如图 1.24 所示。

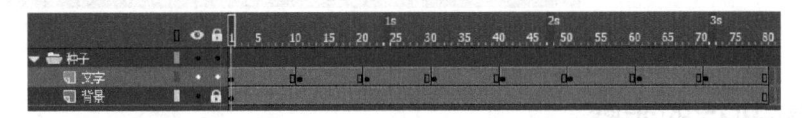

图 1.24

帧是进行 Animate CC 动画制作的基本单位，每一个精彩的 Animate CC 动画都是由很多精心设计的帧构成的。在时间轴上的每一帧都可以包含需要显示的所有内容，包括图形、声音、各种素材和其他多种对象。

关键帧，顾名思义，即有关键内容的帧。它是用来定义动画变化、更改状态的帧，即存放舞台中的实例对象并且实例对象可被编辑的帧。关键帧在时间轴上显示为实心的圆点。在同一图层中，在前一个关键帧后面的任一帧处插入关键帧，可复制前一个关键帧上的内容，并且用户可对其进行编辑。

空白关键帧是没有包含舞台中实例对象的关键帧，在时间轴上显示为空心的圆点。插入空白关键帧，可清除该帧后面的延续内容。用户可以在空白关键帧上添加新的实例对象。

普通帧是在时间轴上能显示实例对象，但用户不能对实例对象进行编辑的帧。普通帧在时间轴上显示为灰色填充的小方格。插入普通帧，可延续前一个关键帧上的内容，而用户不可对其进行编辑。

图 1.24 中共有 8 个关键帧，因为后 7 个关键帧是在第 1 个关键帧输入文字后创建的，所以后 7 个关键帧都复制了第 1 个关键帧上的内容。

（6）选择第 1 个关键帧，按住 Shift 键，在舞台中单击每一个文字（全选所有文字），按 Delete 键，第 1 个关键帧的内容就被全部清除了，关键帧变成空白关键帧，黑色的圆点变成空心圆点，如图 1.25 所示。

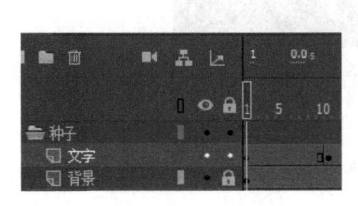

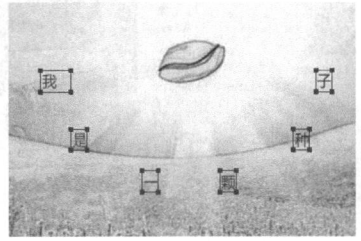

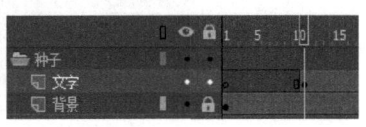

图 1.25

（7）选择第 2 个关键帧，删除"是一颗种子"5 个字，保留"我"字；选择第 3 个关键帧，删除"一颗种子"4 个字，保留"我是"2 个字；选择第 4 个关键帧，删除"颗种子"3 个字，保留"我是一"3 个字；选择第 5 个关键帧，删除"种子"2 个字，保留"我是一颗"4 个字；选择第 6 个关键帧，删除"子"字，保留"我是一颗种"5 个字；第 7 个关键帧上的文字全部保留。

（8）在第 8 个关键帧上右击，在弹出的快捷菜单中选择"清除关键帧"命令，这样第 8 个关键帧就变成普通帧，如图 1.26 所示。

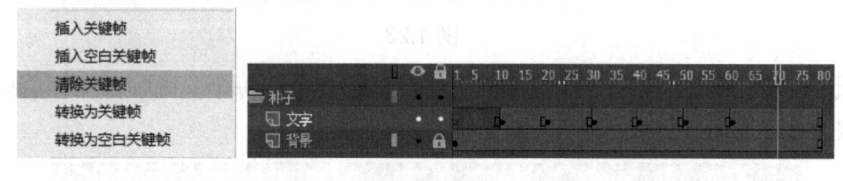

图 1.26

1.10 撤销执行的步骤

用户在 Animate CC 中进行编辑时，若想撤销单个步骤，则可以选择"编辑"→"撤销"命令，或者按 Ctrl+Z 组合键。

但在 Animate CC 中撤销多个步骤，最好的方法就是使用"历史记录"面板（见图 1.27）。"历史记录"面板中可以显示当前文件执行的最后 100 个步骤的列表。关闭文件就会清除历史记录，而"历史记录"面板可通过选择"窗口"→"历史记录"命令来打开。

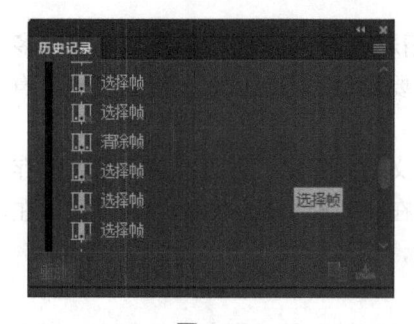

图 1.27

1.11 预览影片

用户在日常的操作中会频繁地预览影片，以确保得到自己想要的效果。用户若想快速地在观众面前展示自己的作品，则可以使用 Ctrl+Enter 组合键；也可以选择"控制"→"测试影片"→"在 Animate 中"命令预览影片，如图 1.28 所示。

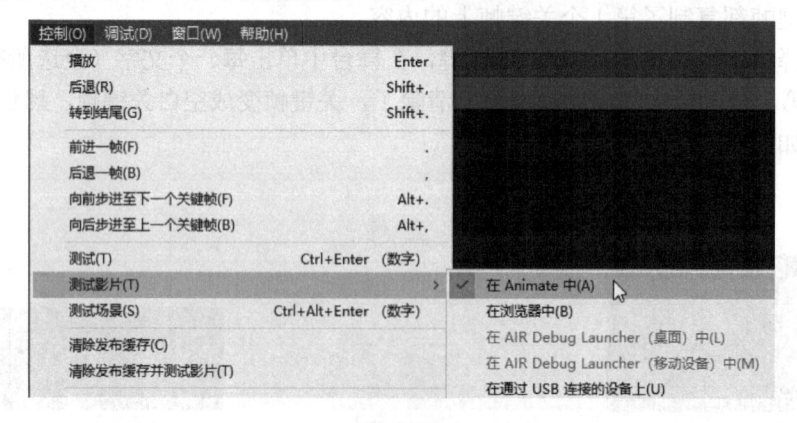

图 1.28

此时，Animate CC 将在与 FLA 文件相同的位置创建一个 SWF 文件，并在单独的窗口中播放影片（此时可以看到在背景图片上逐个显示的文字动画效果）。

当播放 SWF 文件时，Animate CC 会在这种预览模式下自动循环播放。如果不需要循环播放，那么可选择"控制"→"循环"命令，取消循环播放。

选择"选择工具"，在舞台中单击，注意在"属性"面板底部的"SWF 历史记录"中显示并保存了最近发布的 SWF 文件的大小、日期和时间等信息。

下面利用本章所学知识完成案例剩余部分的制作。

1.12 完成案例剩余部分的制作

1.12.1 图片逐帧动画制作

本节制作课件的"发芽"部分。前面学习了文字逐个显示的逐帧动画，这里进一步学习使用图片制作的逐帧动画。

（1）在"时间轴"面板的"种子"文件夹下方新建"发芽"文件夹，在"发芽"文件夹中依次新建"背景""花土1""发芽""文字"4 个图层，如图 1.29 所示。

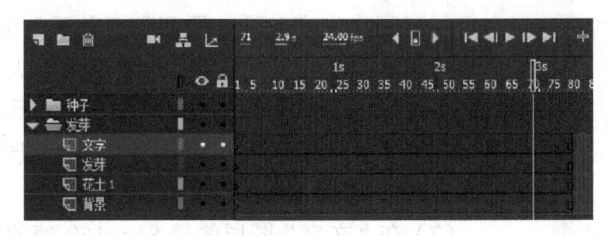

图 1.29

（2）分别在"背景""花土1""发芽""文字"4 个图层的第 169 帧处插入帧，在第 81 帧处插入关键帧，如图 1.30 所示。

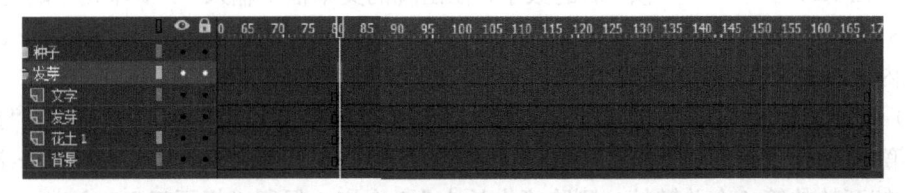

图 1.30

（3）把"库"面板中的"草地.jpg"图片拖动到"背景"图层的第 81 帧，把"库"面板中的"花土 1.png"图片拖动到"花土 1"图层的第 81 帧，在"属性"面板中调整它们的大小和位置，结果如图 1.31 所示。

（4）在"发芽"图层的第 81～169 帧的任意一帧上右击，在弹出的快捷菜单中选择"转换为逐帧动画"→"自定义"命令，在弹出的"自定义逐帧动画"对话框中双击"每此帧数设为关键帧"后的数字，在出现的文本框中输入"3"，单击"确定"按钮，结果如图 1.32 所示。

图 1.31

图 1.32

（5）把"库"面板的"植物"文件夹中的"1.png"～"24.png"这 24 张图片分别放到"发芽"图层的从第 81 帧关键帧开始的后面的关键帧中，共占用 24 个关键帧，将剩余的关键帧使用"清除关键帧"命令清除。所有图片的坐标"X"均为"312"、"Y"均为"207"（见图 1.33）。这样就制作好了植物生长的动画。

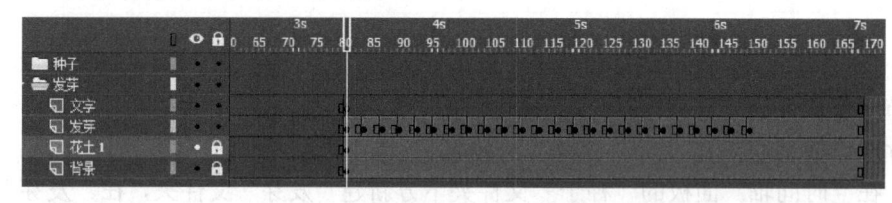

图 1.33

图 1.34

（6）制作文字动画，原理和"种子"部分一样。在"文字"图层的第 81 帧处输入文字"想要努力长大"，按 Ctrl+B 组合键将文字打散，使文字排列成如图 1.34 所示的形状（在"属性"面板中把"大"字的大小设置为"60"，把其他文字的大小都设置为"30"，把字体设置为"微软雅黑"）。

（7）在"文字"图层的第 81～169 帧的任意一帧上右击，在弹出的快捷菜单中选择"转换为逐帧动画"→"自定义"命令，在弹出的"自定义逐帧动画"对话框中双击"每此帧数设为关键帧"后的数字，在出现的文本框中输入"7"，单击"确定"按钮。选择第 81 帧，按住 Shift 键，在舞台中单击每一个文字（全选所有文字），按 Delete 键，第 81 帧的内容将被全部清除。

（8）选择从第 81 帧开始的第 2 个关键帧，删除"要努力长大"5 个字，保留"想"字；选择从第 81 帧开始的第 3 个关键帧，删除"努力长大"4 个字，保留"想要"2 个字；选择从第 81 帧开始的第 4 个关键帧，删除"力长大"3 个字，保留"想要努"3 个字；选择从第 81 帧开始的第 5 个关键帧，删除"长大"2 个字，保留"想要努力"4 个字；选择从第 81 帧开始的第 6 个关键帧，删除"长"字，保留"想要努力长"5 个字；从第 81 帧开始的第 7 个关键帧的文字全部保留。

至此，"发芽"部分全部制作完成，其时间轴如图 1.35 所示。

图 1.35

1.12.2 从外部文件拷贝图层和帧的复制、粘贴

本节制作课件的"长大"部分。通过制作蝴蝶飞舞的动画,读者要掌握复制和粘贴帧的操作。

(1)在"时间轴"面板的"发芽"文件夹下方新建"长大"文件夹,在"长大"文件夹中依次新建"背景""花土 1""黄蝴蝶""紫蝴蝶""文字"5 个图层,如图 1.36 所示。

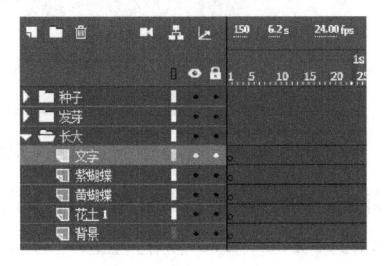

图 1.36

(2)选择"文字"图层的第 270 帧,按住 Shift 键选择"背景"图层的第 270 帧,按 F5 键插入帧;选择"文字"图层的第 170 帧,按住 Shift 键选择"背景"图层的第 170 帧,按 F6 键插入关键帧,如图 1.37 所示。

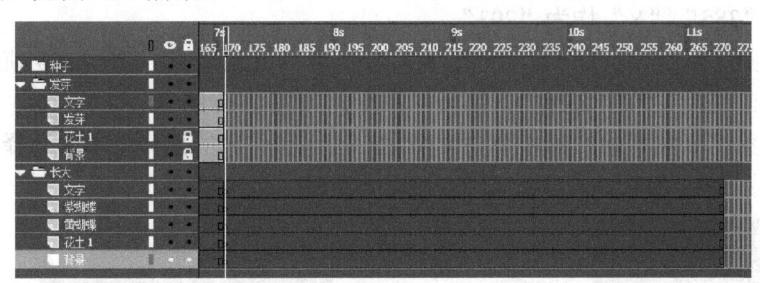

图 1.37

(3)由于"背景""花土 1""文字"3 个图层内容的制作技术和前面讲到的相同,因此这里不再阐述具体制作步骤,直接从"01Complete.fla"文件中复制过来。打开"01Complete.fla"文件,按住 Ctrl 键,选中"长大"文件夹中的"背景""花土 1""文字"3 个图层,右击,在弹出的快捷菜单中选择"拷贝图层"命令(不要选择"复制图层"命令,"复制图层"命令用于在当前文件再重新粘贴一个同样的图层),如图 1.38 所示。

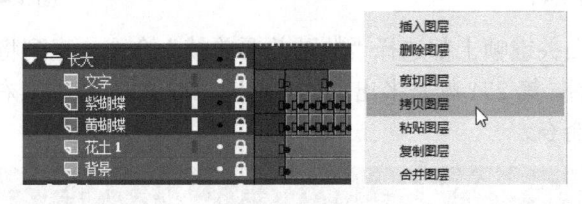

图 1.38

(4)在"01Demo.fla"文件中,在"时间轴"面板的"长大"文件夹中右击,在弹出的快捷菜单中选择"粘贴图层"命令,如图 1.39 所示。

(5)在粘贴图层后,原先创建的"背景""花土 1""文字"3 个图层还在(见图 1.40),把这 3 个图层删除。重新排列图层,从下到上依次为"背景""花土 1""黄蝴蝶""紫蝴蝶""文字"。

图 1.39 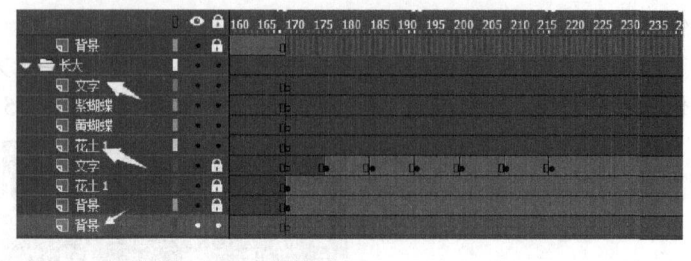　　　　　　　　　　　　　　图 1.40

（6）在"库"面板中可以看到，"紫蝴蝶"图层中共有 3 张图片，这 3 张图片完成了翅膀飞行的动作。在"紫蝴蝶"图层的第 170～270 帧的任意一帧上右击，在弹出的快捷菜单中选择"转换为逐帧动画"→"自定义"命令，在弹出的"自定义逐帧动画"对话框中双击"每此帧数设为关键帧"后的数字，在出现的文本框中输入"2"，单击"确定"按钮。把"库"面板的"紫蝴蝶"图层中的"紫蝴蝶 1.png"图片放到第 170 帧，把"紫蝴蝶 2.png"图片放到第 172 帧，把"紫蝴蝶 3.png"图片放到第 174 帧。在"属性"面板中，设置 3 张图片的坐标"X"均为"385"、"Y"均为"203"。

（7）选择第 170 帧，按住 Shift 键选择第 175 帧，在选择的第 170～175 帧的任意一帧上右击，在弹出的快捷菜单中选择"复制帧"命令，如图 1.41 所示。

（8）在从第 170 帧开始的第 4 个关键帧上右击，在弹出的快捷菜单中选择"粘贴并覆盖帧"命令，如图 1.42 所示。

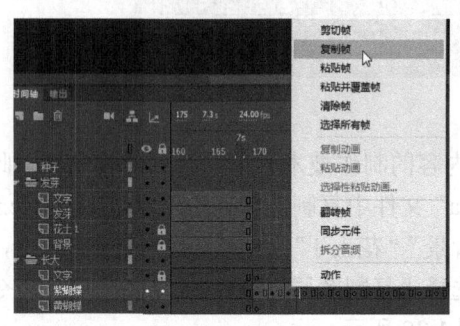

图 1.41 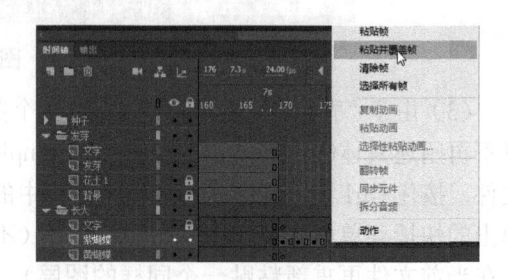　　　　　　　　　　　　　　图 1.42

（9）在后面的空白关键帧上都选择"粘贴并覆盖帧"命令，直到将所有空白关键帧都粘贴完毕。在粘贴完毕后，第 271 帧是多出来的（见图 1.43），在该帧上右击，在弹出的快捷菜单中选择"删除帧"命令。

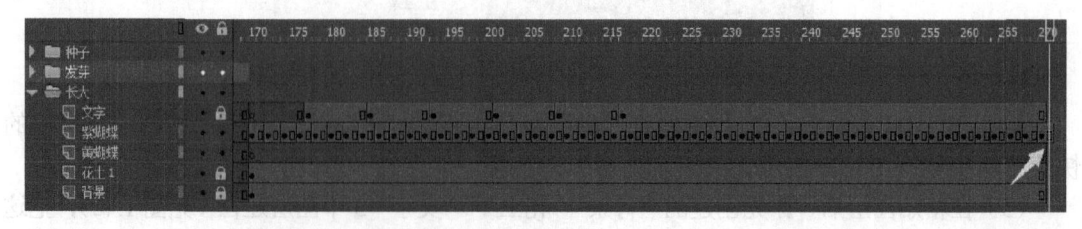

图 1.43

（10）在"库"面板中可以看到，"黄蝴蝶"图层中共有 2 张图片，这 2 张图片完成了翅膀飞行的动作。在"黄蝴蝶"图层的第 170～270 帧的任意一帧上右击，在弹出的快捷菜单中选择"转换为逐帧动画"→"自定义"命令，在弹出的"自定义逐帧动画"对话框中双击"每此帧数设为关键帧"后的数字，在出现的文本框中输入"2"，单击"确定"按钮。把"库"面板的"黄蝴蝶"图层中的"黄蝴蝶 1.png"图片放到第 170 帧，把"黄蝴蝶 2.png"图片放到第 172 帧。在"属性"面板中，设置 2 张图片的坐标"X"均为"126"、"Y"均为"244"。

（11）选择第 170 帧，按住 Shift 键选择第 173 帧，在选择的第 170～173 帧的任意一帧上右击，在弹出的快捷菜单中选择"复制帧"命令。在从第 170 帧开始的第 3 个关键帧上右击，在弹出的快捷菜单中选择"粘贴并覆盖帧"命令。在后面的空白关键帧上都选择"粘贴并覆盖帧"命令，直到将所有空白关键帧都粘贴完毕。在粘贴完毕后第 271、第 272 和第 273 帧是多出来的，删除这 3 个帧。

"长大"部分制作完成后的时间轴如图 1.44 所示，舞台画面如图 1.45 所示。

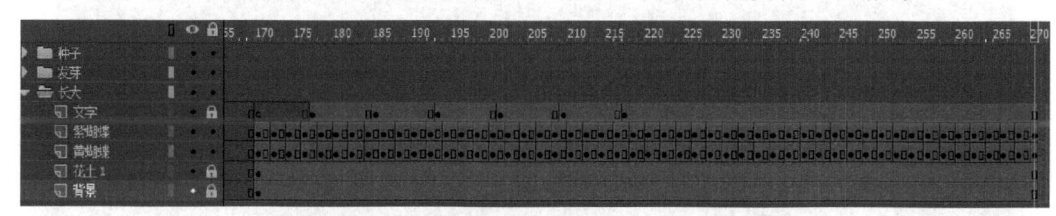

图 1.44

图 1.45

1.12.3 同时编辑多个帧

本节制作课件的"孕育"部分。通过制作多个位置同一植物不同时间生长的动画，读者要掌握同时编辑多个帧的方法。

"孕育"部分的制作效果如图 1.46 所示：分别让植物在不同的时间点开始生长，展示多个植物争相生长的繁茂情景。大多数知识点前面已经学过，这里制作其中一个图层，重点学习同时编辑多个帧的方法，其他图层直接从"01Complete.fla"文件中复制。

（1）在"时间轴"面板的"长大"文件夹下方新建"孕育"文件夹。在打开的"01Complete.fla"文件中，按住 Ctrl 键，选择"孕育"文件夹中的"背景""花土 2""植物 1""植物 2""植物 3""植物 4""植物 5""植物 6""文字" 9 个图层，在选中的图层上右击，在弹出的快捷菜单中选择"拷贝图层"命令。返回"01Demo.fla"文件，在新建的"孕育"文件夹中右击，在弹出的快捷菜单中选择"粘贴图层"命令，效果如图1.47所示。

图1.46

图1.47

（2）在"植物6"图层上方新建一个图层"植物7"。选择"植物1"图层的第271帧（如果该图层处于锁定状态，就单击图层名称后的解锁图层按钮），按住Shift键继续选择第319帧，在图层选择区域右击，在弹出的快捷菜单中选择"复制帧"命令，如图1.48所示。

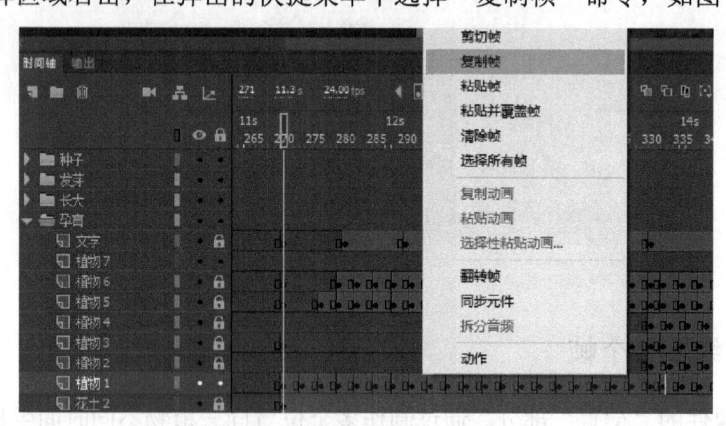

图1.48

（3）在"植物7"图层的第293帧上右击，在弹出的快捷菜单中选择"粘贴并覆盖帧"命令，把复制的"植物1"图层中的帧粘贴过来，注意清除粘贴帧后"植物7"图层最后的空白关键帧，如图1.49所示。

（4）粘贴到"图层7"图层各帧内的图片保持了在"植物1"图层时的坐标值，所以其图片位置与"植物1"图片的位置是重合的，现在我们使用编辑多个帧的方法统一把"图层7"的图片移动到新的位置。

图 1.49

锁定除"图层 7"外的所有图层，选择"图层 7"中的所有关键帧，在"时间轴"面板的上方单击"编辑多个帧"按钮，在时间轴的标尺处标注了编辑关键帧的范围，如图 1.50 所示。如果范围没有覆盖或超出了选定关键帧的范围，那么我们可以拖动两端的空心圆点，将其调整到选择的关键帧范围内。

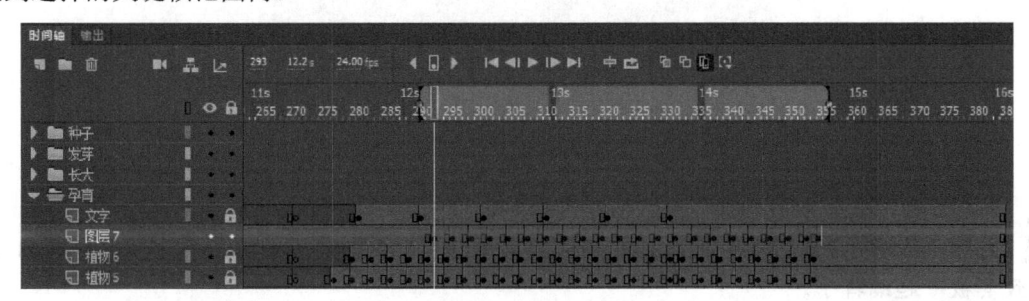

图 1.50

（5）按住鼠标左键并在舞台中拖动鼠标指针选择图片，如图 1.51 所示。

图 1.51

（6）在"属性"面板中设置"X"为"544.00"、"Y"为"269"（见图 1.52），这样"植物 7"图层中所有被选中的关键帧上的图片位置就都发生变化了。

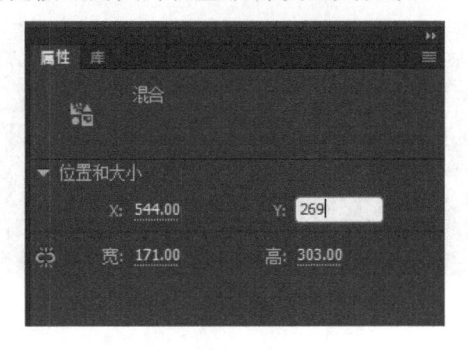

图 1.52

（7）单击"编辑多个帧"按钮，取消编辑多个帧状态，在时间轴上拖动播放头可以发现，在舞台右侧出现一个新的植物生长的动画，植物在长到出现花瓣开花前的状态时停止生长（第 22 张图片的状态），如图 1.53 所示。至此，"孕育"部分的内容就制作完成了。

图 1.53

注意：在编辑多个帧时，最好把不编辑的图层锁定，否则就可能选中不希望编辑的内容，导致其被一起编辑了。

1.12.4 文字滤镜和元件初感

本节制作课件的"壮大"部分，涉及文字滤镜和元件的使用（后文会深入介绍滤镜和元件）。

滤镜是一种以特定方式过滤数据的算法传递对象的图形数据。使用滤镜可以使对象发光、为对象添加投影，以及应用许多其他效果和效果组合。滤镜只能用在影片剪辑、文本框（静态文本、动态文本、输入文本）、按钮元件中。

元件是在 Animate CC 中创建的图形、按钮或影片剪辑，被保存在"库"面板中。元件只需要被创建一次，即可在整个文件中被重复使用。在元件的内容被修改后，所修改的内容就会被运用到所有包含此元件的内容中，这就使得用户对动画的编辑更加容易。在文件中使用元件会明显地减小文件的大小。元件有 3 种：图形、按钮、影片剪辑。

（1）在"时间轴"面板的"孕育"文件夹下方新建"壮大"文件夹。在"壮大"文件夹中依次新建"背景""文字""蝴蝶元件"3 个图层，分别在 3 个图层的第 532 帧处插入帧，在第 386 帧处插入关键帧，如图 1.54 所示。

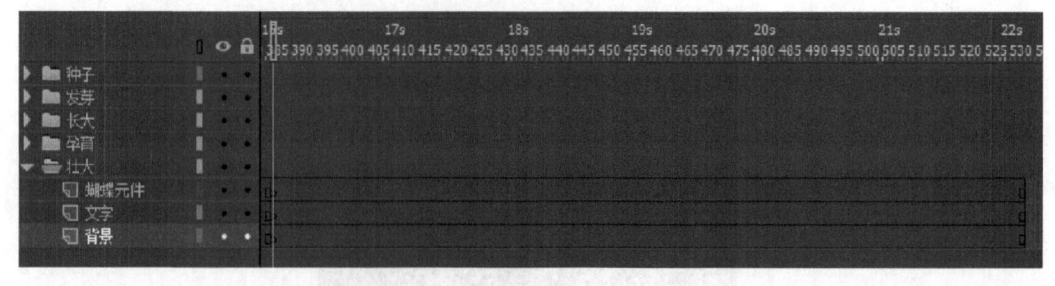

图 1.54

（2）把"库"面板的"郁金香图片.jpg"图片拖动到"背景"图层的第 386 帧，在"属性"面板中设置"X"和"Y"都为"0"、"宽"为"800"、"高"为"600"。

（3）在"文字"图层中输入文字"我的子子孙孙们"，在"属性"面板的"字符"栏中，设置"系列"为"微软雅黑"、"样式"为"bold"、"大小"为"80"、"颜色"为深红色；在"位置和大小"栏中，设置"X"为"112"、"Y"为"251"。按 Ctrl+B 组合键打散文字，如图 1.55 所示。

图 1.55

（4）在所有文字都被选中的状态下，在"属性"面板的"滤镜"栏中单击"添加滤镜"下拉按钮，在弹出的下拉列表中选择"投影"选项，在打开的面板中设置投影颜色为黄色，如图 1.56 所示。

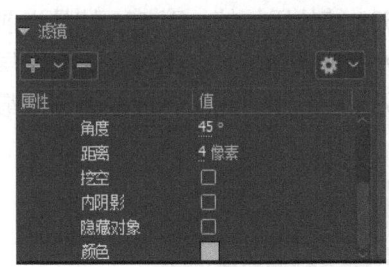

图 1.56

（5）在"文字"时间轴上，每 7 帧设置一个关键帧，制作文字逐个显示动画，制作方法参照前面制作过的"文字"图层。时间轴的效果如图 1.57 所示。

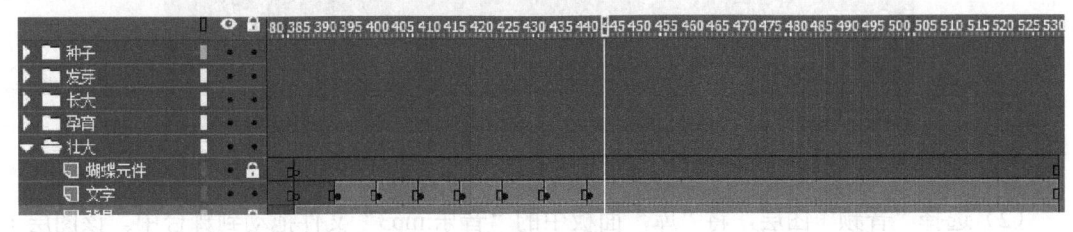

图 1.57

（6）复制"01Complete.fla"文件的"壮大"文件夹中的"蝴蝶元件"图层，粘贴到"01Demo.fla"文件中的"壮大"文件夹中，删除前面创建的"蝴蝶元件"图层，保留刚粘贴的"蝴蝶元件"图层。在"01Demo.fla"文件的"库"面板中多出了一个文件夹"MovieClip"，该文件夹保存了许多资源，它们是在粘贴"蝴蝶元件"图层时被带过来的"蝴蝶元件"图层所需要的资源，如图 1.58 所示。

图 1.58

（7）锁定除"蝴蝶元件"图层外的所有图层，在"蝴蝶元件"图层第 1 个关键帧上单击选择蝴蝶元件，舞台中出现一个矩形框，这就是蝴蝶元件。在播放课件时，元件中的蝴蝶动画就会被播放。

1.12.5　为课件加上主题文字和背景音乐

（1）在"时间轴"面板的最上方创建"标题和音频"文件夹，在该文件夹中依次新建"音频""标题背景""标题"3 个图层。各个图层会自动在第 533 帧处添加帧，而 533 帧是当前在新建图层时文件的最大帧数，新图层会自动以最大帧数为标准创建帧数。因为这 3 个图层被放在最上面，最上面的图层可以遮挡下面图层的内容，所以我们将主题文字放在动画的最前面，如图 1.59 所示。

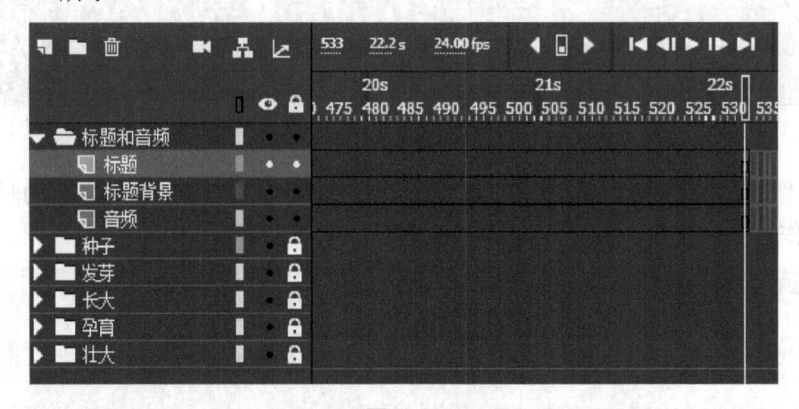

图 1.59

（2）选择"音频"图层，将"库"面板中的"音乐.mp3"文件拖动到舞台中。该图层上出现声音波形，声音波形在第 523 帧左右结束，说明音乐的长度或播放时间是 523 帧。

（3）选择"标题背景"图层，因为该图层只有第 1 帧是关键帧，在该图层中放置的内容都被放在第 1 帧进行编辑。选择"笔触颜色"工具，在打开的颜色板中单击☑按钮，取消笔触[见图 1.60（a）]。选择"填充颜色"工具，双击右上方的颜色数值，在出现的文本框中输入"FF3300"；双击"Alpha"后面的数值，在出现的文本框中输入"60"[见图 1.60（b）]，不要移动鼠标指针，按 Enter 键。

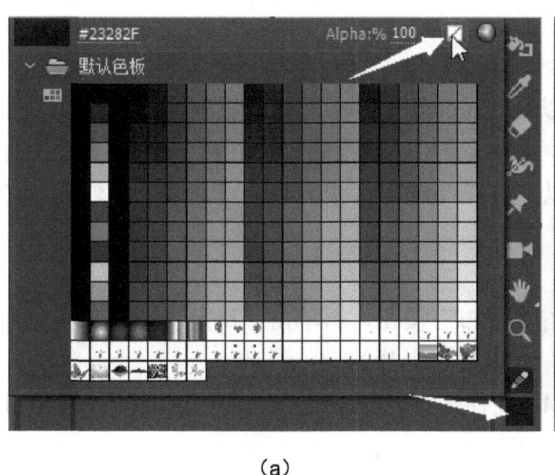

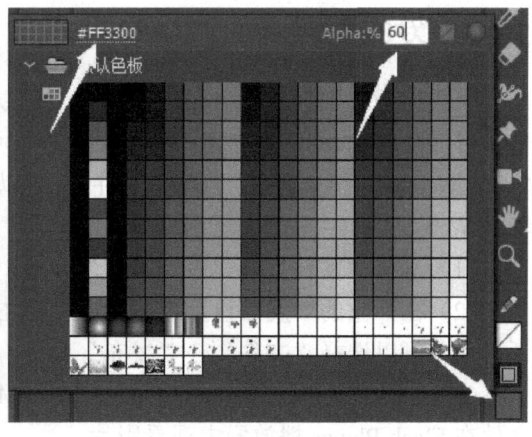

第 1 章 Animate CC 课件制作快速入门

(a)   (b)

图 1.60

（4）选择"矩形工具"，在舞台中画一个矩形，并在"属性"面板中设置矩形的"宽"为"800.00"、"高"为"33.95"、"X"和"Y"都为"0.00"，如图 1.61 所示。

图 1.61

（5）按住 Alt 键，将刚才绘制的矩形拖动到舞台底部，这样就在底部复制了一个同样的矩形。选择"文字"图层，在上部的矩形中居中对齐输入"种子的魅力"，在底部的矩形中居中对齐输入"The charm of seeds"。在"属性"面板中设置文字的属性："系列"为"微软雅黑"，"样式"为"Regular"，"大小"为"21"，"颜色"为紫红色，效果如图 1.62 所示。

（6）按 Ctrl+Enter 组合键，预览课件。若有设计不完善的地方，则继续修改。读者对上文涉及的操作技术一开始比较生疏没关系，在今后多加练习就会熟能生巧。

图 1.62

1.13 发布影片

当我们想和别人共享自己的作品时，可以在 Animate CC 中发布自己的作品。对于大多数项目，Animate CC 会创建一个 SWF 文件（Animate CC 最终的影片）和一个 HTML 文件（指示 Web 浏览器如何显示 SWF 文件），所以，要发布影片，我们必须将这两个文件同时传输到 Web 服务器中的同一个文件夹中。

（1）选择"文件"→"发布设置"命令。

（2）在弹出的"发布设置"对话框中单击"发布"按钮，再单击"确定"按钮，关闭对话框（也可以选择"文件"→"发布"命令，直接发布影片）。

（3）打开"发布"文件夹，可以双击 HTML 文件在浏览器中观看影片，也可以双击 SWF 文件在 Flash Player 播放器中观看影片。

课后习题

一、模拟练习

浏览本书配套资源中的"模拟练习\Lesson01\作品\Lesson01.swf"文件，仿照"Lesson01.swf"文件，制作一个类似的课件。课件资料已提供，保存在"模拟练习\Lesson01\作品素材"文件夹中。

二、自主创意

自主设计一个 Animate CC 课件，应用本章所学的时间轴、帧、图层、工具、预览和发布影片等知识。

三、理论题

1．什么是舞台？
2．帧与关键帧之间的区别是什么？
3．什么是隐藏的工具？怎样才能访问它们？
4．请指出在 Animate CC 中用于撤销步骤的两种方法，并描述它们。

理论题答案

1．在 Animate CC 播放器或 Web 浏览器中播放影片时，观众看到的区域就是舞台。它包含出现在屏幕上的文本、图像和视频。存储在舞台外面的粘贴板上的对象不会出现在影片中。

2．帧是时间轴上的时间度量。在时间轴上，以圆圈表示关键帧，并且指示舞台中内容的变化。

3．由于在工具面板中同时有太多的工具要显示，因此 Animate CC 把一些工具组合在一起，形成工具组，并且只显示该组中的一种工具（最近使用的工具就是显示的工具）。若一些工具按钮的右下角出现小三角形，则表示有隐藏的工具可用。要选择隐藏的工具，可以长按显示的工具按钮，从下拉列表中进行选择。

4．在 Animate CC 中可以使用"撤销"命令或者"历史记录"面板撤销步骤。若要一次撤销一个步骤，则可以选择"编辑"→"撤销"命令。若要一次撤销多个步骤，则可以在"历史记录"面板中向上拖动滑块，以删除不需要的步骤。

第 2 章

Animate CC 课件中图形的绘制与编辑

本章视频学习资源

本章学习内容

（1）绘制矩形、椭圆及其他形状，并修改所绘制对象的形状、颜色和大小。
（2）填充和笔触的设置，以及各种渐变填充操作。
（3）元件的基本操作，并对元件应用渐变效果。
（4）绘制图案。
（5）创建和编辑曲线。
（6）创建和编辑文本。

本章课件案例介绍

本章课件案例是一个语文诗词的静态插图课件案例（见图 2.1）。通过学习本章，读者要掌握各种形状的绘制方法，并能进行修改；填充和笔触的设置与操作；元件的基本操作；创建和编辑曲线，绘制不规则图形；创建和编辑文本。图形的绘制与编辑是动画制作的基础，只有绘制好静态矢量图，才能制作出优秀的动画作品。

图 2.1

2.1 预览完成的课件

使用 Animate CC 打开文件。选择"文件"→"打开"命令（见图 2.2），选择"范例文件\Lesson02\02Complete\02Complete.fla"文件，单击"打开"按钮，打开已制作完成的课件。同时按 Ctrl+Enter 组合键，播放动画。这个作品适用于学习制作语文诗词的简单的静态插图。

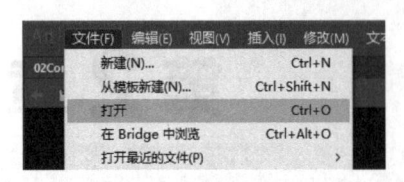

图 2.2

本章将使用 Animate CC 工具面板中的常用绘画工具、绘画调整工具、颜色工具等来绘制并修改一些矢量形状，以及组合简单的元素来创建更复杂的画面。学习创建和修改图形是制作任何 Animate CC 动画之前的一个重要步骤。

2.2 新建文件

（1）选择"文件"→"新建"命令，在弹出的"新建文件"对话框中，设置"平台类型"为"ActionScript 3.0"、"宽"为"550"、"高"为"400"，单击"创建"按钮，以创建一个新的 Animate CC 文件（*.fla）。

（2）选择"文件"→"保存"命令，将文件命名为"02Demo.fla"，并保存在"范例文件\Lesson02\02Start"文件夹中。

2.3 填充和笔触

Animate CC 中的每幅图形都开始于一种形状。形状由两个部分组成：填充和笔触，前者是形状里面的部分，后者是形状的轮廓线。填充和笔触是彼此独立的，因此用户可以轻松地修改或删除其中的一个部分，而不会影响另一个部分。例如，用户可以使用蓝色填充和红色笔触创建一个矩形。

（1）选择"矩形工具"，在工具面板中将填充颜色设置为蓝色，将笔触颜色设置为红色。也可以在右侧的"属性"面板中进行同样的设置。将"笔触"设置为"3.00"，在舞台中绘制一个矩形，如图 2.3 所示。

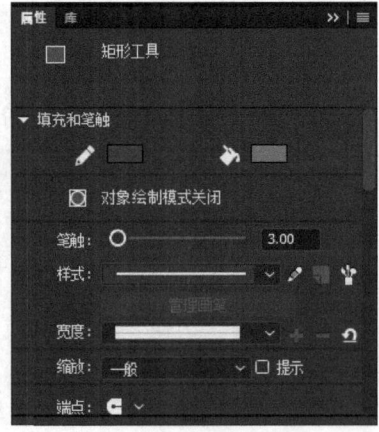

图 2.3

（2）在绘制完图形后还可以对图形进行修改。在"属性"面板中将填充颜色修改为黄色，将笔触颜色修改为绿色，将"笔触"修改为"5.00"，此时舞台中的矩形将发生变化，如图2.4所示。

（3）可以独立地移动填充或笔触。选择"选择工具"，单击图形中黄色的填充部分，就可以拖动该部分的内容了，如图2.5所示。

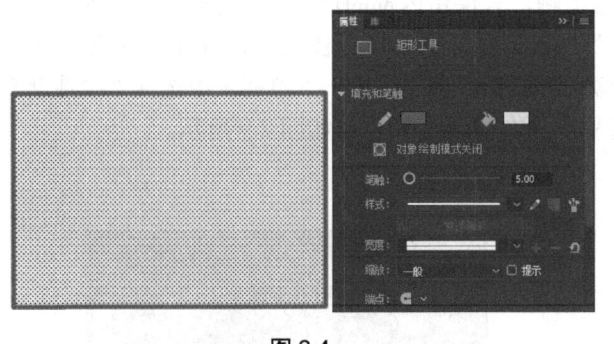

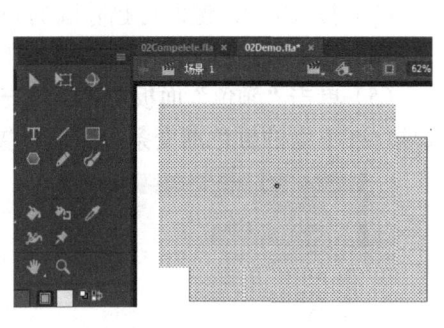

图 2.4

图 2.5

（4）如果想移动整个形状，就要确保同时选取它的填充和笔触，可通过双击进行全选，然后进行拖动。

（5）删除创建的图形。

2.4 创建基本形状

2.4.1 使用"椭圆工具"

（1）长按"矩形工具"，访问隐藏的工具，选择"椭圆工具"，如图2.6所示。

（2）确保没有选中"对象绘制"模式按钮（▢）。将工具面板的填充颜色设置为黄色，将笔触颜色设置为红色。按住 Shift 键并在舞台中拖动鼠标指针，绘制一个正圆，如图2.7所示。如果不按住 Shift 键，Animate CC 就不会对圆的宽度和高度进行等比例缩放，可以绘制各种椭圆。在使用"矩形工具"绘图时，按住 Shift 键可绘制正方形；在使用"直线工具"绘图时，按住 Shift 键可绘制直线。

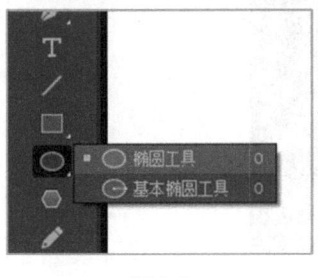

图 2.6

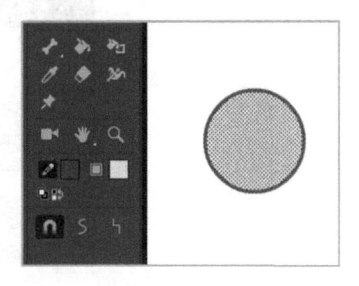

图 2.7

（3）在"时间轴"面板中选择"图层 1"，双击图层的名称，输入"月亮"，单击名称框外面，为图层重命名。

（4）选择"选择工具"，全选当前图形（包括填充和笔触）。

（5）在"属性"面板中，将圆形的"宽"和"高"都设置为"200"。

2.4.2 更改笔触和使用渐变填充

绘制的月亮图形不需要有外部的红色笔触效果，我们可以通过多种方式将其删除。

（1）选择"选择工具"。

（2）当鼠标指针移动到圆形外围的笔触圆环时，会变成形状，此时单击圆环。

（3）按 Delete 键即可删除圆的外围笔触，只保留内部的填充，以方便后面的编辑。

（4）选中黄色的圆形，选择"窗口"→"颜色"命令（见图 2.8），打开"颜色"面板。

（5）单击"颜色"面板中的"填充颜色"按钮，在"纯色"下拉列表中选择"线性渐变"选项，在下面的颜色渐变条上可以设置从左到右的渐变颜色，如图 2.9 所示。

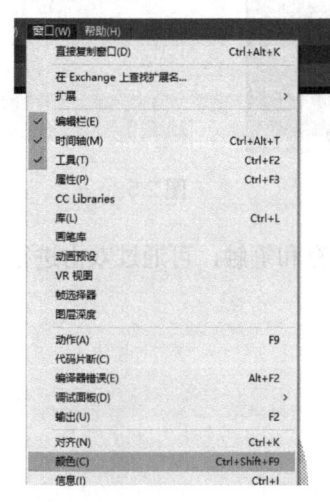

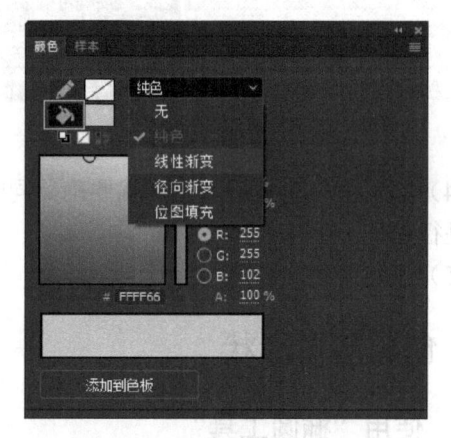

图 2.8　　　　　　　　　　　图 2.9

（6）在"颜色"面板中选择位于颜色渐变条左侧的颜色滑块（当选中它时，它上面的三角形将变为黑色），在十六进制栏中输入"FFF098"（见图 2.10），按 Enter 键确定，应用该颜色。也可以从拾色器中选择一个颜色，或者双击颜色指针，从色板中选择颜色。

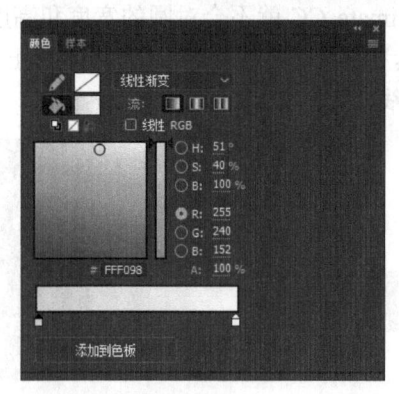

图 2.10

（7）选择位于颜色渐变条右侧的颜色滑块，在十六进制栏中输入"D9C400"，按 Enter 键确定，应用该颜色。圆形月亮即被填充了从浅黄到深黄的渐变。

（8）月亮的渐变中深黄色部分过多，我们需要在中间位置让颜色适当变浅。单击月亮图形，在颜色渐变条下面的中间位置单击，创建新的颜色滑块［见图 2.11（a）］。选择新的颜色滑块，在十六进制栏中输入"F2E484"［见图 2.11（b）］，为新颜色设定比当前颜色更浅的黄色，按 Enter 键确定，应用该颜色。

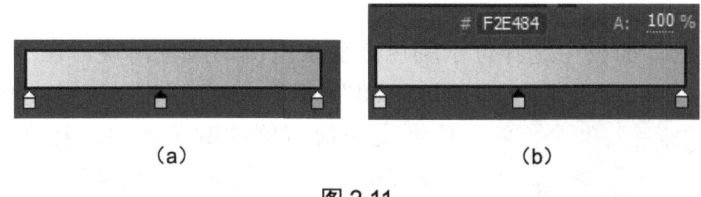

图 2.11

月亮的渐变填充中浅黄色的部分越多，月亮就越明亮。

2.5 创建背景图案

2.5.1 使用"矩形工具"

（1）选择"时间轴"面板中的"月亮"图层。

（2）单击"时间轴"面板中的"新建图层"按钮，新建的图层将出现在"月亮"图层上方。

（3）双击新建的图层，将其重命名为"背景"。

（4）把"背景"图层拖动到"月亮"图层的下方，如图 2.12（a）所示。

（5）选择"矩形工具"，设置填充颜色为蓝色、笔触颜色为无，如图 2.12（b）所示。

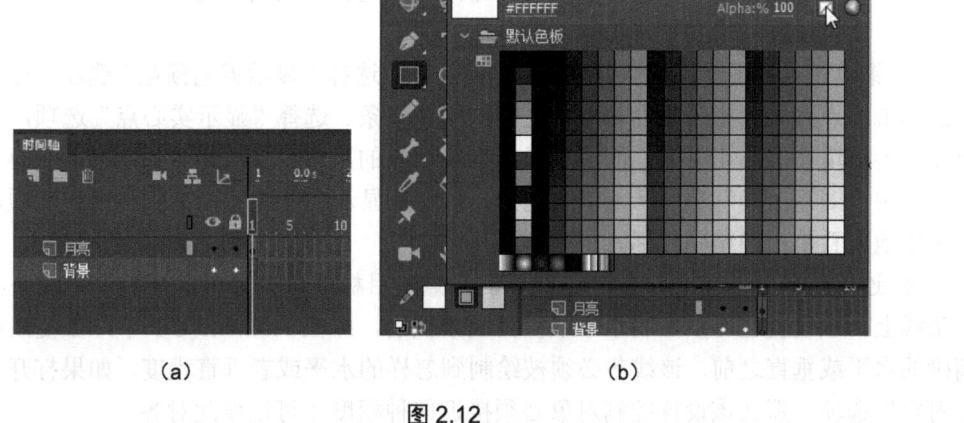

图 2.12

（6）在舞台中创建一个矩形，使用"选择工具"单击矩形，在"属性"面板中设置矩形的位置与属性和舞台一样。如果宽高比被锁定，那么可单击 按钮解锁，如图 2.13 所示。

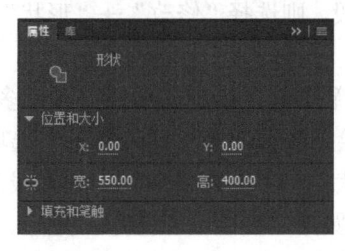

图 2.13

（7）选中蓝色背景，选择"窗口"→"颜色"命令，打开"颜色"面板。

（8）单击"颜色"面板中的"填充颜色"按钮，在"纯色"下拉列表中选择"线性渐变"选项。

（9）在"颜色"面板中选择位于颜色渐变条左侧的颜色滑块，在十六进制栏中输入"195A80"，按 Enter 键确定，应用该颜色。选择位于颜色渐变条最右侧的颜色滑块，在十六进制栏中输入"75B3B1"，矩形将被填充从深蓝到浅蓝的渐变。

（10）在颜色渐变条下面的中间位置单击，创建新的颜色滑块，在十六进制栏中输入"4F87A2"。

（11）在颜色渐变条下面的右侧单击，创建新的颜色滑块，在十六进制栏中输入"669CB0"，使得渐变更加平滑，如图 2.14 所示。

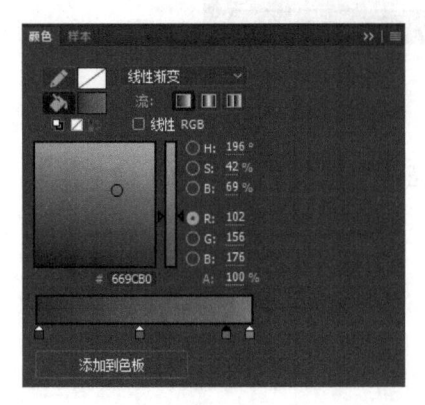

图 2.14

1．绘画的首选参数

我们可以设置绘画的首选参数来指定对齐、平滑和伸直行为，可以设置每个选项的容差，也可以打开或关闭每个选项。容差设置是相对的，它取决于计算机屏幕的分辨率和场景当前的缩放比例。在默认情况下，每个选项都是打开的，并且设置为"正常"容差。

2．绘画设置

（1）选择"编辑"→"首选参数"命令，然后选择"绘制"选项。

（2）在"绘画"类别下，选择下列选项。

① 钢笔工具：用于设置"钢笔工具"的选项。选择"显示钢笔预览"选项，可显示从上一次单击的点到鼠标指针的当前位置之间的预览线条。选择"显示实心点"选项，可将控制点显示为已填充的小正方形，而不是显示为未填充的正方形。选择"显示精确光标"选项，可在使用"钢笔工具"时显示十字线光标，而不是显示钢笔工具图标。利用此选项，可以更加轻松地查看单击的精确目标。

② 连接线条：决定正在绘制的线条的终点离目标线段有多远，才能使该线条贴紧到另一条线上。该设置也可以控制水平或垂直线条识别，即在 Animate CC 中，在使该线条达到精确的水平或垂直之前，该线条必须被绘制到怎样的水平或者垂直程度。如果打开了"贴紧至对象"选项，那么该设置控制对象必须接近何种程度才可以彼此对齐。

③ 平滑曲线：指定当绘画模式设置为"伸直"或"平滑"时，应用到以"铅笔工具"绘制的曲线的平滑量（曲线越平滑就越容易改变形状，而越粗略的曲线就越接近原始的线条笔触）。若要进一步平滑现有曲线段，则选择"修改"→"形状"→"平滑和修改"→"形状"→"优化"命令。

④ 确认线条：定义用"铅笔工具"绘制的线段必须有多直，Animate CC 才会确认它为直线并使它完全变直。如果在绘画时关闭了"确认线条"选项，那么可先选择一条或多条线段，然后选择"修改"→"形状"→"伸直"命令来伸直线条。

⑤ 确认形状：控制绘制的圆形、椭圆、正方形、矩形、90°和180°弧要达到何种精度，才会被确认为几何形状并精确重绘。选项包括"关""严谨""正常""宽松"。"严谨"要求绘

制的形状要非常接近精确;"宽松"指绘制的形状不一定精确,Animate CC 将重绘该形状。如果在绘画时关闭了"确认形状"选项,那么可先选择一个或多个形状(如连接的线段),然后选择"修改"→"形状"→"伸直"命令来伸直线条。

⑥ 单击精确度:指定鼠标指针必须距离某个项目多近,Animate CC 才能确认该项目。

3. "选择工具""部分选择工具""套索工具"的接触感应选项

在使用"对象绘制"模式创建形状时,可以指定"选择工具""部分选择工具""套索工具"的接触感应选项。在默认情况下,仅当工具的选取矩形框完全包围对象时,对象才会被选中。在对象仅被选择、部分选择或套索工具的选取框部分包围时,取消选择该选项将选中整个对象。

若要只选择完全包含在选取框中的对象和点,则取消选择"接触感应选取和套索工具"选项,但位于选择区域内的点仍会被选中。若要选择仅部分包含在选取框中的对象或组,选择"接触感应选取和套索工具"选项。"部分选择工具"使用相同的接触感应设置。

2.5.2 使用"渐变变形工具"

前面制作的渐变填充的方向是从左向右展开的。但在实际操作中,我们需要的是从上方深蓝到下方浅蓝的渐变效果,这时我们需要用到"渐变变形工具"。该工具可以调整渐变填充的大小、方向和中心。

(1)选择"渐变变形工具"。

(2)单击矩形,矩形的四周出现句柄,如图 2.15 所示。拖动右侧边界框上的方块句柄可以改变渐变的范围,拖动边界框右上方的圆形句柄可以改变渐变的方向,拖动中心的圆形句柄可以改变渐变的位置。

(3)拖动边界框角上的圆形句柄进行旋转,然后拖动边界框上的方块句柄进行压紧渐变,使得渐变呈现从上到下的效果,如图 2.16 所示。

图 2.15 　　　　　　　图 2.16

2.5.3 使用"钢笔工具"

下面创建类似波浪的背景图形。

(1)在"时间轴"面板中选择"背景"图层,单击"新建图层"按钮,新建一个图层,该图层出现在"背景"和"月亮"图层中间。将该图层命名为"波纹 1",如图 2.17 所示。

(2)选择"钢笔工具"。

(3)将笔触颜色设置为深蓝色。

（4）在舞台中单击，建立第一个锚点，开始绘制形状。

（5）在舞台中再次单击，创建下一个锚点。当想创建平滑的曲线时，可以用"钢笔工具"单击锚点并拖动。此时，锚点两侧出现句柄，指示线条的曲线，如图 2.18 所示。

（6）继续在舞台中单击并拖动，构建波浪的轮廓线，使波浪比舞台宽。最后单击第一个锚点，封闭形状，如图 2.19 所示。

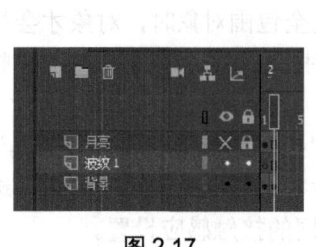

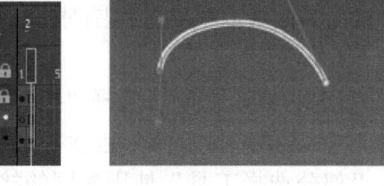

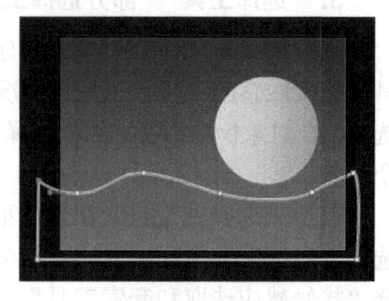

图 2.17　　　　　　　图 2.18　　　　　　　图 2.19

（7）选择"颜料桶工具"。

（8）选择"窗口"→"颜色"命令，在"颜色"面板中单击"填充颜色"按钮，在"纯色"下拉列表中选择"线性渐变"选项。

（9）在"颜色"面板中选择颜色渐变条左侧的颜色滑块，在十六进制栏中输入"669AAF"，按 Enter 键确定，应用该颜色。选择颜色渐变条右侧的颜色滑块，在十六进制栏中输入"8CBCCA"。

（10）在刚刚创建的轮廓线内，用"颜料桶工具"从上向下拖动，填充从深蓝到浅蓝的渐变，如图 2.20 所示。

（11）双击轮廓线，全选轮廓线并按 Delete 键删除笔触。

（12）在"波纹 1"图层上方新建一个图层，将其命名为"波纹 2"。

（13）按照"波纹 1"图层中波纹的绘制方法，绘制"波纹 2"图层中的波纹（见图 2.21）。其中颜色的渐变起点值为"52899E"，终点值为"8DBECD"。

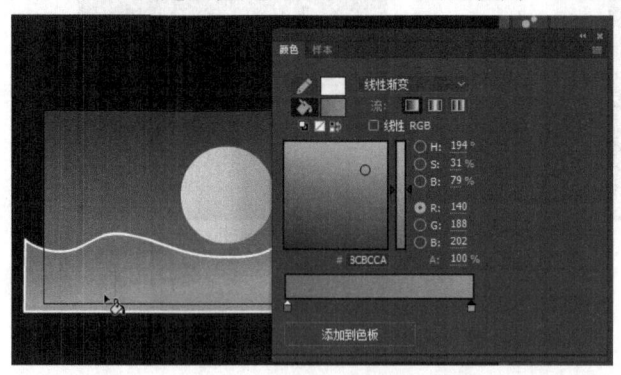

图 2.20　　　　　　　　　　　　　　图 2.21

2.5.4　使用"选择工具"或"部分选择工具"编辑曲线

刚创建的曲线也许不够平滑，效果不是很好，此时我们可以使用"选择工具"或"部分选择工具"来美化曲线。下面我们使用"部分选择工具"。

(1)选择"部分选择工具"。

(2)把鼠标指针放在一条曲线上,当鼠标指针附近出现短弧线时,就可以编辑和调整曲线了。

(3)拖动短弧线,调整曲线的形状,以达到所需的效果。

(4)在形状的轮廓上单击,在曲线轮廓上会出现锚点和句柄(见图2.22),这些锚点和句柄可以用于调整和美化曲线。

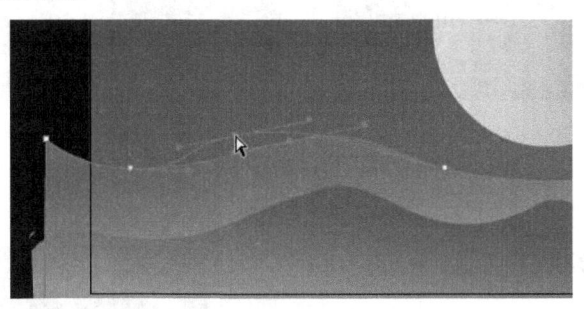

图 2.22

2.5.5 删除或添加锚点

使用"钢笔工具"下面的隐藏工具,根据需求添加和删除锚点。

(1)单击并按住"钢笔工具",访问它下面的隐藏工具,如图2.23所示。

(2)选择"添加锚点工具"。

(3)在曲线上单击,添加一个锚点。

(4)选择"删除锚点工具"。

(5)单击形状轮廓上的一个锚点即可删除锚点。

图 2.23

2.6 创建特殊形状

2.6.1 创建星形形状

(1)新建一个图层,将其命名为"星星"。

(2)选择"多边形工具",在"属性"面板中单击"工具设置"中的"选项"按钮,弹出"工具设置"对话框,在"样式"下拉列表中选择"星形"选项,将"边数"设置为"5",如图2.24所示。

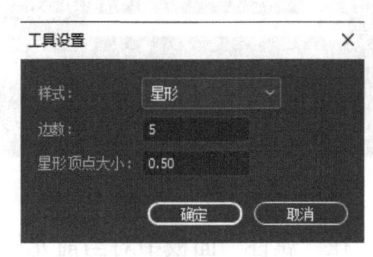

图 2.24

(3)在"属性"面板中,设置笔触颜色为空,填充颜色为黄色,如图2.25(a)所示。在舞台中拖动，绘制一个星形图形。用同样的方法设置填充颜色为橙色和土黄色，在"星星"图层中绘制多个大小不同的五角星形和圆形，如图2.25（b）所示。

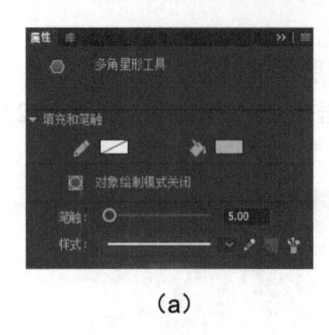

图 2.25

2.6.2 创建圆形形状

（1）新建一个图层，将其命名为"白月亮"。

（2）单击并按住椭圆工具组，访问它下面的隐藏工具"椭圆工具"。

（3）设置笔触颜色为空，填充颜色为白色。

（4）选择"椭圆工具"，按住 Shift 键在舞台的左上部绘制一个小圆，如图 2.26 所示。

图 2.26

2.7 将图形转换为元件

舞台中的大、小两轮月亮的图形是比较生硬的，真正的月亮周边会有一些模糊的光晕，因此我们需要对图形进行加工。虽然我们在 Animate CC 中无法对图形进行类似在 Photoshop 中添加滤镜的加工，但是我们可以在 Animate CC 中对元件进行加工，所以我们必须先将图形转换成元件。

（1）右击舞台中的白色月亮，在弹出的快捷菜单中选择"转换为元件"命令。

（2）在弹出的"转换为元件"对话框中，将其命名为"白月亮"，设置"类型"为"影片剪辑"，单击"确定"按钮，如图 2.27 所示。此时"库"面板中出现"白月亮"的元件，而舞台中的白月亮其实是"库"面板中元件的一个实例。

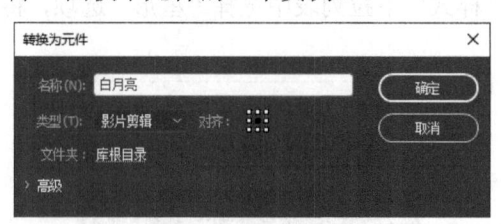

图 2.27

（3）单击舞台中的白月亮，在"属性"面板中对当前元件实例进行各方面的修改，其中包括滤镜。单击"滤镜"栏中的"添加滤镜"下拉按钮，在弹出的下拉列表中选择"发光"选项［见图 2.28（a）］，设置"模糊 X"和"模糊 Y"均为"30 像素"、"颜色"为浅蓝色［见

图 2.28（b）]。单击"滤镜"栏中的"添加滤镜"下拉按钮，在弹出的下拉列表中选择"模糊"选项，设置"模糊 X"和"模糊 Y"均为"2 像素"[见图 2.28（b）]。最终白月亮的周边有一层淡淡的光晕产生。

（4）右击舞台中的黄月亮，在弹出的快捷菜单中选择"转换为元件"命令。

（5）在弹出的"转换为元件"对话框中，将其命名为"月亮"，设置"类型"为"影片剪辑"，单击"确定"按钮，如图 2.29 所示。

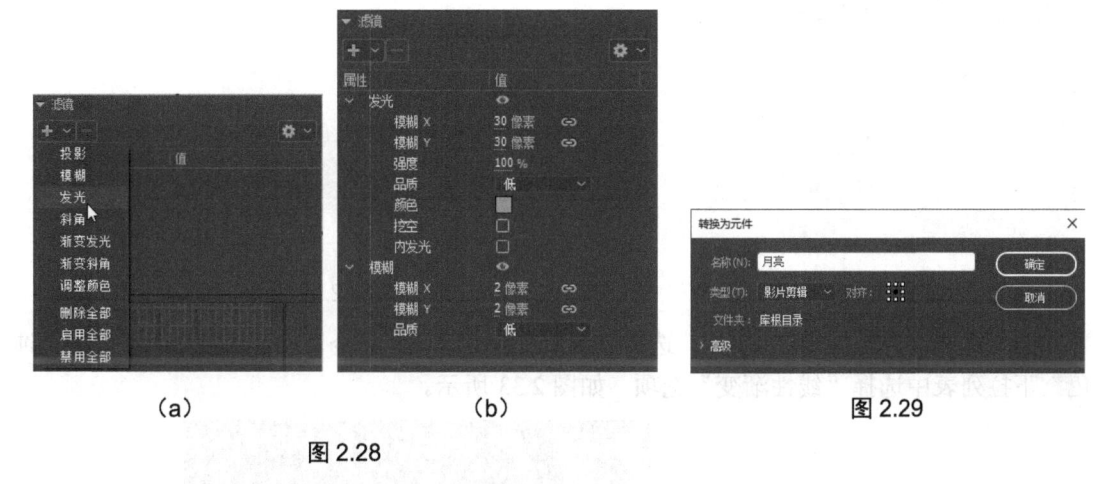

（a）　　　　　　　　（b）

图 2.28

图 2.29

（6）单击舞台中的黄月亮，单击"滤镜"栏中的"添加滤镜"下拉按钮，在弹出的下拉列表中选择"发光"选项，设置"模糊 X"和"模糊 Y"均为"100 像素"、"颜色"为浅黄色，如图 2.30（a）所示。最终黄月亮的周边也有一层淡淡的光晕产生，如图 2.30（b）所示。

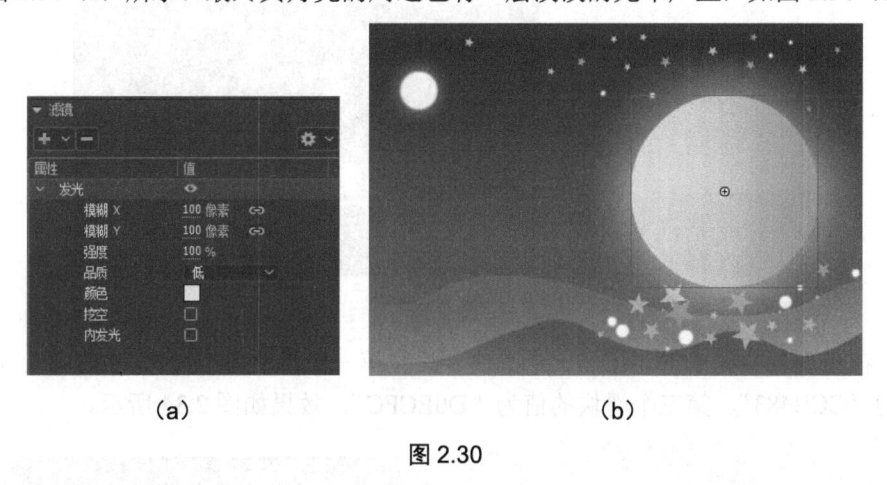

（a）　　　　　　　　（b）

图 2.30

2.8　创建和编辑文本

最后，添加一些文本来完成这幅图形。

（1）新建一个图层，将其命名为"文本"。

（2）选择"文本工具"，输入文字"古朗月行"。

（3）选中文本，选择"修改"→"转换为元件"命令，设置名称为"古朗月行"、"类型"为"影片剪辑"，单击"确定"按钮。

(4)双击舞台中的"古朗月行"元件实例,进入元件编辑界面,选择自己喜欢的字体和颜色,并调整元件实例的大小,如图 2.31 所示。

(5)选中文本,选择"修改"→"分离"命令,分离两次。第一次分离的效果如图 2.32(a) 所示,第二次分离的效果如图 2.32(b) 所示。在第二次分离后字体上会出现斑点,表示文字被打散了,可以用图形的方式进行编辑。

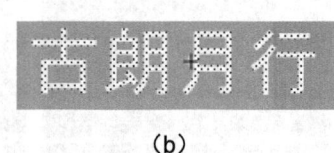

图 2.31

图 2.32

(6)框选"古朗月行"4 个字,选择"窗口"→"颜色"命令,在"颜色"面板中的"纯色"下拉列表中选择"线性渐变"选项,如图 2.33 所示。

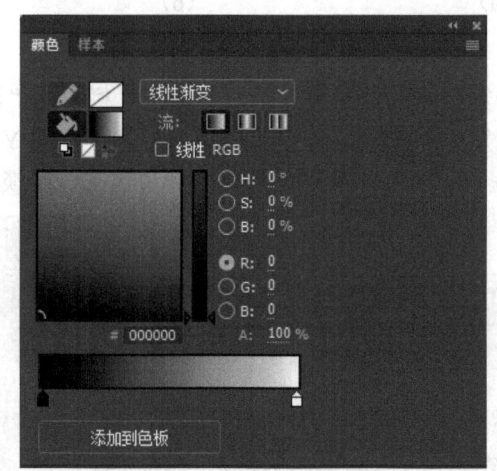

图 2.33

(7)在渐变条中间单击,添加一个滑块,设置第一个滑块的值为"C9EE12"、第二个滑块的值为"CCB483"、第三个滑块的值为"D0ECFC",效果如图 2.34 所示。

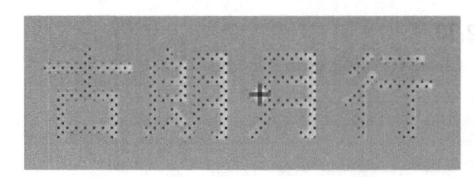

图 2.34

(8)选择"任意变形工具",改变文本的形状。

(9)首先变形"古",按住 Ctrl 键,拖动其中的一个角,变形后的效果如图 2.35 所示。

(10)按照以上步骤变形"朗""月""行",变形后的效果如图 2.36 所示。

（11）回到"场景1"，调整"古朗月行"的位置，将其拖动到白月亮的旁边。

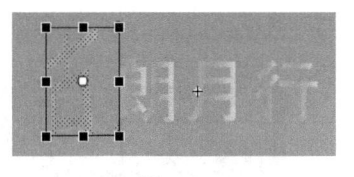

图 2.35 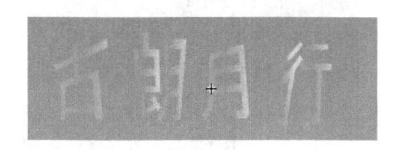　　　　　　　　　　　　　　图 2.36

（12）选择"古朗月行"文本，打开"属性"面板，单击"滤镜"栏中的"添加滤镜"下拉按钮，在弹出的下拉列表中选择"发光"选项，设置"模糊 X"和"模糊 Y"均为"30 像素"、"强度"为"120%"、"颜色"为白色［见图 2.37（a）］；继续单击"添加滤镜"下拉按钮，在弹出的下拉列表中选择"投影"选项，设置"模糊 X"和"模糊 Y"均为"3 像素"、"强度"为"100%"、"角度"为"45°"、"距离"为"2 像素"、"颜色"为"0099CC"［见图 2.37（a）］。效果如图 2.37（b）所示。

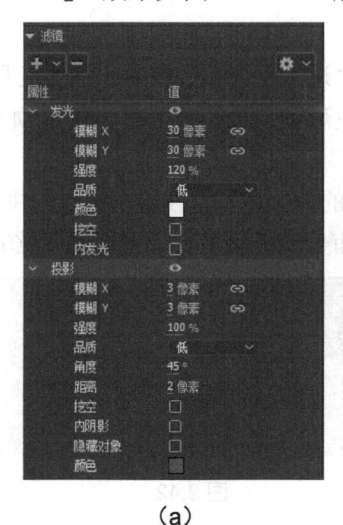

（a）　　　　　　　　　　　　　　　　（b）

图 2.37

（13）选择"文本工具"，在"属性"面板中设置文本类型为"静态文本"、"系列"为"楷体"、"大小"为"20.0 磅"、"颜色"为任意一种，如图 2.38（a）所示。在舞台中输入"小时不识月"，每输入一个字按一下 Enter 键，让文字竖排显示，如图 2.38（b）所示。

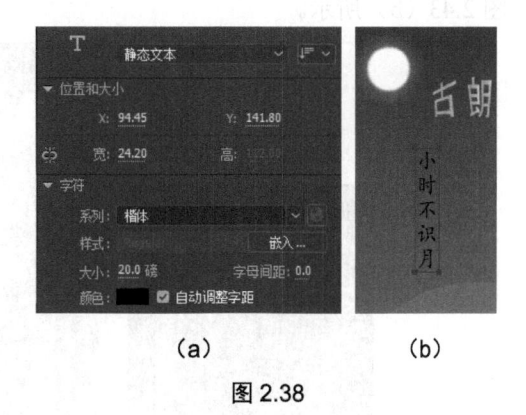

（14）选择"小时不识月"文本，选择"修改"→"分离"命令，在分离两次后文字被打散。框选打散的文字，选择"窗口"→"颜色"命令，在"颜色"面板中的"纯色"下拉列表中选择"线性渐变"选项，在渐变条中间单击，添加一个滑块，设置第一个滑块的值为"D0ECFC"、第二个滑块的值为"CCB483"、第三个滑块的值为"C9EE12"（见图 2.39）。

（a）　　　　（b）

图 2.38

（15）按照步骤（13）和步骤（14）分别添加和编辑文字"呼作白玉盘""又疑瑶台镜"

"飞在青云端",效果如图 2.40 所示。

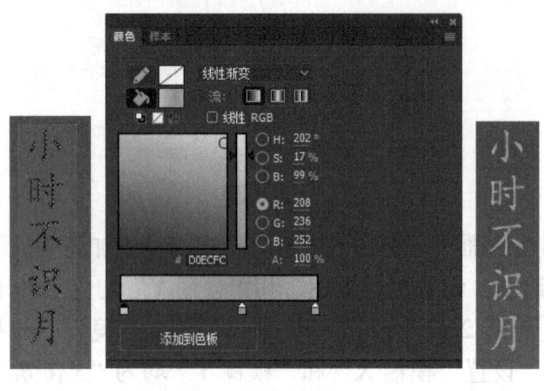

图 2.39

图 2.40

2.9 美化天空

(1)选择"多角星形工具",在"属性"面板中选择"选项"选项。在弹出的"工具设置"对话框中设置"样式"为"星形"、"边数"为"32"、"星形顶点大小"为"0.02",如图 2.41所示。

(2)选择"背景"图层,在舞台上半部绘制大小不等的数个星星,在绘制的过程中可更换白色至淡红色(或淡黄色)之间的不同颜色,并根据自己的审美安排星星的分布规律(见图 2.42)。

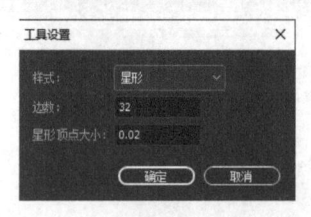

图 2.41

图 2.42

至此就完成了本章作品的制作。此时,"时间轴"面板如图 2.43(a)所示,作品效果如图 2.43(b)所示。

(a)　　　　　　　　　　　　　(b)

图 2.43

我们还可以隐藏"星星"和"白月亮"图层，效果如图 2.44 所示。

图 2.44

课后习题

一、模拟练习

浏览"模拟练习\Lesson02\作品\Lesson02.swf"文件，仿照"Lesson02.swf"文件，制作一个类似的课件。课件资料已提供，保存在"模拟练习\Lesson02\作品素材"文件夹中。

二、自主创意

自主设计一个 Animate CC 课件，应用本章所学的绘制和修改形状、填充和笔触的设置、渐变填充操作、创建和编辑曲线、创建和编辑文本等知识。

三、理论题

1．形状由填充和笔触两个部分组成，这两个部分的异同点是什么？
2．Animate CC 中的 3 种绘制模式是什么？它们有何区别？
3．Animate CC 中的每一种选择工具都在什么时候使用？

理论题答案

1．相同点：填充和笔触是彼此独立的，因此我们可以轻松地修改或删除其中的一个部分，而不会影响另一个部分。

不同点：前者是形状中的部分，后者是形状边缘的轮廓线。

2．3 种绘制模式是合并绘制模式、对象绘制模式和基本绘制模式。在合并绘制模式下，将合并在舞台中绘制的形状，使之变成单个形状。在对象绘制模式下，每个对象将保持泾渭分明，甚至当它与另一个对象重叠时也是如此。在基本绘制模式下，在用"椭圆工具"在舞台中绘图时要按住 Shift 键。

3．Animate CC 中包括 3 种选择工具："选择工具""部分选择工具""套索工具"。使用"选择工具"可以选择整个形状或对象。使用"部分选择工具"可以选择对象中特定的点或线。使用"套索工具"可以绘制任意选区。

第 3 章

Animate CC 课件中的元件

本章视频学习资源

✓ 本章学习内容

(1) 创建和编辑元件。
(2) 元件的类型。
(3) 元件与元件实例。
(4) 滤镜特效。
(5) 在 3D 空间中定位对象。

✓ 本章课件案例介绍

本章课件案例是一个介绍在课件中如何处理元件的案例(见图 3.1)。通过学习本章,读者要学习创建或转换元件、图形的二次创作、元件实例的应用等。元件是存储在"库"面板中的可重复利用的资源。合理地使用和编辑元件,对 Animate CC 课件的制作非常重要。

图 3.1

3.1 预览完成的课件

使用 Animate CC 打开文件。选择"文件"→"打开"命令（见图 3.2），选择"范例文件\Lesson03\03Complete\03Complete.fla"文件，单击"打开"按钮，打开已制作完成的课件。同时按 Ctrl+Enter 组合键播放动画。

本章将对 Animate CC 元件的创建和使用进行介绍和训练。

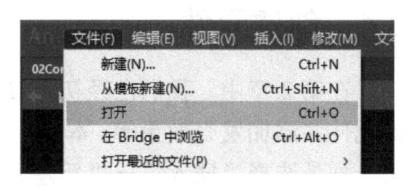

图 3.2

3.2 元件

元件是用于特效、动画和交互性的可重复使用的资源，就像影视剧中的演员、道具，既是具有独立身份的元素，又是构成影片的主体。

3.2.1 元件概述

根据在动画中的作用，Animate CC 中的元件可被分为图形、按钮和影片剪辑 3 种类型。元件被存储在"库"面板中。当把元件拖动到舞台中时，Animate CC 会创建元件的一个实例，实例是位于舞台中的元件的一个副本或引用。我们在创建了一个元件后，在课件以后的制作中，可以多次将元件拖动到舞台中，在场景中创建该元件的实例，但是元件只有一个，这样可以明显减小课件的体积。当修改元件的内容时，该元件所有的实例都会随之改变。

我们可以将元件视为一个有内容的容器。元件内部可以包含 JPG 图像、被导入 Animate CC 中的图像或者在 Animate CC 中创建的图像，也可以包含声音、视频和文字等多媒体素材，元件内还可以嵌套元件。我们可以在"库"面板中双击元件（或者在舞台中双击元件实例），进入元件编辑界面，对元件进行编辑。

3.2.2 元件的类型

（1）图形（ ）：通常用于存放静态的图像，但不支持 ActionScript 脚本代码，并且不能对图形元件应用滤镜或混合模式。

（2）按钮（ ）：用于在影片中创建对鼠标事件响应的互动按钮。制作按钮需要创建与不同的按钮状态相关联的图形。为了使按钮有更好的效果，用户可以在其中加入影片剪辑或音效文件。

（3）影片剪辑（ ）：一个独立的小影片，可以包含交互动画和音效，甚至可以包含其他的影片剪辑。用户可以对影片剪辑元件实例应用滤镜、颜色设置和混合模式。元件可以包含自己独立的时间轴。用户可以利用 ActionScript 语言对元件进行编辑，使元件对用户的操作做出响应。

3.3 新建动画文件

选择"文件"→"新建"命令，在弹出的"新建文件"对话框中，设置"平台类型"为"ActionScript 3.0"、舞台的大小为 600 像素×450 像素，单击"创建"按钮，创建一个新的 Animate CC 文件。选择"文件"→"保存"命令，将文件命名为"03Demo.fla"，并保存在"范例文件\Lesson03\03Start"文件夹中。

3.4 创建元件

在第 2 章中,我们已经初步接触了元件的创建和使用,如把两个月亮分别转换成影片剪辑元件并添加发光效果等。本节介绍元件的具体创建方法。元件的具体创建方法一般有两种:第一种是选择"插入"→"新建元件"命令,在弹出的"创建新元件"对话框中选择要创建元件的类型,如图 3.3 所示;第二种是在舞台中被选中的对象上右击,在弹出的快捷菜单中选择"转换为元件"命令,在弹出的"转换为元件"对话框中进行命名和类型选择。本章使用的方法主要是第二种。

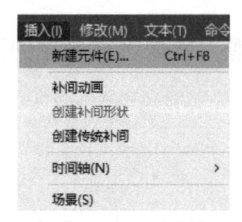

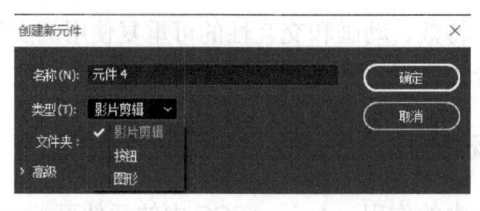

图 3.3

3.5 向 Animate CC 中导入矢量图形

在第 2 章中我们学过,在 Animate CC 中可以使用"矩形工具""椭圆工具"及其他工具绘制不同的图形。但是对于复杂的矢量图形的绘制,专业的绘图软件会更加方便、实用,如 Illustrator。我们可以先在 Illustrator 中创建原始图形,再将其导入 Animate CC 中。

(1)选择"文件"→"导入"→"导入到舞台"命令。

(2)选择"范例文件\Lesson03\03Start\person.ai"文件,单击"打开"按钮。

(3)在弹出的"将'person.ai'导入到舞台"对话框中有 3 个图层组合,请确保选中了所有图层。庞大的级联菜单群和图层群是 Illustrator 创建的.ai 文件中所有图层的表现。在"将图层转换为"下拉列表中选择"Animate 图层"选项,勾选"将对象置于原始位置"复选框,单击"导入"按钮,如图 3.4 所示。

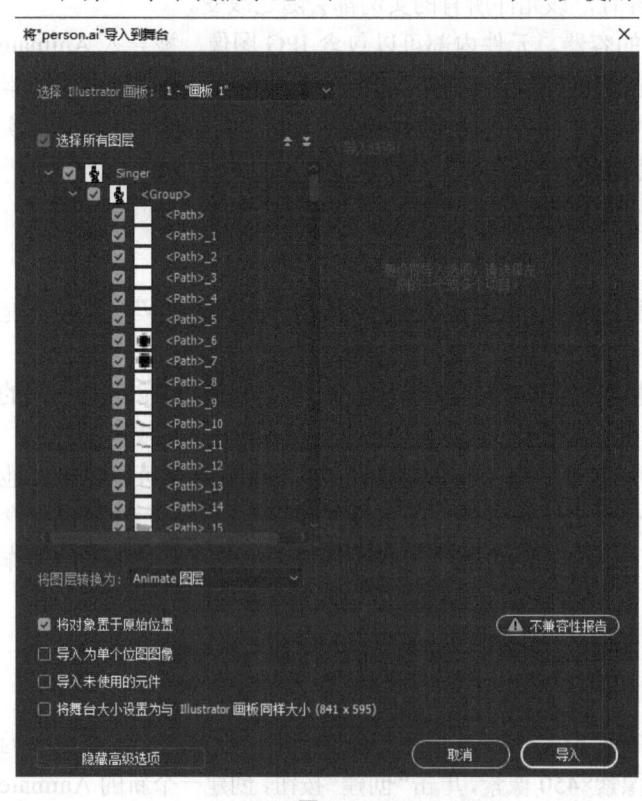

图 3.4

此时，Animate CC 将导入 Illustrator 矢量图形，并且原矢量图形文件中的所有图层组合都会出现在"时间轴"面板中，如图 3.5 所示。

图 3.5

（4）在舞台中单击"Singer"图层中的矢量人物（唱歌的女孩）。
（5）选择"修改"→"转换为元件"命令。
（6）设置元件的"名称"为"Singer"、"类型"为"影片剪辑"，如图 3.6 所示。
（7）选取"Player"图层中的矢量人物（弹吉他的女孩），将其转换为影片剪辑元件并命名为"Player"。
（8）选取"Dancer"图层中的矢量人物（跳舞的两个女孩），将其转换为影片剪辑元件并命名为"Dancer"。

"库"面板中将分别出现这 3 个转换为影片剪辑的元件（见图 3.7），而且舞台中有这 3 个元件的实例。

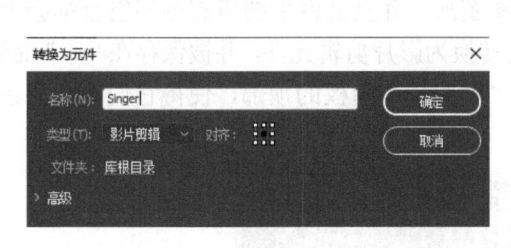

图 3.6 　　　　　　　　　　　图 3.7

3.6　向 Animate CC 中导入位图

Animate CC 无法创建位图，也不能对位图进行复杂的编辑。但是用户在 Animate CC 课件的制作过程中往往需要大量使用位图。同样，Animate CC 也可以导入利用 Photoshop 等专业的图形制作软件创建的位图。

（1）选择"文件"→"导入"→"导入到舞台"命令。

（2）选择"范例文件\Lesson03\03Start\background.psd"文件，单击"打开"按钮。

（3）在弹出的"将'background.psd'导入到舞台"对话框中有 3 个图层，请确保选中了所有图层。

（4）选中"具有可编辑图层样式的位图图像"单选按钮，这样可使.psd 文件中的位图在被导入 Animate CC 后直接被转换为影片剪辑元件。在"将图层转换为"下拉列表中选择"Animate 图层"选项，勾选"将对象置于原始位置"复选框，单击"导入"按钮，如图 3.8 所示。

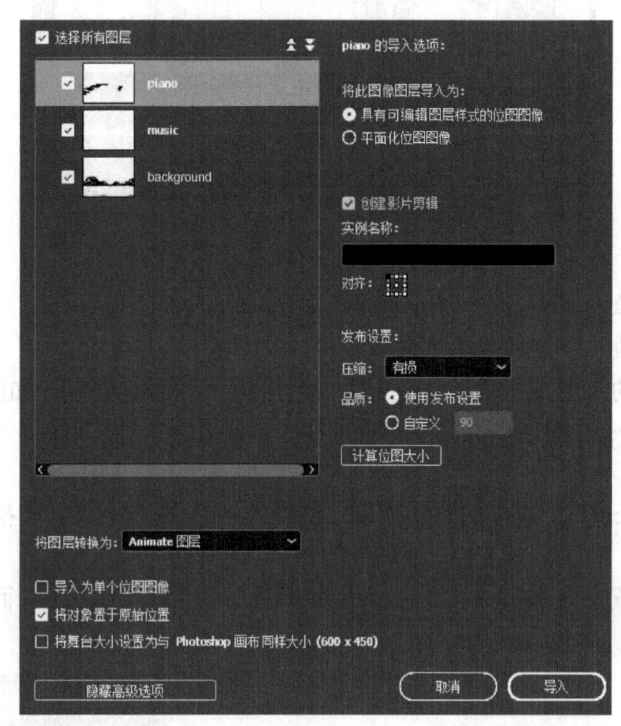

图 3.8

此时，Animate CC 将导入 Photoshop 位图图形，并且文件中的所有图层组合都会出现在"时间轴"面板中。Photoshop 图像将会被自动转换为影片剪辑元件，并被保存在"库"面板中。

（5）将前面导入的 3 个矢量图层拖动到"时间轴"面板的顶部，使得它们不被背景图层覆盖，如图 3.9 所示。

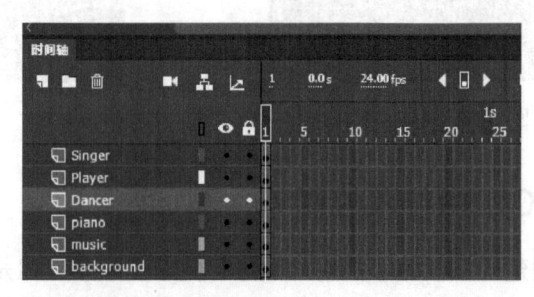

图 3.9

3.7 通过库来管理元件

库是 Animate CC 中的一个重要工具，合理使用库进行设计，可以简化设计过程，这也是进行复杂动画设计的重要技巧和手段。每个 Animate CC 文件都有一个存放元件、位图、音频和视频文件的库。利用"库"面板可以查看和组织库中的文件。当选取库中的一个元件时，"库"面板中将显示该元件。

在当前动画的"库"面板中有多个影片剪辑元件和文件夹，我们可以通过在文件夹中组织这些影片剪辑元件，来更好地在库中管理它们。

（1）单击"库"面板左下方的"新建文件夹"按钮，新建一个文件夹。

（2）将该文件夹命名为"Person"，并把"Dancer""Player""Singer"影片剪辑元件拖动到"Person"文件夹中，如图 3.10 所示。

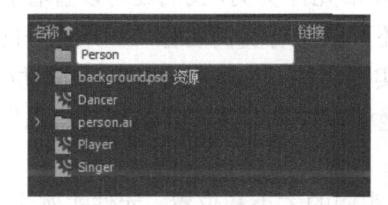

图 3.10

当库中的元件和其他文件较多而显得杂乱时，我们可以通过添加文件夹将相关联的元件和文件放置在同一个文件夹中，以保持库有序而方便管理。

3.8 更改元件实例的大小和位置

（1）选择"background.psd"图层中的背景图片。在"属性"面板中，将"X"和"Y"都设置为"0"；将图形的"宽"设置为"600"、"高"设置为"450"。

（2）选择"任意变形工具"，选择"piano"图层中的钢琴键。所选的元件实例周围将出现句柄。在按住 Shift 键的同时拖动某个角的句柄，减小钢琴键的大小，并拖动该图层到舞台的左下方对齐，如图 3.11 所示。

图 3.11

（3）选择"任意变形工具"，选择"music"图层，在按住 Shift 键的同时拖动某个角的句柄，减小该图层的大小，并拖动该图层到舞台的右侧对齐。

（4）选择"任意变形工具"，选择"Singer"图层，在按住 Shift 键的同时拖动某个角的句柄，减小该图层的大小，并拖动该图层到舞台的左下方对齐。

（5）选择"任意变形工具"，选择"Player"图层，在按住 Shift 键的同时拖动某个角的句柄，减小该图层的大小，并拖动该图层到舞台的右下方对齐。

(6)选择"任意变形工具",选择"Dancer"图层,在按住 Shift 键的同时拖动某个角的句柄,减小该图层的大小,并拖动该图层到舞台的中部对齐。最终效果如图 3.12 所示。

获取有关舞台中的元件实例的信息。

"属性"面板和"信息"面板显示以下与在舞台中选中的元件实例相关的信息。

(1)在"属性"面板中,我们可以查看元件实例的行为和设置。对于所有类型的元件实例,我们可以都查看色彩效果设置、位置和大小;对于图形元件实例,我们还可以查看循环模式和包含该图形的第 1 帧;对于按钮元件实例,我们还可以查看实例名称(如果已分配)和跟踪选项;对于影片剪辑元件实例,我们还可以查看实例名称(如果已分配)。对于位置,"属性"面板显示元件注册点或元件左上方的 X 和 Y 坐标,具体取决于我们在"信息"面板中选择的选项。

图 3.12

(2)在"信息"面板中,我们可以查看元件实例的大小和位置,元件实例注册点的位置,元件实例的红色值(R)、绿色值(G)、蓝色值(B)和 Alpha(A)值(如果元件实例有实心填充)等。"信息"面板还显示元件注册点或元件左上方的 X 和 Y 坐标,具体取决于选择了哪个选项。若要显示注册点的坐标,则可单击"信息"面板中坐标网格中心的方框。若要显示元件左上方的坐标,则可单击坐标网格左上方的方框。

(3)在影片浏览器中,查看当前文件中的内容,包括元件实例和元件。

(4)在"动作"面板中查看分配给按钮元件或影片剪辑元件的所有动作。

获取有关元件实例信息的操作步骤如下。

在舞台中选择该元件实例。若要打开"属性"面板,则选择"窗口"→"属性"命令。若要打开"信息"面板,则选择"窗口"→"信息"命令。若要打开影片浏览器,则选择"窗口"→"影片浏览器"命令。若要打开"动作"面板,则选择"窗口"→"动作"命令。

3.9 对元件进行编辑

在上一节中,我们只是对元件在舞台中的实例进行简单的属性修改,但是 Animate CC 本身就可以编辑矢量图形,所以在将导入 Animate CC 中的矢量图形转换为元件后,Animate CC 有两种方法对这些元件进行编辑。

3.9.1 在"库"面板中编辑元件

(1)在"库"面板中双击"Singer"元件,进入元件编辑界面。在这个界面中,我们可以查看元件的内容,舞台顶部的水平条显示,当前舞台不再处于"场景 1"中,而是处于名为"Singer"的元件中,如图 3.13 所示。

(2)再次双击图形以编辑这个元件,这样就可以从元件层进入组层(见图 3.14)。此时我们可以看到该矢量图形是由若干小矢量图形组成的。

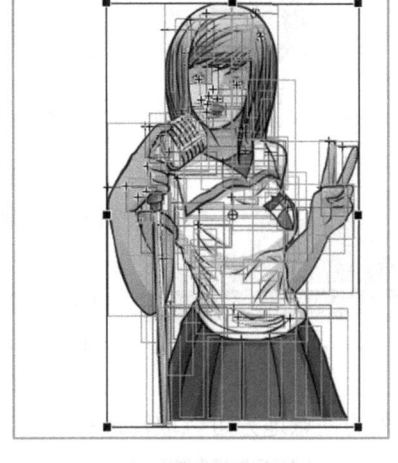

图 3.13　　　　　　　　　　　　　图 3.14

（3）若要对图形上的某个组件的内容进行修改，则可以直接双击进入该组件。下面我们将歌手的裙子修改为红色。单击周边白色空白区域，取消对整个矢量图形的选择。单击蓝色的裙子选中该对象，如图 3.15（a）所示。双击该对象进入对象编辑界面。双击后看见该对象是一个不规则的蓝色矢量图形，如图 3.15（b）所示。

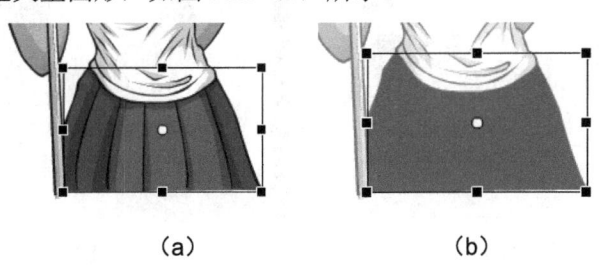

（a）　　　　　　　　（b）

图 3.15

（4）选择"颜料桶工具"，选取红色为新的填充颜色，并将其应用到当前矢量图形上，如图 3.16（a）所示。舞台上方的水平条中有 4 个按钮 [见图 3.16（b）]，当前正在编辑的模式是"绘制对象"，上一级为包含所有对象的"组"，再上一级为"Singer"元件，最上面的一级为舞台场景。

（a）　　　　　　　　　　　　　　（b）

图 3.16

（5）在水平条中单击"场景 1"按钮，返回"场景 1"。

"库"面板中的"Singer"元件被修改了,舞台中该元件的实例也反映了对该元件所做的修改(见图 3.17)。如果编辑元件,那么舞台中该元件所有的实例都会相应地发生变化。

3.9.2 在舞台中直接编辑元件

双击舞台中的某个元件实例,可以直接进入元件编辑界面,也能查看其周围的环境。

(1)在舞台中双击 Dancer 元件实例,进入元件编辑界面,顶部的水平条也从"场景 1"进入"Dancer"元件内,如图 3.18(a)所示。框选图形可以选择元件的所有组层[见图 3.18(b)],此时我们会看到该矢量图形是由若干小矢量图形组成的,单击元件外的任意地方可以取消选择。

图 3.17

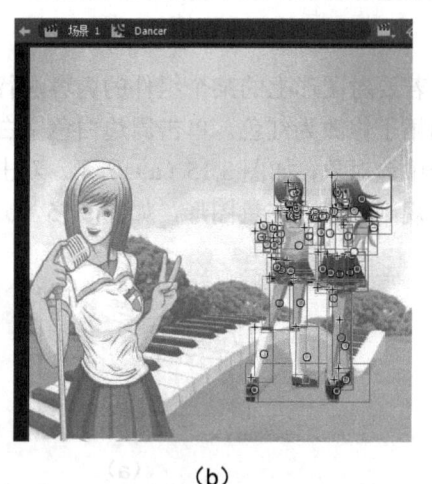

(a)　　　　　　　　(b)

图 3.18

(2)若要对图形上的某个组件的内容进行修改,则可以选择该组件。下面我们将右侧舞者的裙子修改为绿色。使用"选择工具"在红色的裙子上拖动,以选中该对象(可调整显示比例来放大图形,以便选择,如果选择了裙子以外的对象,那么可在按住 Shift 键的同时单击多选的内容取消选择)。选择"颜料桶工具",选取绿色为新的填充颜色,并将其应用到当前矢量图形上,如图 3.19 所示。

(3)在水平条中单击"场景 1"按钮,返回"场景 1"。舞台中该元件的实例会发生变化。

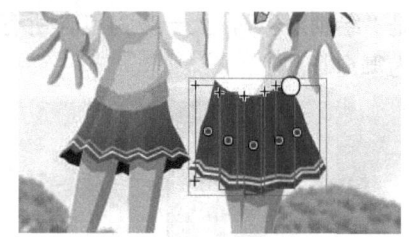

图 3.19

3.10 为元件实例添加特效

为了达到美化的效果,我们需要对舞台添加虚化特效。

(1)选择"background"图层,从"03Start"文件夹中将"舞者.png"文件导入舞台中。

此时，舞台中又多了一个背景图片。在"时间轴"面板中锁定除"background"图层外的其他图层，以免在编辑"舞者.png"图片时影响到舞台中的其他元素，如图3.20（a）所示。选择"任意变形工具"，在按住 Shift 键的同时拖动图片的某个角的句柄，调整图片的位置和大小，如图3.20（b）所示。

图 3.20

（2）在"舞者.png"图片上右击，在弹出的快捷菜单中选择"转换为元件"命令，在弹出的"转换为元件"对话框中设置"名称"为"舞者"、"类型"为"影片剪辑"，如图3.21所示。把图片转换为元件是为了给其加上滤镜的模糊效果来烘托背景，只有元件才能添加滤镜。

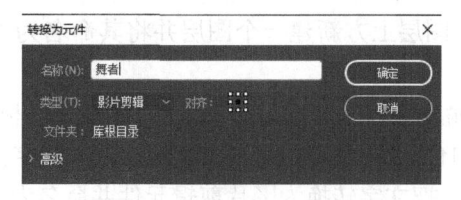

图 3.21

（3）选取新的元件实例，在"属性"面板中打开"滤镜"栏。

（4）单击"滤镜"栏中的"添加滤镜"下拉按钮，在弹出的下拉列表中选择"模糊"选项，如图3.22（a）所示。此时，"滤镜"栏中出现"模糊"滤镜选项。将"模糊X"和"模糊Y"均设置为"10像素"，效果如图3.22（b）所示。

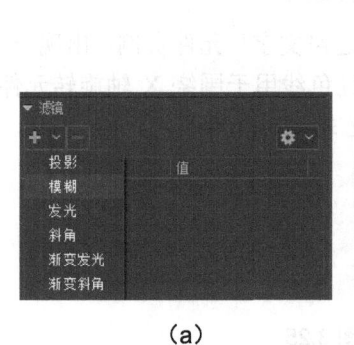

图 3.22

（5）在"属性"面板中，在"色彩效果"的"样式"下拉列表中选择"Alpha"选项，如图3.23（a）所示。将"Alpha"的值设置为"40%"，改变元件实例的不透明度，修改后的效果如图3.23（b）所示。

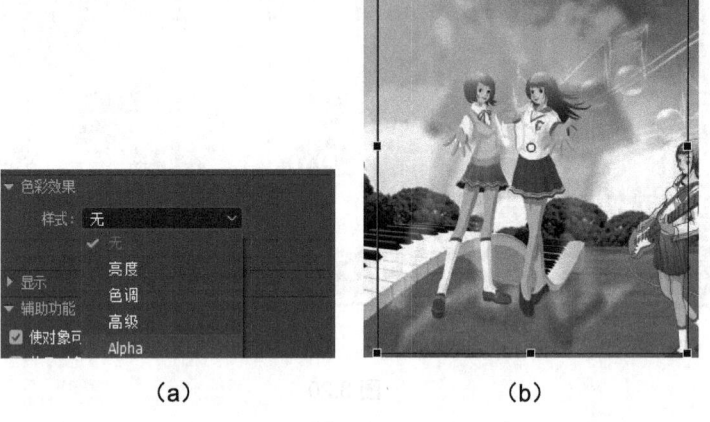

（a） （b）

图 3.23

3.11 添加 3D 特效文字

（1）在"background"图层上方新建一个图层并将其命名为"Text"。

（2）选择"文本工具"。

（3）在舞台中单击，输入标题"音乐之声"。在"属性"面板中设置"字符"的"大小"为"100点"、"颜色"为白色、"字体"为"微软雅黑"。在文字上右击，在弹出的快捷菜单中选择"转换为元件"命令，把文字转换为影片剪辑元件并命名为"音乐之声文字"，如图3.24所示。只有将文字转换为元件，才能对文字应用3D效果。

图 3.24

（4）选择"3D旋转工具"，单击"音乐之声文字"元件实例，出现一个圆形的彩色靶心，这是用于3D旋转的辅助线（见图3.25）。红色线用于围绕X轴旋转元件实例；绿色线用于围绕Y轴旋转元件实例；蓝色线用于围绕Z轴旋转元件实例。

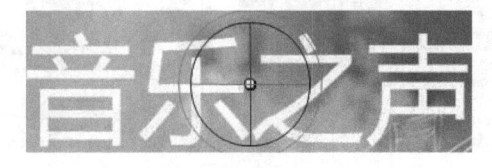

图 3.25

（5）在右侧的线上按住鼠标左键并向上拖动，在3D空间中旋转元件实例，如图3.26所示。也可以单击并拖动外侧的橙色辅助线,在 3 个方向上任意旋转元件实例。

(6)选取该元件实例,在"属性"面板中打开"滤镜"栏。单击"滤镜"栏中的"添加滤镜"下拉按钮,在弹出的下拉列表中选择"投影"选项,在"滤镜"栏中出现"投影"滤镜选项。将"模糊 X"和"模糊 Y"均设置为"10 像素",将"品质"设置为"低",将"角度"设置为"80°",将"距离"设置为"8 像素",将"颜色"设置为黑色,如图 3.27 所示。

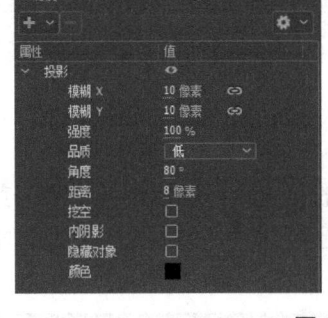

图 3.26   图 3.27

3.12 让画面动起来

至此,一个静态画面就制作好了。下面通过添加声音和修改元件,添加动态效果,使画面更加生动。

3.12.1 导入和添加音乐

(1)把"03Start"文件夹中的"架子鼓.mp3"文件导入库中。在"时间轴"面板的最上方新建一个图层并将其命名为"音乐",如图 3.28(a)所示。在"音乐"图层的第 105 帧上单击,在按住 Shift 键的同时在"background"图层的第 105 帧上单击,选择所有图层的第 105 帧,如图 3.28(b)所示。

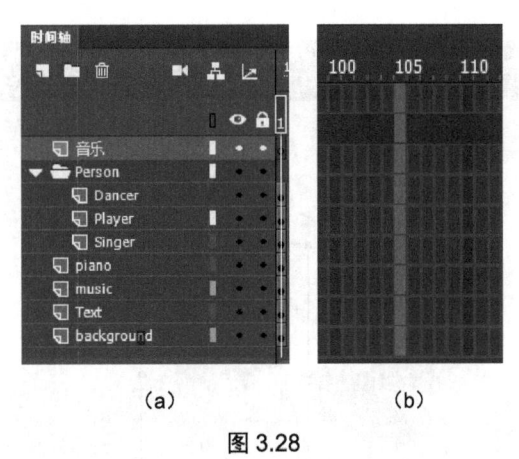

(a)   (b)

图 3.28

(2)在选中的这一排帧上右击,在弹出的快捷菜单中选择"插入帧"命令[见图 3.29(a)],这样就把所有图层的帧都延长到了 105 帧[见图 3.29(b)]。延长帧的目的是使随后插入的音频文件播放 105 帧的时长。

(a)　　　　　　　　　　　　　　　(b)

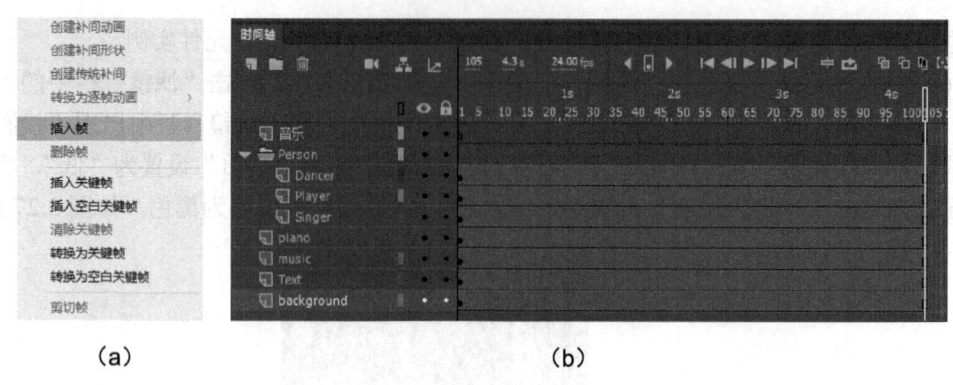

图 3.29

（3）选择"音乐"图层的第 1 帧，把库中的"架子鼓.mp3"文件拖动到舞台中，此时，"音乐"图层中出现了声音波形，如图 3.30 所示。单击时间轴上的▶按钮（"播放"按钮），就可以听到刚添加上的音乐。

图 3.30

（4）选择"音乐"图层的第 1 帧，在"属性"面板中设置声音的"效果"为"淡出"、"同步"为"数据流"、"重复"为"1"，如图 3.31 所示。

3.12.2　编辑 Dancer 元件实例的动态效果

（1）在舞台中双击 Dancer 元件实例，进入元件编辑界面，如图 3.32 所示。

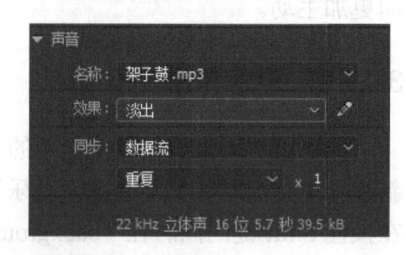

图 3.31

图 3.32

（2）在"图层_1"的第 35 帧处插入帧，然后在图层上右击，在弹出的快捷菜单中选择"创建补间动画"命令，如图 3.33 所示。

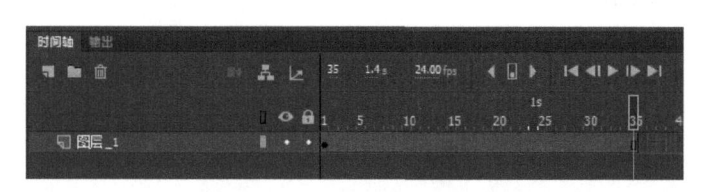

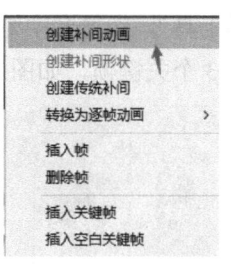

图 3.33

（3）在弹出的"将所选的多项内容转换为元件以进行补间"对话框中单击"确定"按钮，如图 3.34 所示。这时，Dancer 元件实例图层的图标变成 ，时间轴的颜色变成黄色，这是补间动画的颜色标记，如图 3.35 所示。

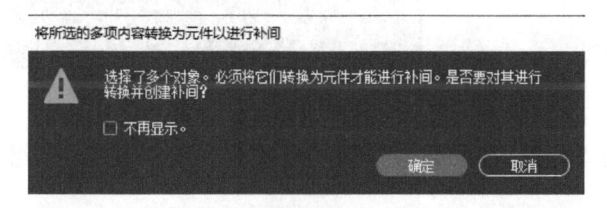

图 3.34

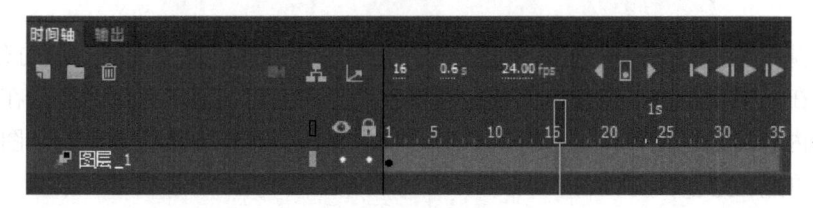

图 3.35

（4）把播放头定位在第 17 帧，选择舞台中的 Dancer 元件实例，在"属性"面板中设置"X"为"-49.10"、"Y"为"-145.90"、"宽"为"98.30"、"高"为"291.95"，如图 3.36 所示。也可以选择"任意变形工具"，在舞台中缩放 Dancer 元件实例，使其属性和上述数据基本吻合。

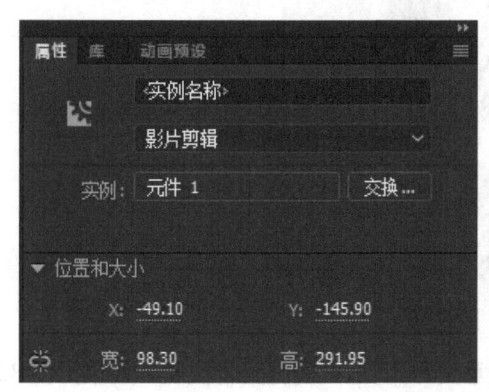

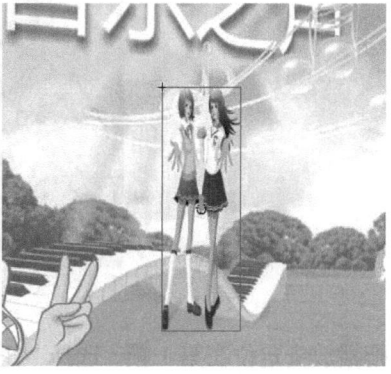

图 3.36

（5）把播放头定位在第 35 帧，选择舞台中的 Dancer 元件实例，在"属性"面板中设置"X"为"-115.6"、"Y"为"-189.4"、"宽"为"231.25"、"高"为"351.75"。也可以选择"任意变形工具"，在舞台中缩放 Dancer 元件实例，使其属性和上述数据基本吻合。此时的时间轴上有 3 个关键帧，如图 3.37 所示。

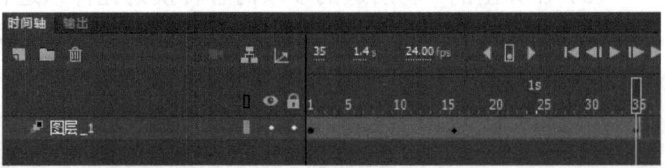

图 3.37

单击舞台上方的"场景 1"按钮，返回"场景 1"，按 Ctrl+Enter 组合键浏览效果。

3.12.3　编辑 Player 元件实例的动态效果

（1）在舞台中双击 Player 元件实例，进入元件编辑界面。在"图层_1"的第 24 帧处插入帧，然后在图层上右击，在弹出的快捷菜单中选择"创建补间动画"命令。在弹出的"将所选的多项内容转换为元件以进行补间"对话框中单击"确定"按钮，此时，图层的图标变成 ，图层的颜色变成绿色。

把麦克风的支架去掉，使其变成一个手持麦克风：双击进入麦克风的支架组件，按 Delete 键将其删除。可多次选择重复删除，直到完全删除为止，如图 3.38 所示。

图 3.38

（2）把播放头定位在第 1 帧，选择"任意变形工具"，调整元件实例，效果如图 3.39 所示。

（3）把播放头定位在第 7 帧，选择"任意变形工具"，调整元件实例，效果如图 3.40 所示。

图 3.39

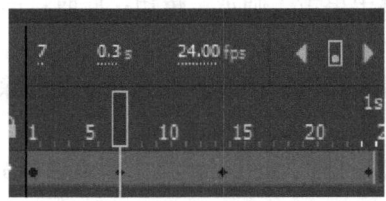

图 3.40

(4) 把播放头定位在第 14 帧，选择"任意变形工具"，调整元件实例，效果如图 3.41 所示。

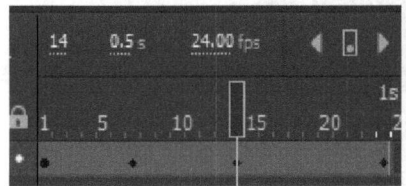

图 3.41

(5) 把播放头定位在第 24 帧，选择"任意变形工具"，调整元件实例，效果如图 3.42 所示。

我们也可以根据自己的喜好去调节。单击舞台上方的"场景 1"按钮，返回"场景 1"，按 Ctrl+Enter 组合键浏览效果。

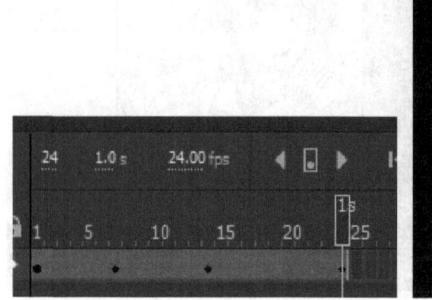

图 3.42

3.12.4　编辑 Singer 元件实例的动态效果

（1）在舞台中双击 Singer 元件实例，进入元件编辑界面。在"图层_1"的第 24 帧处插入帧，然后在图层上右击，在弹出的快捷菜单中选择"创建补间动画"命令。在弹出的"将所选的多项内容转换为元件以进行补间"对话框中单击"确定"按钮，此时，图层的图标变成 ，图层的颜色变成绿色。

删除音箱：双击进入音箱组件，按 Delete 键将其删除。可多次选择重复删除，直到完全删除为止，如图 3.43 所示。

（2）按住 Ctrl 键用鼠标选择最后一帧，在最后一帧上右击，在弹出的快捷菜单中选择"插入关键帧"→"全部"命令，如图 3.44 所示。

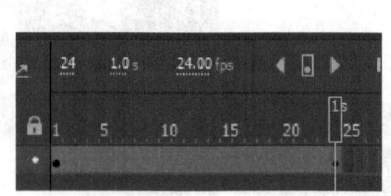

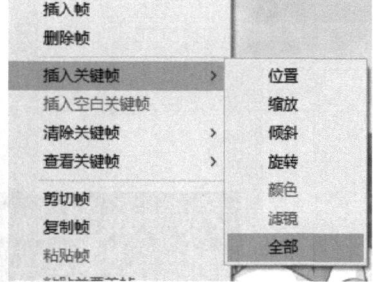

图 3.43　　　　　　　　　　　　图 3.44

（3）分别选择第 7、第 12 和第 18 帧［见图 3.45（a）］，使用"任意变形工具"进行调节，效果分别如图 3.45（b）、（c）和（d）所示。注意动画关键帧之间的细微差别，该动画的动作是稍微左右摇摆一下身体。

我们也可以根据自己的喜好去调节。单击舞台上方的"场景 1"按钮，返回"场景 1"，按 Ctrl+Enter 组合键浏览效果。

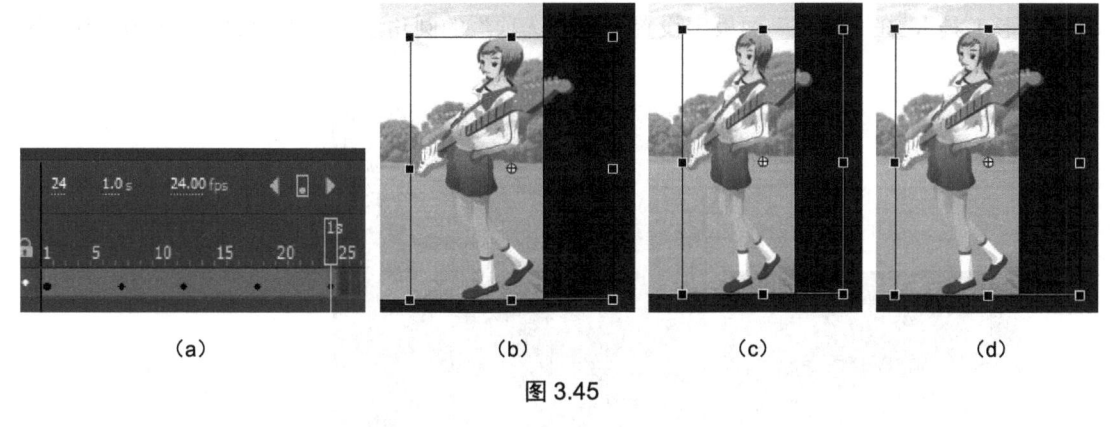

第 3 章　Animate CC 课件中的元件

图 3.45

至此，元件的动画设置完成。

3.13　通过按钮元件控制动画

3.13.1　制作按钮元件

下面制作两个按钮元件（见图 3.46）：当单击"动起来"按钮时，画面中的人物将动起来；当单击"静下来"按钮时，动画将静止。

（1）选择"插入"→"新建元件"命令，在弹出的"创建新元件"对话框中设置"名称"为"动起来"、"类型"为"按钮"，单击"确定"按钮，如图 3.47 所示。

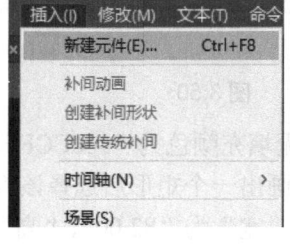

图 3.46　　　　　　　　　　　　　　图 3.47

（2）在元件编辑界面的"时间轴"面板中添加一个图层，然后在第 1 个图层的第 4 帧，即"点击"下方插入一帧，如图 3.48 所示。

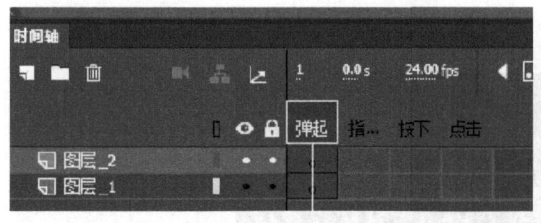

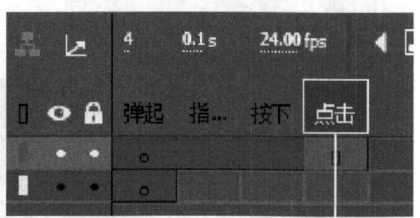

图 3.48

（3）选择第 1 个图层的第 1 帧，在舞台中输入"动起来"3 个字，在"属性"面板中设置"X"和"Y"都为"0.00"、"大小"为"26.0 磅"、"颜色"为红色，如图 3.49 所示。

（4）在第 2 个图层的第 2 帧处插入关键帧，在第 4 帧处插入帧，如图 3.50（a）所示。选

| 57

择"矩形工具",在"属性"面板中设置"矩形选项"的圆角参数为"10.00",如图3.50(b)所示。

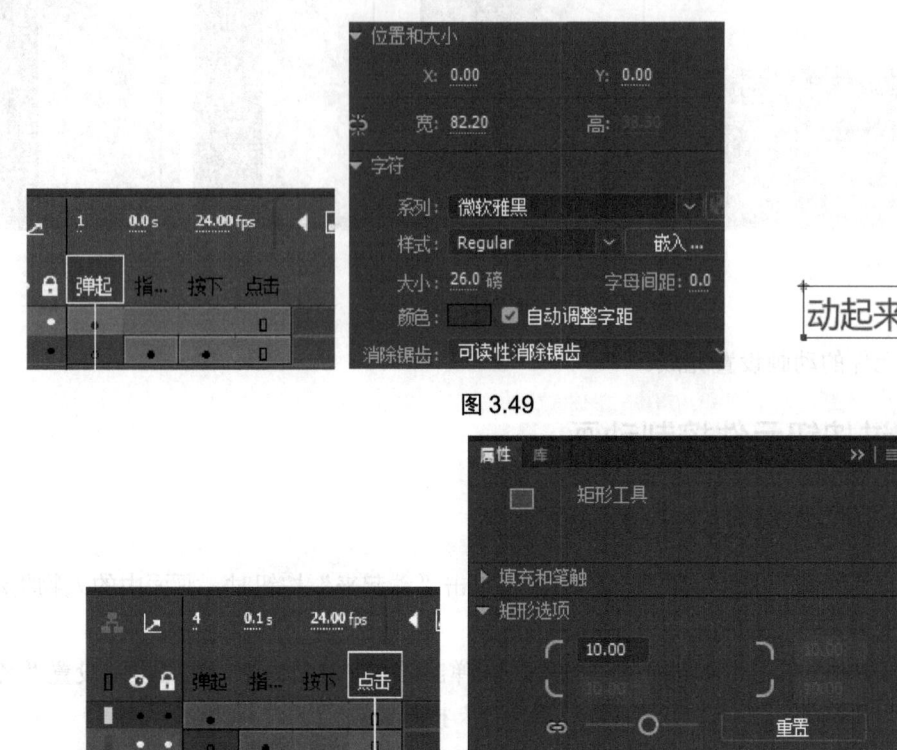

图 3.49

（a） （b）

图 3.50

（5）在"颜色"面板中设置笔触为无填充颜色为"#66CCFF"、不透明度（"A"的值）为"60%",如图3.51（a）所示。在舞台中画出一个矩形后选择该矩形,在"属性"面板中设置矩形的坐标"X"和"Y"都为"0.00"、"宽"为"82.00"、"高"为"38.00",如图3.51（b）所示,效果如图3.51（c）所示。

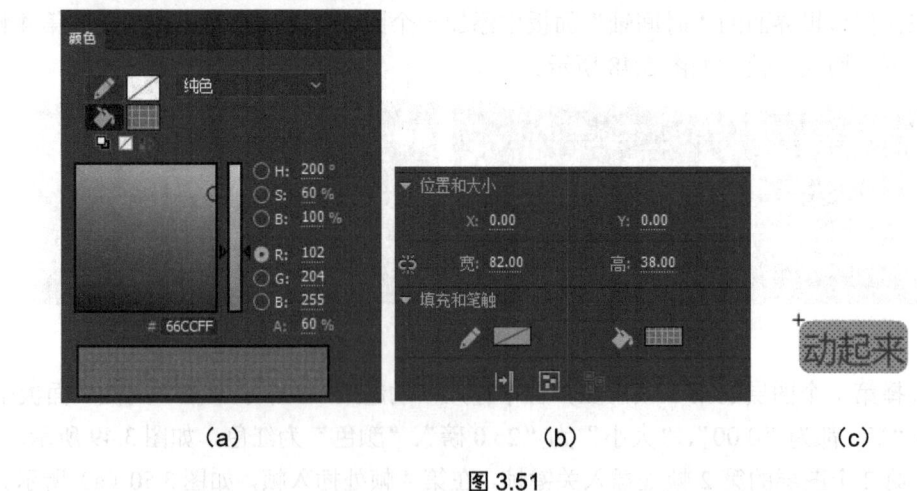

（a） （b） （c）

图 3.51

(6) 在第 2 个图层的第 3 帧处插入关键帧，在"颜色"面板中设置笔触为无、填充颜色为"#FFCC00"、不透明度为"60%"，如图 3.52 所示。

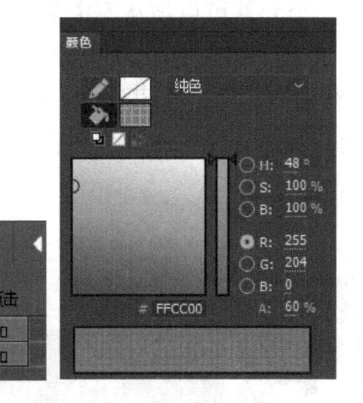

图 3.52

(7) 至此，"动起来"按钮元件设计完成。下面设计"静下来"按钮元件。在"库"面板的"动起来"元件上右击，在弹出的快捷菜单中选择"直接复制"命令，在弹出的"直接复制元件"对话框中把"名称"修改为"静下来"，如图 3.53 所示。

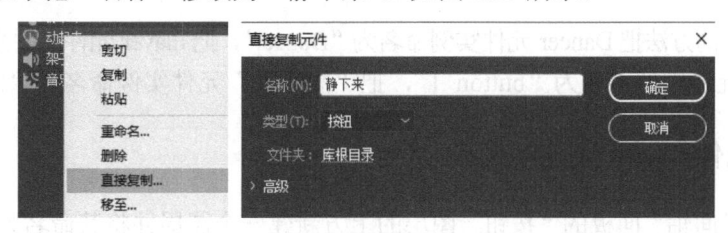

图 3.53

(8) "静下来"元件是直接复制的"动起来"元件，下面修改一下"静下来"元件中的文字。在"库"面板中双击"静下来"元件，在元件编辑界面中看到，其第 1 个图层的名称还是"动起来"，把"动起来"修改为"静下来"，把文字颜色修改为绿色。

这样，两个按钮元件就都做好了。

(9) 在"时间轴"面板的"音乐"图层的上方新建一个图层并将其命名为"按钮"，如图 3.54（a）所示。选择"按钮"图层的第 1 帧，从"库"面板中把刚才创建的两个按钮元件拖动到舞台中，在"库"面板中设置"动起来"元件实例的坐标"X"为"308"、"Y"为"403"，"静下来"元件实例的坐标"X"为"420"、"Y"为"403"，效果如图 3.54（b）所示。

(a)　　　　　　　　　　　　(b)

图 3.54

3.13.2 为元件实例命名

元件是可以重复使用的，同一个元件可以被从库中多次拖动到舞台中，成为元件实例。虽然元件只有一个，没有名称，但我们可以为元件实例命名。有了名称，我们就可以使用 ActionScript 3.0 脚本代码对其进行控制和添加交互动作。下面我们为舞台中的元件实例命名。

（1）选择舞台中的 Singer 元件实例，在"属性"面板中输入"Singer"，如图 3.55 所示。

图 3.55

（2）用同样的方法把 Dancer 元件实例命名为"Dancer"，把 Player 元件实例命名为"Player"，把"动起来"元件实例命名为"button_1"，把"静下来"元件实例命名为"button_2"。

3.13.3 为元件实例添加控制代码

（1）在"时间轴"面板的"按钮"图层的上方新建一个图层并将其命名为"Actions"，在"Actions"图层的第 1 帧上右击，在弹出的快捷菜单中选择"动作"命令，如图 3.56 所示。此时打开了"动作"面板，如图 3.57 所示。

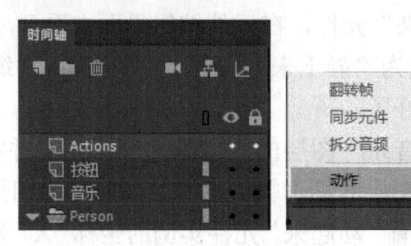

图 3.56

图 3.57

（2）用记事本打开"范例文件\Lesson03\03Start\代码.txt"文件，复制文件中的内容到"动作"面板中，代码如图3.58所示。

```
1   stop();
2   SoundMixer.stopAll();
3   Singer.stop();
4   Player.stop();
5   Dancer.stop();
6
7   /*单击button_2按钮，实现主场景动画停止播放和Singer、Player、Dancer 3个元件实例动画停止播放*/
8
9   button_2.addEventListener(MouseEvent.CLICK, fl_ClickToGoToNextFrame);
10
11  function fl_ClickToGoToNextFrame(event: MouseEvent): void {
12      stop();
13      SoundMixer.stopAll();
14      Singer.stop();
15      Player.stop();
16      Dancer.stop();
17  }
18
19  /*单击button_1按钮，实现主场景动画播放和Singer、Player、Dancer 3个元件实例动画播放*/
20
21  button_1.addEventListener(MouseEvent.CLICK, fl_ClickToGoToAndPlayFromFrame);
22
23  function fl_ClickToGoToAndPlayFromFrame(event: MouseEvent): void {
24      play();
25      Singer.play();
26      Player.play();
27      Dancer.play();
28  }
```

图 3.58

从上面的代码中可以看到，前面命名的名字都用上了，如"Singer.stop();"是停止 Singer 的动画播放，"Singer.play();"是开始 Singer 的动画播放，其他元件实例以此类推。

"SoundMixer.stopAll();"是关闭所有的声音，"stop();"是停止舞台中的动画播放，"play();"是开始舞台中的动画播放。第 9 行和第 21 行分别是为"静下来"和"动起来"按钮添加鼠标单击感知功能。第 12～16 行是在感知到"静下来"按钮被单击后要做的事情，第 24～27 行是在感知到"动起来"按钮被单击后要做的事情。

根据以上代码介绍，就可以看出代码的功能。

第 1～5 行：在进入课件后，停止了舞台中的动画播放，停止了所有声音，停止了 Singer、Player、Dancer 3 个元件实例内部动画的播放，使得一进入课件看到的是一个静止的画面。

第 9～17 行：在单击"静下来"按钮后，停止了舞台动画播放，停止了所有声音，停止了 Singer、Player、Dancer 3 个元件实例内部动画的播放。

第 21～28 行：在单击"动起来"按钮后，开始舞台中的动画播放，开始 Singer、Player、Dancer 3 个元件实例内部动画的播放。

（3）在"Actions"图层的最后一帧处添加关键帧并右击，在弹出的快捷菜单中选择"动作"命令，打开"动作"面板，输入"gotoAndPlay(2);"（一定要在英文输入状态下输入），如图 3.59 所示。

```
动作
  ∨   场景 1
        Actions：第 1 帧
        Actions：第 105 帧           当前帧
                                    Actions:105
                                    1    gotoAndPlay(2);
```

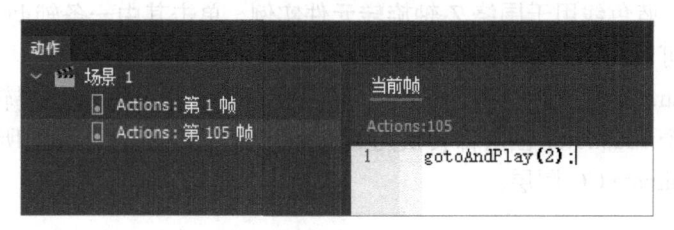

图 3.59

代码的功能是当播放到最后时返回第 2 帧循环播放。为什么不按默认返回第 1 帧循环播放而要返回第 2 帧循环播放呢？因为第 1 帧上有停止播放的代码，在返回第 1 帧时会停止播放动画，而每次从第 2 帧开始就会一直不间断地循环播放，除非按下了"静下来"按钮。

到此课件就制作完成了，按 Ctrl+Enter 组合键浏览效果。

提示：ActionScript 3.0 代码编写不是本书的重点，在后续学习中，我们会继续接触和使用一些简单易用的代码。

课后习题

一、模拟练习

浏览"模拟练习\Lesson03\作品\Lesson03.swf"文件，仿照"Lesson03.swf"文件，制作一个类似的课件。课件资料已提供，保存在"模拟练习\Lesson03\作品素材"文件夹中。

二、自主创意

自主设计一个 Animate CC 课件，应用本章所学的知识，将外部的矢量文件和位图文件导入 Animate CC 中并转换为元件，以便进行编辑。你也可以把自己完成的作品上传到课程网站，与大家进行交流。

三、理论题

1．什么是元件？它与元件实例之间有什么区别？
2．指出可以用于创建元件的两种方式。
3．在 Animate CC 中怎样更改元件实例的不透明度？
4．如何制作 3D 特效文字？
5．当导入的 Illustrator 文件包含图层时，请列举 4 种导入它们的方式。

理论题答案

1．元件是图形、按钮或影片剪辑，在 Animate CC 中只需被创建一次，即可在整个文件中被调用。所有元件都存储在"库"面板中。元件实例是位于舞台中的元件副本。

2．创建元件有两种方式，第一种方式是选择"插入"→"新建元件"命令；第二种方式是选择舞台中现有的对象，然后选择"修改"→"转换为元件"命令。

3．元件实例的不透明度是由其 Alpha 值确定的。要更改不透明度，可以在"属性"面板的"色彩效果"栏的"样式"下拉列表中选择"Alpha"选项，然后修改"Alpha"的值。

4．输入文字，选择"3D 旋转工具"，单击元件实例，元件实例上会出现一个圆形的彩色靶心，这是用于 3D 旋转的辅助线。红色线用于围绕 X 轴旋转元件实例；绿色线用于围绕 Y 轴旋转元件实例；蓝色线用于围绕 Z 轴旋转元件实例，单击其中一条辅助线，并在任意一个方向上拖动，就可以在 3D 空间中旋转元件实例。

5．①把 Illustrator 图层转换为 Animate CC 图层；②把 Illustrator 图层转换为 Animate CC 关键帧；③把每个 Illustrator 图层都转换为 Animate CC 图形元件；④把所有 Illustrator 图层都转换为单个 Animate CC 图层。

第 4 章

Animate CC 动画课件的制作过程

本章视频学习资源

本章学习内容

（1）在课件中制作位置动画、缩放和旋转的动画。
（2）调整动画课件的播放速度和播放时间。
（3）制作具有不同不透明度和特效的动画。
（4）制作变形的动画。
（5）更改运动路径。
（6）在元件内创建动画。
（7）在课件中导入音频文件。

本章课件案例介绍

本章课件案例是一个英语对话的课件案例（见图 4.1）。通过学习本章，读者要掌握使用 Animate CC 对课件动画对象进行修改的操作。本章的重点是利用元件实例使用补间动画的方式创建动画。

图 4.1

4.1 预览完成的课件并开始制作

（1）打开已制作完成的课件。双击"范例文件\Lesson04\04Complete\04Complete.swf"文件，预览完成的课件。

（2）关闭课件。

（3）打开文件，进入制作过程。在"范例文件\Lesson04\04Start"文件夹中有一个名为"04Start.fla"的文件，该文件的库中包含课件所需的所有元素，舞台大小为 1000 像素×780 像素，背景颜色为浅灰色。在 Animate CC 中打开"04Start.fla"文件，选择"视图"→"缩放比率"→"符合窗口大小"命令，此时可以看到计算机屏幕上的整个舞台。

选择"文件"→"另存为"命令，将文件命名为"04Demo.fla"，并保存在"04Start"文件夹中。

4.1.1 动画的基本概念

动画是指物体通过时间的变化而运动或更改。动画可以简单，也可以复杂。Animate CC 支持以下类型的动画。

1．补间动画

补间动画为舞台中对象的位置、尺寸、颜色或其他属性的改变创建动画。

设置两个关键帧，第 1 个关键帧用于保存初始状态，第 2 个关键帧用于保存变化后的状态，中间的过渡帧由 Animate CC 自动补齐。

补间动画要求使用元件实例。如果选择的对象不是一个元件实例，Animate CC 就会自动询问并将其转换为元件。Animate CC 会自动把补间动画隔离在自己的图层之上，这些图层称为补间图层。每个图层只能有一个补间动画，不可以有其他任何元素。补间图层允许随着时间的推移在不同的关键帧修改元件实例的各种属性。

2．传统补间

传统补间与补间动画类似，但是创建起来更复杂。传统补间允许有一些特定的动画效果。

3．反向运动姿势

反向运动姿势用于伸展和弯曲形状对象及链接元件实例组，使它们以自然的方式一起移动。第 5 章将专门介绍使用反向运动动画制作课件的知识。

4．补间形状

在形状补间中，可在时间轴中的特定帧上绘制一个形状，并修改该形状或在另一个特定帧上绘制另一个形状。之后，Animate CC 将内插中间的帧的中间形状，创建一个形状变形为另一个形状的动画。

5．逐帧动画

逐帧动画为时间轴中的每个帧指定不同的作品。使用此技术可创建与快速连续播放的影片类似的效果。对于复杂的动画而言，此技术非常有用。

在 Animate CC 中，动画的基本流程如下：先选取舞台中的对象，然后右击对应帧，在弹出的快捷菜单中选择"创建补间动画"命令，将播放头移动到不同的时间点，设置对象的新属性，Animate CC 自动在播放头位置形成一个属性关键帧。

4.1.2 补间动画和传统补间的差异

（1）传统补间使用关键帧。关键帧是显示对象的新实例的帧。补间动画只能具有一个与之关联的对象实例，并使用属性关键帧，而不是关键帧。

（2）补间动画在整个补间范围内由一个目标对象组成。

（3）补间动画和传统补间都只允许对特定类型的对象进行补间。若应用补间动画，则在创建补间时会将所有不允许的对象类型转换为影片剪辑元件。而应用传统补间会将这些对象类型转换为图形元件。

（4）补间动画会将文本视为可补间的类型，而不会将文本对象转换为影片剪辑元件。传统补间会将文本对象转换为图形元件。

（5）在补间动画范围内不允许添加脚本语句。传统补间允许添加脚本语句。

（6）补间目标上的任何对象脚本都无法在补间动画范围的过程中被更改。

（7）可以在时间轴上对补间动画范围进行调整，并将它们视为单个对象。传统补间包括时间轴上可分别选择的帧的组。

（8）若要在补间动画范围内选择单个帧，则必须按住 Ctrl 键单击帧。

（9）对于传统补间，缓动可应用于补间内关键帧之间的帧组。对于补间动画，缓动可应用于补间动画范围的整个长度。若要仅对补间动画的特定帧应用缓动，则需要创建自定义缓动曲线。

（10）利用传统补间，可以在两种不同的色彩效果（如色调和不透明度）之间创建动画。补间动画可以对每个补间应用一种色彩效果。

（11）只可以使用补间动画来为 3D 对象创建动画效果，无法使用传统补间为 3D 对象创建动画效果。

（12）只有补间动画才能保存为动画预设。

（13）对于补间动画，无法交换元件或设置属性关键帧中显示的图形元件的帧数。应用了这些技术的动画要求使用传统补间。

（14）通过补间动画可对补间的动画进行最大程度的控制。传统补间（包括在早期版本的 Animate CC 中创建的所有补间）的创建过程更为复杂。补间动画提供了更多的补间控制，而传统补间提供了一些用户希望使用的某些特定功能。

4.2 制作位置动画

下面通过制作背景图片的动画来开始这个项目。在动画开始时，背景图片将缓慢上升，最后与舞台顶端对齐。

（1）将"图层 1"命名为"背景"，如图 4.2 所示。

（2）从"库"面板中把名为"背景"的图形元件拖动到舞台中，如图 4.3 所示。

（3）在"属性"面板中，设置"X"为"0"、"Y"为"100"。这将把背景图片定位在低于舞台上边缘的位置。

（4）在背景图片上右击，在弹出的快捷菜单中选择"创建补间动画"命令，如图 4.4 所

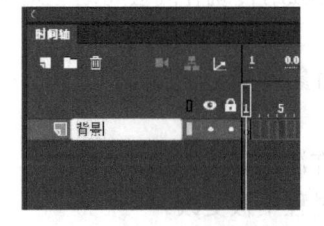

示。也可以选择"插入"→"补间动画"命令来创建动画。

图 4.2

图 4.3

图 4.4

（5）此时会弹出一个对话框，警告所选内容不是一个元件，而创建补间动画必须使用元件。Animate CC 将询问是否想把所选内容转换为元件并创建补间，如图 4.5（a）所示。单击"确定"按钮，Animate CC 会自动把所选内容转换为元件，并保存在"库"面板中。Animate CC 还会把当前图层转换为补间图层。我们可以通过图层名称前面的图标来区分补间图层，而且其中的帧会变成蓝色的，如图 4.5（b）所示。

(a)

(b)

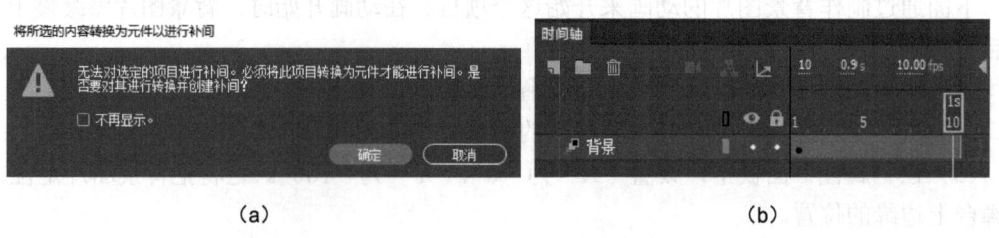

图 4.5

（6）在第 220 帧上右击，在弹出的快捷菜单中选择"插入帧"命令。

（7）在舞台中选择背景图片，在按住 Shift 键的同时将其向上拖动，使其上边缘与舞台的上边缘重合。为了更准确，可以在"属性"面板中把"Y"设置为"0"。此时在补间范围末尾的第 220 帧处出现一个黑色点，这表示关键帧位于补间的最后。

在时间轴上来回拖动播放头，可以查看动画。或者选择"控制"→"播放"命令，播放动画。

制作位置变化的动画很简单，当把元件移动到新的位置时，Animate CC 就会在这些位置自动添加关键帧。如果要删除补间动画，就可以在时间轴或舞台上右击，或者在按住 Ctrl 键的同时单击补间动画，在弹出的快捷菜单中选择"删除补间"命令。

4.3 更改播放速度和播放时间

我们可以通过在时间轴上单击并拖动关键帧来更改整个补间的持续时间，或者更改动画的播放时间。

4.3.1 更改动画持续时间

如果想让动画缓慢地进行，就需要比较长的时间，因此我们需要延长开始关键帧与结束关键帧之间的整个补间范围。如果想缩短动画，就需要减短补间范围。我们可以通过在时间轴上拖动补间范围的起始帧和结束帧来延长或缩短补间范围。

（1）把鼠标指针移动到补间范围的结束帧，当鼠标指针变为双箭头时，表示可以延长或缩短补间范围，如图 4.6 所示。

（2）单击补间范围的结束帧，并向前拖动到第 70 帧。

（3）把鼠标指针移动到补间范围的第 1 帧，按住鼠标左键向右拖动到第 10 帧，如图 4.7 所示。此时补间动画将从第 10 帧开始播放到第 70 帧。

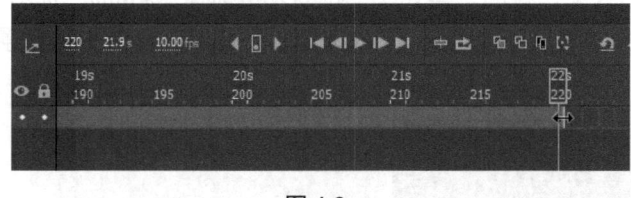

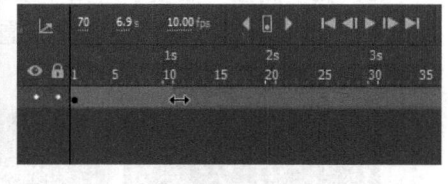

图 4.6

图 4.7

4.3.2 添加帧

（1）把鼠标指针移动到补间范围的结束帧附近。

（2）在第 220 帧上右击，在弹出的快捷菜单中选择"插入帧"命令，补间动画中的最后一个关键帧将留在第 70 帧，并且添加帧到第 220 帧，如图 4.8 所示。

可以选择"插入"→"时间轴"→"帧"（F5 键）命令，添加单独的帧；或者选择"编辑"→"时间轴"→"删除帧"（Shift+F5 组合键）命令，删除单独的帧。

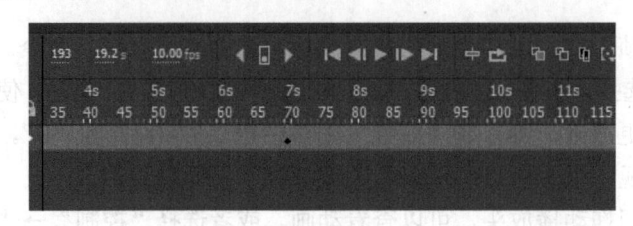

图 4.8

4.3.3 添加关键帧

（1）单击第 70 帧处的关键帧，选择关键帧，此时鼠标指针旁边会出现一个小方框，表示可以移动关键帧，如图 4.9 所示。

（2）拖动关键帧（第 70 帧）到第 55 帧，这样补间动画中的最后一个关键帧就被移动到第 55 帧处，如图 4.10 所示。

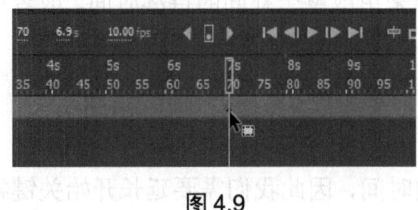

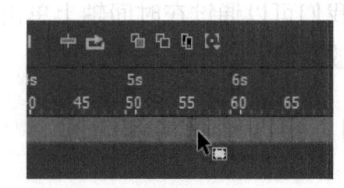

图 4.9　　　　　　　　　　　　　图 4.10

4.4　制作具有不同不透明度的动画

替换开始关键帧中的背景实例，使之在移动过程中由完全透明逐渐变为不透明，从而创建平滑的淡入效果。

（1）将播放头移动到补间动画的第 10 帧处。

（2）选择舞台中的背景实例。

（3）在"属性"面板中，在"色彩效果"栏的"样式"下拉列表中选择"Alpha"选项，如图 4.11（a）所示；将"Alpha"设置为"0%"，如图 4.11（b）所示。此时，舞台中的背景实例完全透明，如图 4.11（c）所示。

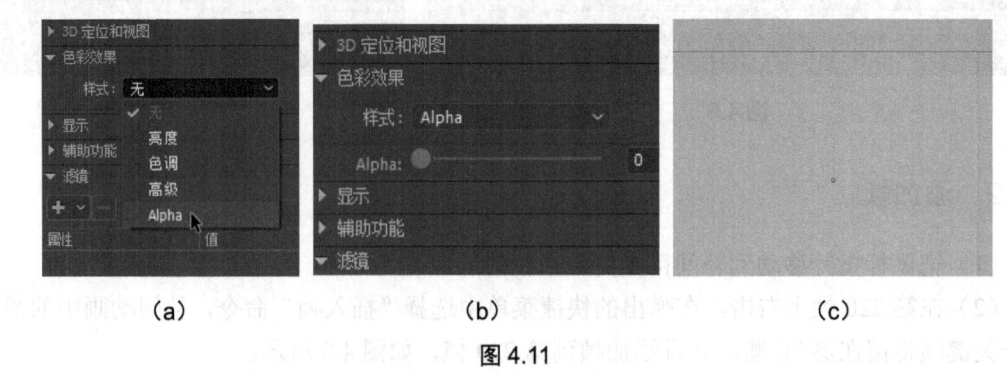

（a）　　　　　　　　　　（b）　　　　　　　　　　（c）

图 4.11

（4）把播放头移动到补间动画的第 55 帧处，选择舞台中的背景实例，在"属性"面板中，将"Alpha"设置为"100%"，此时，舞台中的背景实例全部显示出来，变得完全不透明，如图 4.12 所示。

图 4.12

（5）选择"控制"→"播放"命令，预览效果。

4.5 制作人物补间动画

（1）在"背景"图层上方新建一个图层并将其命名为"女孩"，在第 25 帧处添加关键帧，锁定"背景"图层。选中第 25 帧，将"库"面板中的"女孩"影片剪辑元件拖动到舞台右下方，如图 4.13 所示。

图 4.13

（2）右击女孩图片，在弹出的快捷菜单中选择"创建补间动画"命令，并将其 Alpha 值设置为"0%"。在第 55 帧处添加关键帧，把播放头移动到第 55 帧处，将女孩图片拖动到背景图片的中间，将其 Alpha 值设置为"100%"，如图 4.14 所示。

图 4.14

（3）用同样的方法制作男孩图片从左下方到背景图片中间的补间动画，效果参考"04Complete.fla"文件。制作好后的时间轴和舞台效果如图 4.15 所示。

图 4.15

4.6　制作添加滤镜的动画

使用 Animate CC 滤镜（图形效果），可以为文本、按钮和影片剪辑添加有趣的视觉效果。

Animate CC 独有的一个功能是可以使用补间动画让应用的滤镜动起来。滤镜可以给元件实例提供特效，如模糊和投影，也可以用来制作动画。制作添加滤镜的动画与制作位置变化或色彩变化的动画一样，只需要在一个关键帧中给滤镜设置值，并在另一个关键帧中设置不同的值，Animate CC 就会自动创建平滑的过渡。

应用于对象的滤镜类型、数量和质量会影响 SWF 文件的播放性能。应用于对象的滤镜越多，Flash Player 要正确显示创建的视觉效果所需的处理量就越大。Adobe 公司建议对一个给定对象只应用有限数量的滤镜。每个滤镜都包含控件，用户可以调整所应用滤镜的强度和质量。在运行速度较慢的计算机上，使用较低的设置可以提高性能。如果要创建在一系列不同性能的计算机上回放的内容，或者不能确定可使用的计算机的计算能力，就将质量级别设置为"低"，以实现最佳的回放性能。

（1）在"女孩"图层中把播放头移动到补间动画的第 25 帧处。

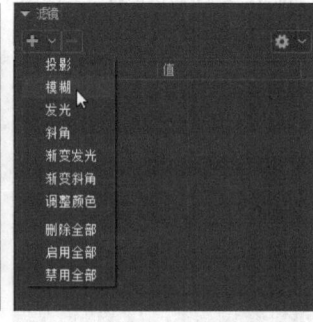

（2）在时间轴上单击选择"女孩"图层的第 25 帧，此时舞台右下方的"女孩"实例显示为一个矩形外框，因为此时"女孩"实例的 Alpha 值为"0%"，所以我们看不到"女孩"实例。单击该矩形选择"女孩"实例［见图 4.16（a）］，在"属性"面板中打开"滤镜"栏，单击"滤镜"栏中的"添加滤镜"下拉按钮，在弹出的下拉列表中选择"模糊"选项，如图 4.16（b）所示。

（3）在"滤镜"栏的"模糊"选项中，将"模糊 X"和"模糊 Y"都设置为"15

　　　　(a)　　　　　　　(b)

图 4.16

像素",如图 4.17 所示。按 Enter 键预览动画。此时,在整个补间动画中,"女孩"实例都应用了 15 像素的"模糊"滤镜。

(4)选择舞台中的"女孩"实例,在"滤镜"栏的"模糊"选项中,将"模糊 X"和"模糊 Y"都改为"0 像素"。此时,Animate CC 会在模糊的"女孩"实例和清晰的"女孩"实例之间创建平滑的过渡(见图 4.18)。

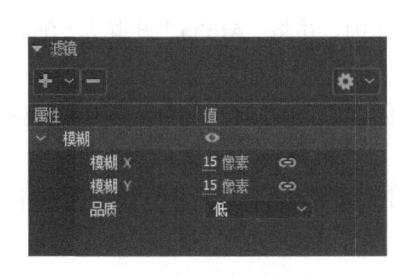

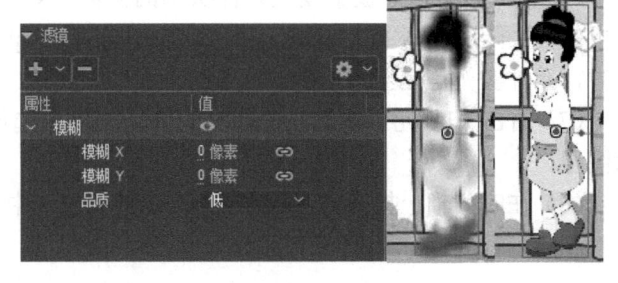

图 4.17

图 4.18

(5)用同样的方法制作"男孩"的滤镜动画,效果参考"04Complete.fla"文件。创建一个"人物"文件夹,将"女孩"和"男孩"图层放入其中,如图 4.19 所示。

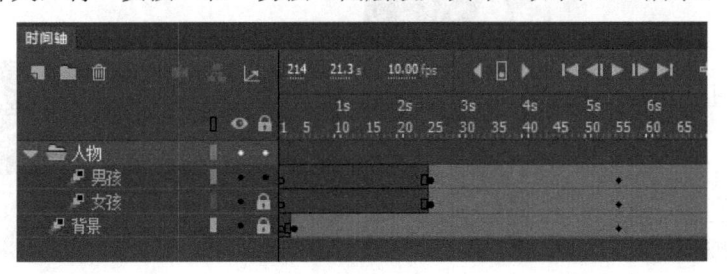

图 4.19

4.7 制作变形的动画

下面学习如何制作缩放比例和旋转变化的动画。我们可以利用"任意变形工具"或者"变形"面板做此种类型的更改。

(1)锁定"时间轴"面板中的所有图层,在"人物"文件夹上方创建"对话"文件夹。
(2)在"对话"文件夹中新建一个图层,将其命名为"对话 1"。
(3)在该图层中选择第 60 帧并添加关键帧,如图 4.20 所示。

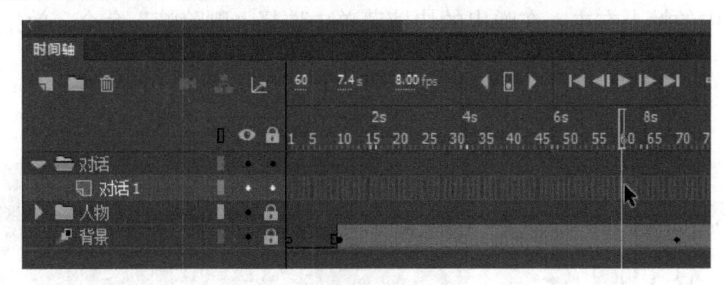

图 4.20

(4)在第 60 帧处,从"库"面板中把"对话"文件夹中的"1"影片剪辑元件拖动到舞台左侧。选择"任意变形工具",元件实例周围出现句柄,如图4.21所示。

(5)在按住 Shift 键的同时单击句柄并向里或向外拖动,使元件实例变小或变大,此时把"1"元件实例缩小到一角硬币左右大小。为了更准确,可以在"属性"面板中设置元件实例的宽度和高度("宽"为"106","高"为"57")。此外,还可以使用"变形"面板(选择"窗口"→"变形"命令),把元件实例的缩放比例更改为适当的比例。

(6)在"属性"面板中设置元件实例的坐标"X"为"-124"、"Y"为"516"。在"属性"面板的"色彩效果"栏的"样式"下拉列表中选择"Alpha"选项,并将"Alpha"设置为"0%",此时,元件实例是完全透明的。

(7)右击"1"元件实例,在弹出的快捷菜单中选择"创建补间动画"命令,图层变成补间图层。

(8)在时间轴上把播放头移动到第67帧处,选中透明的元件实例,在"属性"面板中,把"Alpha"设置为"100%"。

注意:播放头的位置处在哪一帧可以通过时间轴左上方的数字查看,如图4.22所示。

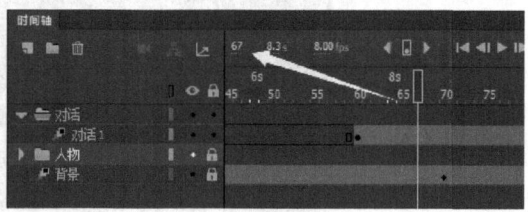

图 4.21   图 4.22

(9)把"1"元件实例拖动到舞台中的"男孩"的头顶上方,如图4.23所示。也可以在"属性"面板中调整元件实例的坐标"X"为"339"、"Y"为"264"。此时动画的相对运动和播放时间不会改变,但是起始位置和终止位置会改变。

(10)选择"任意变形工具",在按住 Shift 键的同时向里或向外拖动句柄,调整元件实例到适当大小(把元件实例放大一些)。也可以在"属性"面板中设置元件实例的宽度和高度("宽"为"340","高"为"183")。

(11)选中第83帧,在按住 Ctrl 键的同时向右拖动至补间末尾,选择从第83帧到末尾的所有帧,在选中的帧上右击,在弹出的快捷菜单中选择"删除帧"命令,效果如图4.24所示。

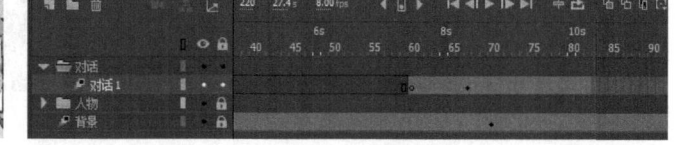

图 4.23   图 4.24

Flash 会自动对第 60~67 帧对应位置的变化、缩放比例的变化和不透明度的变化进行补间。

（12）参照上述方法制作其余 7 个对话，对话元件保存在"库"面板的"对话"文件夹中。效果参考"04Complete.fla"文件（见图 4.25）。

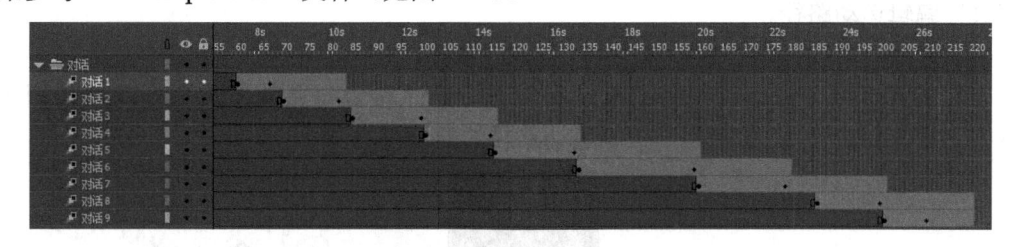

图 4.25

"对话 2"的起始位置为第 70~100 帧，两个关键帧是第 70 帧和第 82 帧；"对话 3"的起始位置为第 85~116 帧，两个关键帧是第 85 帧和第 100 帧；"对话 4"的起始位置为第 101~134 帧，两个关键帧是第 101 帧和第 115 帧；"对话 5"的起始位置为第 116~160 帧，两个关键帧是第 116 帧和第 133 帧；"对话 6"的起始位置为第 134~180 帧，两个关键帧是第 134 帧和第 159 帧；"对话 7"的起始位置为第 160~201 帧，两个关键帧是第 160 帧和第 179 帧；"对话 8"的起始位置为第 186~220 帧，两个关键帧是第 186 帧和第 200 帧；"对话 9"的起始位置为第 201~220 帧，两个关键帧是第 201 帧和第 210 帧。

在制作过程中，我们可以适当调整，以更好地实现会话的动画效果。

4.8 更改运动的路径

可以看到，该元件实例的补间动画显示了一根带有圆点的彩色线条，它指示了运动路径。这个运动路径可以编辑，我们可以让元件实例沿着曲线运动，也可以移动、缩放和旋转运动路径。

4.8.1 更改运动路径的缩放比例或旋转元件实例

（1）选择运动路径。

（2）选择"任意变形工具"。此时，运动路径周围会出现句柄，把鼠标指针放在句柄上，当鼠标指针变成双向箭头时就可以通过拖动使其放大或缩小，如图 4.26（a）所示。

（3）把鼠标指针放在 4 个角的句柄上，当鼠标指针变成圆弧箭头时可以通过拖动来旋转元件实例，如图 4.26（b）所示。

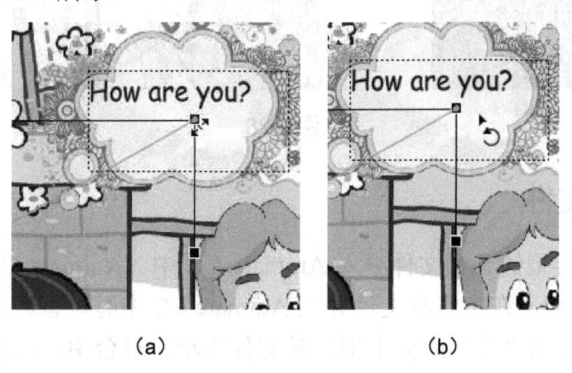

(a)　　　　　(b)

图 4.26

4.8.2 编辑运动路径

要让对象在弯曲的运动路径上运动，可以使用贝塞尔工具编辑运动路径，或者使用"选择工具"编辑运动路径。

（1）选择"转换锚点工具"，如图 4.27（a）所示。

（2）在舞台中单击运动路径的起点和终点，产生锚点，并从锚点上拖动出句柄［见图 4.27（b）］。锚点上的句柄用于控制运动路径的曲度。

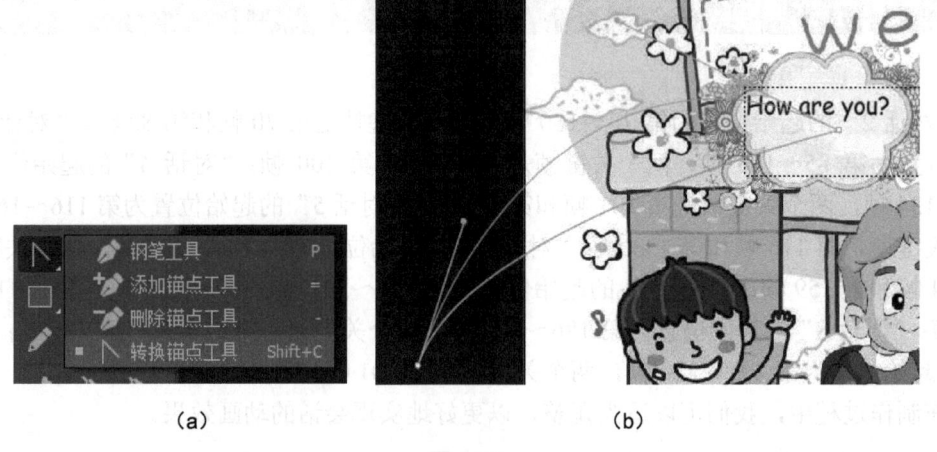

(a) (b)

图 4.27

注意：我们也可以利用"选择工具"直接编辑运动路径。选择"选择工具"，把它移动到运动路径上，在鼠标指针旁边将出现一个小弧线（见图 4.28），表示可以编辑运动路径。此时可单击并拖动运动路径，以更改其曲度。

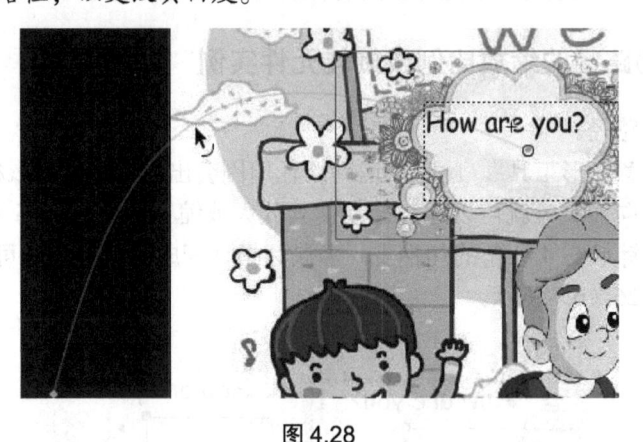

图 4.28

4.9 导入音频文件

我们可以把多种类型的音频文件导入 Animate CC 中。Animate CC 支持 MP3、WAV 和 AIFF 等格式的音频文件。在把音频文件导入 Animate CC 中时，音频文件会被存储在"库"面板中。之后，我们可从"库"面板中把音频文件拖动到舞台中，以便把这些声音与舞台中发生的事情进行同步。本课件已将音频文件导入"库"面板中，可直接使用。

（1）新建一个图层并将其命名为"音频"，如图 4.29 所示。

（2）选择"音频"图层的第 67 帧，添加关键帧，从"库"面板的"音频"文件夹中把"001.mp3"文件拖动到舞台中，此时声音波形出现在时间轴上，如图 4.30 所示。

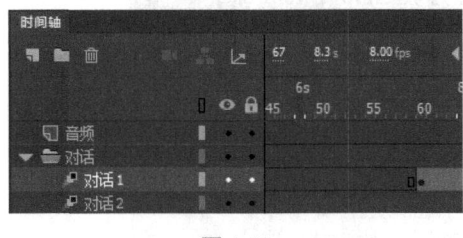

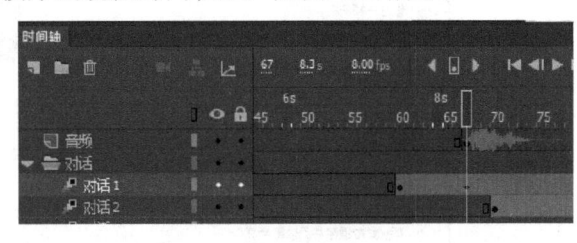

图 4.29

图 4.30

（3）用同样的方法依次在第 82、第 100、第 115、第 133、第 159、第 179、第 200 和第 210 帧处添加关键帧，并分别导入"库"面板中的音频文件，如图 4.31 所示。

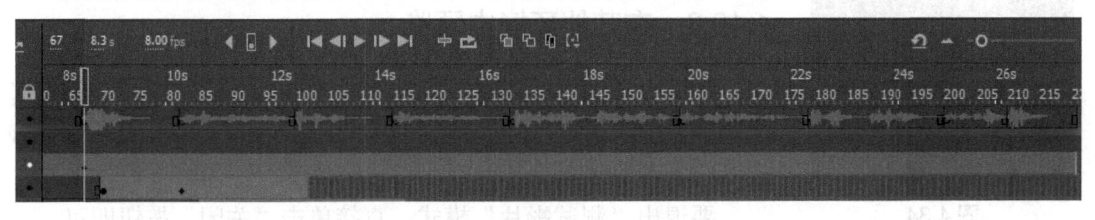

图 4.31

4.10 预览动画

4.10.1 快捷预览

我们可以通过在时间轴上来回拖动播放头，或者按 Enter 键，或者选择"控制"→"播放"命令来快速预览动画；也可以使用时间轴上方的播放控制工具按钮进行预览，其中包括"播放""前进""后退"按钮，如图 4.32 所示。

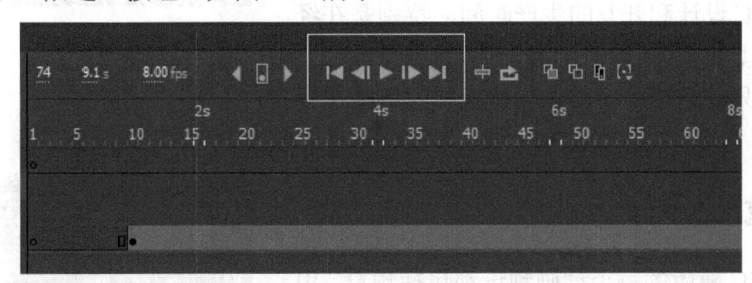

图 4.32

4.10.2 在编译为 SWF 文件后预览

选择"控制"→"测试影片"→"在 Animate 中"命令（见图 4.33，或按 Ctrl+Enter 组合键），Animate CC 将导出一个 SWF 文件，并将其存储在与 FLA 文件相同的位置。该 SWF 文件是可以嵌入在 HTML 页面中并经过压缩的最终的 Animate CC 媒体。若要预览动画或者预览影片剪辑元件内任何嵌套的动画，则可以选择"控制"→"测试场景"命令即可。

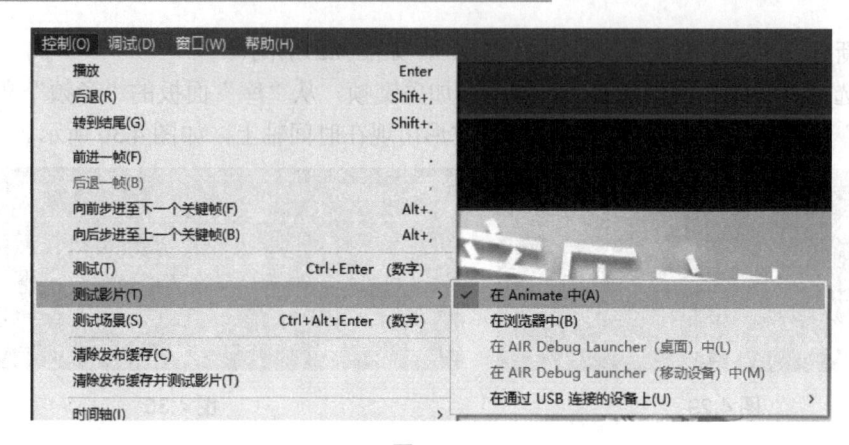

图 4.33

4.10.3 在其他环境中预览

如果设计的是非 SWF 课件（非 ActionScript 3.0 平台，而是如图 4.34 所示的平台），那么可在"控制"→"测试影片"下面找到对应的预览选项。

要退出"测试影片"模式，直接单击"关闭"按钮即可。

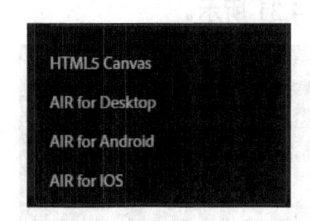

图 4.34

4.11 动画预设

动画预设是预配置的补间动画。用户可以将其应用于舞台中的对象，只需选择对象并单击"动画预设"面板中的"应用"按钮。使用动画预设是学习在 Animate CC 中添加动画的快捷方法。一旦了解了预设的工作方式，制作动画就非常容易了。

使用"动画预设"面板还可以导入和导出预设。用户可以与协作人员共享预设，或使用由 Animate CC 设计社区成员共享的预设。使用预设可极大地节约项目设计和开发的生产时间，特别是在经常使用相似类型的补间时。

动画预设只能包括补间动画。传统补间不能保存为动画预设。

4.11.1 预览动画预设

Animate CC 随附的每个动画预设都包括预览，用户可在"动画预设"面板中查看其预览。通过预览，用户可以了解在将动画应用于 FLA 文件中的对象时所获得的结果。通过创建或导入的自定义预设，用户可以添加自己的预览。

（1）打开"动画预设"面板，如图 4.35 所示。

（2）从列表框中选择一个动画预设。

（3）预览在"动画预设"面板顶部的"预览"窗

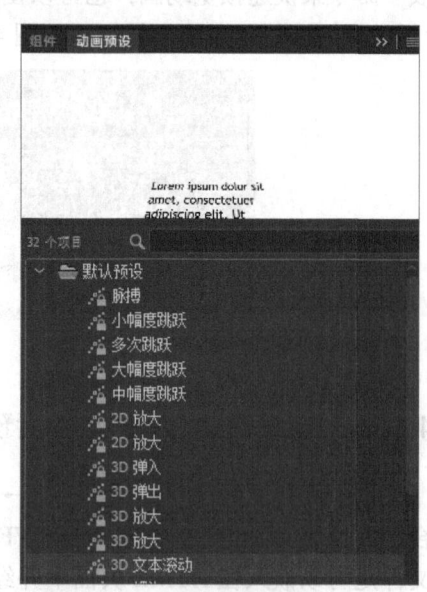

图 4.35

格中播放。

（4）要停止播放预览，可以在"动画预设"面板外单击。

4.11.2　应用动画预设

在舞台中选中可补间的对象（元件实例或文本字段）后，可单击"应用"按钮来应用动画预设。每个对象只能应用一个动画预设。如果将第二个动画预设应用于相同的对象，那么第二个动画预设将替换第一个动画预设。一旦将动画预设应用于舞台中的对象，在时间轴上创建的补间就不再与"动画预设"面板有任何关系了。在"动画预设"面板中删除或重命名某个动画预设，对以前使用该动画预设创建的所有补间都没有影响。如果在"动画预设"面板中的现有动画预设上保存新动画预设，那么对使用原始动画预设创建的所有补间也都没有影响。

每个动画预设都包含特定数量的帧。在应用动画预设时，在时间轴上创建的补间范围将包含此数量的帧。如果目标对象已应用了不同长度的补间，那么补间范围将进行调整，以符合动画预设的长度。可在应用动画预设后调整时间轴上补间范围的长度。包含 3D 动画的动画预设只能应用于影片剪辑元件。已补间的 3D 属性不适用于图形或按钮元件，也不适用于文本字段。可以将 2D 或 3D 动画预设应用于任何 2D 或 3D 影片剪辑元件。

如果动画预设对 3D 影片剪辑元件的 Z 坐标进行了动画处理，那么该影片剪辑元件在显示时也会改变其 X 坐标和 Y 坐标。这是因为，Z 轴上的移动是沿着从 3D 消失点（在 3D 元件实例属性检查器中设置）辐射到舞台边缘的不可见透视线进行的。

若要应用动画预设，则需要执行下列操作。

（1）在舞台中选择可补间的对象。如果将动画预设应用于无法补间的对象，就会弹出一个对话框，询问是否允许将该对象转换为元件。

（2）在"动画预设"面板中选择动画预设。

（3）单击"动画预设"面板中的"应用"按钮，或者选择"在当前位置应用"命令，将应用动画预设，这样，动画就从舞台中影片剪辑元件实例的当前位置开始。如果动画预设有关联的运动路径，那么该运动路径就被显示在舞台中。

若要应用动画预设以便其动画在舞台中对象的当前位置结束，则在按住 Shift 键的同时单击"应用"按钮，或者选择"在当前位置结束"命令。

如果每个选定帧只包含一个可补间对象，那么可以将动画预设应用于不同图层的多个选定帧。

4.11.3　将补间另存为自定义动画预设

如果要创建自己的补间，或对从"动画预设"面板应用的补间进行更改，那么可将它另存为新的动画预设。新的动画预设将被显示在"动画预设"面板的"自定义预设"文件夹中。若要将自定义补间另存为动画预设，则需要执行下列操作。

（1）选择下列项目之一：时间轴上的补间范围舞台中应用了自定义补间的对象；舞台中的运动路径。

（2）单击"动画预设"面板中的"将选区另存为预设"按钮，或在时间轴上右击，在弹出的快捷菜单中选择"另存为动画预设"命令（见图 4.36）。新的动画预设将被显示在"动画预设"面板中。Animate CC 会将动画预设另存为 XML 文件。

在保存、删除或重命名自定义预设后无法撤销相应操作。

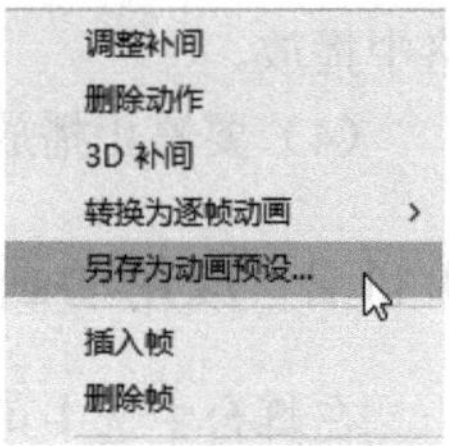

课后习题

一、模拟练习

浏览"模拟练习\Lesson04\作品\Lesson04.swf"文件，仿照"Lesson04.swf"文件，制作一个类似的课件。课件资料已提供，保存在"模拟练习\Lesson04\作品素材"文件夹中。

图 4.36

二、自主创意

自主设计一个 Animate CC 课件，应用本章所学的制作位置动画、缩放和旋转的动画，制作具有不同不透明度和特效的课件动画，制作变形的动画，在课件中导入音频文件等知识。你也可以把自己完成的作品上传到课程网站，与大家进行交流。

三、理论题

1．创建补间动画与创建传统补间有什么区别？
2．补间动画可以改变哪些类型的属性？
3．什么是属性关键帧？怎么创建？
4．怎样编辑运动路径？

理论题答案

1．传统补间动画的顺序是，先在时间轴上的不同时间点添加关键帧（每个关键帧都必须是同一个元件实例），之后在关键帧之间选择传统补间，动画就形成了。这个动画是最简单的点对点平移，就是一个元件实例从一个点匀速移动到另外一个点，没有速度变化，没有路径偏移（弧线），一切效果都需要通过后续的其他方式（如引导线、动画曲线）去调整。新出现的补间动画则是在舞台中绘制一个元件实例以后，不需要在时间轴的其他地方再添加关键帧。直接在此层上选择补间动画，会发现那一层变成蓝色，之后只需要先在时间轴上选择需要添加关键帧的地方，再直接拖动舞台中的元件实例，就自动形成一个补间动画，而且这个补间动画的路径是可以直接显示在舞台中并且可以调整的。

2．补间动画可以改变颜色属性（包括不透明度、色调、亮度、高级属性）、坐标、大小、角度，还可以改变滤镜中的参数。

3．属性关键帧是指关键帧中的对象仍然是前一个关键帧中的内容，只是属性发生了变化的关键帧。创建方法是在一个关键帧中创建对象以后，右击，在弹出的快捷菜单中选择"创建补间动画"命令，当时间轴的背景变成淡蓝色以后，将舞台中的小球拖动到指定位置。这时时间轴最后一帧处有一个黑色小菱形出现，说明已经创建了属性关键帧。

4．可以使用贝塞尔工具编辑路径；也可以选择"选择工具"，直接在路径上单击并拖动使其弯曲来编辑路径。

第 5 章

Animate CC IK 动画课件

本章视频学习资源

📝 本章学习内容

（1）利用多个链接的影片剪辑元件制作骨架的动画。
（2）约束链接点。
（3）利用形状制作骨架的动画。

📝 本章课件案例介绍

本章课件案例是一个进行英语单词记忆的课件案例（见图5.1）。这些动画都是使用 Animate CC 的"骨骼工具"制作的。通过学习反向运动（IK），读者要学会使用骨骼的关节结构对一个对象或彼此相关的一组对象进行动画处理。使用骨骼，元件实例和形状对象可以按复杂而自然的方式移动，以减少复杂的动画设计工作。例如，通过IK，读者可以更加轻松地创建人物动画，如胳膊和腿的运动。

图 5.1

5.1 预览完成的课件并开始制作

（1）打开已制作完成的课件。

双击"范例文件\Lesson05\05Complete\05Complete.swf"文件，预览已经完成的动画和英语课件（见图 5.2）。在课件界面中，单击"start"按钮，看到一个小狗从舞台中走过，在选择对应的单词"Dog"后，提示正确；单击"Come on"按钮，相应的猴子等动画出现，选择对应的单词即可。本章介绍舞台中各个动画的制作方法。

（2）关闭课件。

（3）打开文件，进入制作过程。

在"范例文件\Lesson05\05Start"文件夹中有一个名为"05Start.fla"的文件，在 Animate CC 中打开"05Start.fla"文件。该文件中的"Grandpa""Monkey""Chain" 3 个单词的动画是用矩形图形代替的，通过对制作 3 个单词的动画，掌握 IK 动画制作课件的技术。选择"视图"→"缩放比率"→"符合窗口大小"命令，可以看到计算机屏幕上的整个舞台。

图 5.2

选择"文件"→"另存为"命令，将文件命名为"05Demo.fla"，并保存在"05Start"文件夹中。

5.2 IK 动画的基本概念

IK 是一种使用骨骼的关节结构对一个对象或彼此相关的一组对象进行动画处理的方法。使用骨骼，元件实例和形状对象可以按复杂而自然的方式移动，而只需做很少的设计工作。例如，通过 IK，用户可以轻松地创建人物动画，如胳膊和腿的运动；可以向单独的元件实例或单个形状的内部添加骨骼。在一个骨骼移动时，和关节相连接的骨骼也会随之移动。在使用 IK 进行动画处理时，用户只需指定对象的开始位置和结束位置。

Animate CC 包括两个用于处理 IK 的工具。使用"骨骼工具"可以向元件实例和形状添加骨骼。使用"绑定工具"可以调整形状对象的各个骨骼和控制点之间的关系。

图 5.3（a）是一个已添加 IK 骨架的形状，图 5.3（b）是一个已添加 IK 骨架的多元件组。

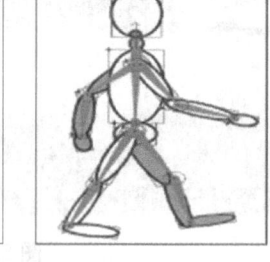

(a)   (b)

图 5.3

骨骼链称为骨架。在父子层次结构中，骨架中的骨骼彼此相连。源于同一骨骼的骨架分支称为同级。骨骼之间的连接点称为关节。在 Animate CC 中可以通过两种方式使用 IK。

第 1 种：通过添加骨骼将每个元件实例与其他元件实例连接在一起，用关节连接这些骨骼。骨骼允许元件实例一起移动。例如，有一组影片剪辑元件，分别表示人体的不同部分，将躯干、上臂、下臂和手链接在一起，可以创建逼真移动的胳膊。

第 2 种：在形状对象的内部添加骨架。在合并绘制模式或对象绘制模式中创建形状。通过骨骼，用户可以移动形状的各个部分并对其进行动画处理。例如，用户可以为简单的蛇图形添加骨骼，以使蛇逼真地移动和弯曲。

在为元件实例或形状添加骨骼时，Animate CC 将元件实例或形状及关联的骨架移动到"时间轴"面板中的新图层中，此新图层称为姿势图层。每个姿势图层只能包含一个骨架及其关联的元件实例或形状。

5.3 利用 IK 制作关节运动

当想要制作有关节的对象（具有多个关节，如行走中的人，或下面例子中摆动的锁链）的动画时，Animate CC 可以利用 IK 轻松地完成该任务。IK 是一种数学方法，用来计算链接对象的不同角度，以达到一定的配置。可以先在开始关键帧中摆好对象的姿势，然后在后面的关键帧中设置一个不同的姿势。Animate CC 将使用 IK 计算出所有连接点的不同角度，以从一种姿势变换到下一种姿势。

IK 使得动画容易制作，因为不必关注制作对象或肢体的每一段动画，而只需注重整体的姿势。

5.3.1 定义骨骼

创建关节运动的第一步是定义对象的骨骼，可以使用"骨骼工具"来执行该操作。"骨骼工具"告诉 Animate CC 如何链接一系列影片剪辑元件，链接的影片剪辑元件称为骨架，每个影片剪辑元件都称为一个节点。

（1）选择"文件"→"打开"命令，打开"范例文件\Lesson05\05Start\05ChainIK_Start.fla"文件，并另存为"05ChainIK_working _demo.fla"文件。

（2）选择"crane"图层的第 1 帧。在"库"面板中打开"compotent"文件夹，拖动"lock"影片剪辑元件到舞台中，在"属性"面板中设置"宽"为"70 像素"、"高"为"85 像素"。

（3）在"库"面板中拖动"loop1"影片剪辑元件到舞台中，将其放在"lock"元件实例的顶部，在"属性"面板中设置"宽"为"40 像素"、"高"为"75 像素"，如图 5.4（a）所示。

（4）从"库"面板中拖动"loop2"影片剪辑元件到舞台中，并将其放在"loop1"元件实例的顶部，在"属性"面板中设置"宽"为"40 像素"、"高"为"75 像素"，如图 5.4（b）所示。

（5）用同样的方法把"库"面板中的"loop3""loop4""loop5"

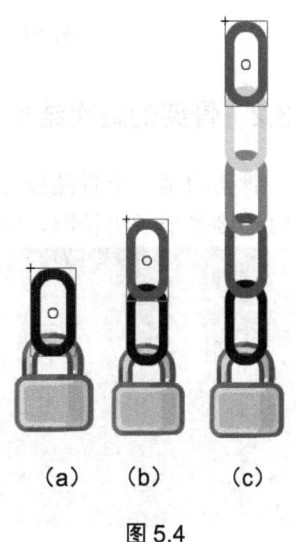

(a) (b) (c)

图 5.4

影片剪辑元件拖到舞台中，在设置同样的大小后，将它们首尾相连，如图5.4（c）所示。

此时，影片剪辑元件实例已经到位，并准备链接骨骼。

（6）选择"骨骼工具"。

（7）单击"loop5"元件实例的顶部，并把"骨骼工具"拖动到"loop4"元件实例的顶部，然后释放鼠标左键。在拖放时要用如图5.5（a）所示的骨骼工具的十字对准起点。

第1个骨骼定义完成，如图5.5（b）所示。Animate CC把骨骼显示为极小的三角形，在其底部和顶部各有一个圆形链接点。每个骨骼都被定义为从第1个节点顶部到下一个节点顶部。

（8）单击"loop4"元件实例的顶部，并把"骨骼工具"拖动到"loop3"元件实例的顶部，然后释放鼠标左键，如图5.5（c）所示。

（9）重复步骤（8），将剩余的环及锁用骨架链接起来，如图5.5（d）所示。

这样就定义了所有的骨骼。现在用骨骼链接的6个元件被分隔到一个新图层中，该图层具有新的图标和名称。该图层是一个姿势图层，用于使骨架与"时间轴"面板中的其他对象（如图形或补间动画）保持独立。

（10）把姿势图层重命名为"cranearmature"（见图5.6），并删除空白的"crane"图层。

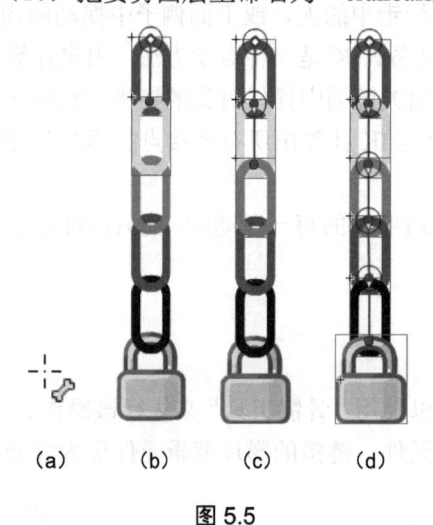

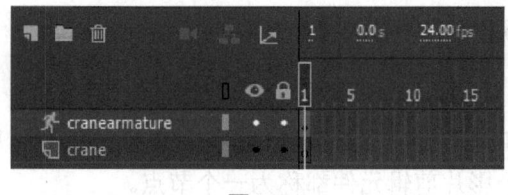

(a)　　(b)　　(c)　　(d)

图5.5

图5.6

5.3.2　骨架的层次结构

骨架的第一个骨骼被称为父级骨骼，连接到它的骨骼称为子级骨骼。一个父级骨骼可以同时连接多个子级骨骼。例如，木偶的骨架具有一个盆骨，它连接两条大腿，大腿分别又连接小腿。因此，骨盆是父级骨骼，每条大腿都是子级骨骼，两条大腿是同级骨骼。当骨架变得更复杂时，可以使用"属性"面板利用这些关系上、下导航层次结构。当选择骨架中的第一个骨骼时，"属性"面板顶部显示一系列箭头。

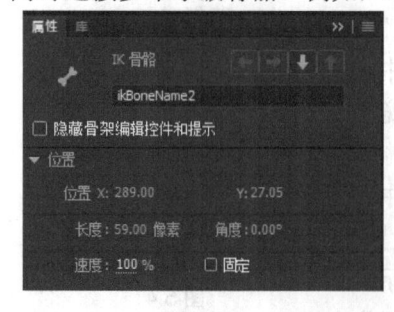

图5.7

可以单击箭头，在层次结构中移动，并快速选择和查看每个节点的属性。如果父级骨骼被选中，那么可以单击向下的箭头（见图5.7），选择子级骨骼。如果一个子级骨骼被选中，那么可以单击向上的箭头来选择其父级骨骼，或单击向下的箭头，选择其子级骨骼（如果有子级骨骼）。横向箭头用于在同级节点之间进行导航。

5.3.3 插入姿势

把姿势作为骨架的关键帧。在第 1 帧中保持锁链的初始姿势，在后续帧中插入各种姿势，使得锁链好像正在自由摆动。

（1）选中第 60 帧，右击，在弹出的快捷菜单中选择"插入帧"命令，然后将播放头移动到第 1 帧，如图 5.8 所示。

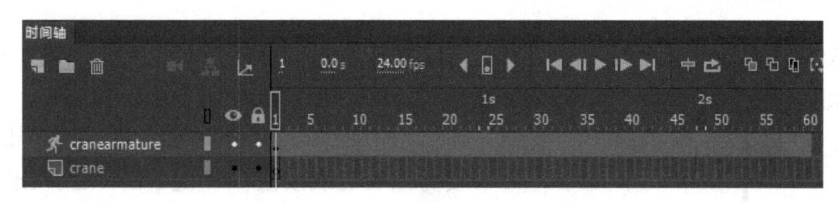

图 5.8

（2）选择"选择工具"，单击"lock"元件实例，并把它向右拖动，将自动在第 1 帧处插入此姿势。在拖动"lock"元件实例时，要注意整个骨架如何随之移动。骨骼将保持所有不同的节点相连接，如图 5.9（a）所示。选中第 1 帧，右击，在弹出的快捷菜单中选择"复制姿势"命令，如图 5.9（b）所示；选中最后一帧，右击，在弹出的快捷菜单中选择"粘贴姿势"命令，如图 5.9（c）所示。

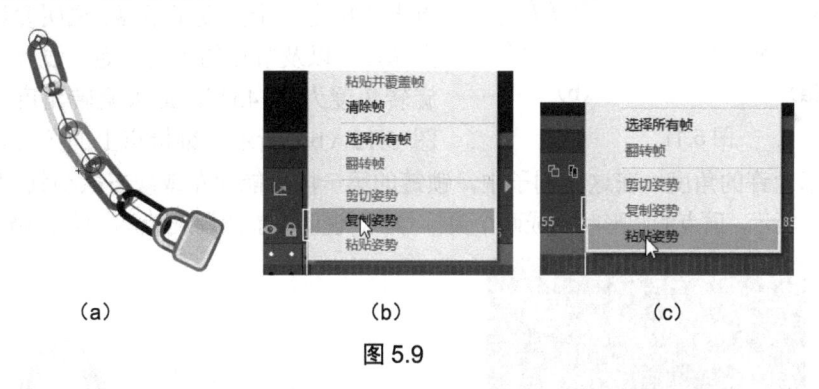

(a) (b) (c)

图 5.9

（3）将播放头移动到第 20 帧处，如图 5.10（a）所示。选择"选择工具"，单击"lock"元件实例，并把它向左拖动，使其向左偏离中心位置，如图 5.10（b）所示。

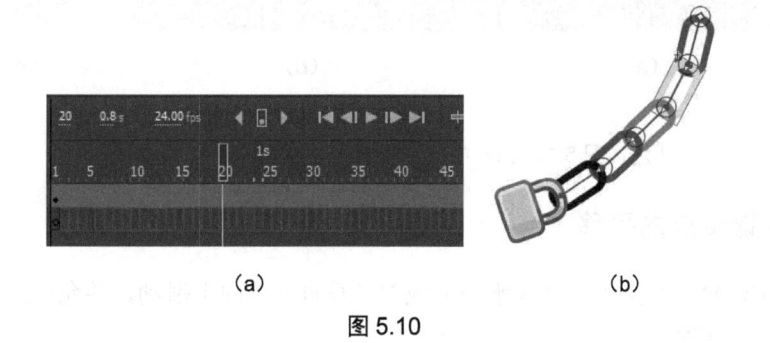

(a) (b)

图 5.10

5.4 约束链接点

锁链的多个链接点可以自由旋转,但这并不现实。在现实生活中,许多骨架被限制只能旋转一定的角度。例如,前臂可以朝着二头肌旋转,但它不能超出二头肌,或在其他方向上旋转。在 Animate CC 中处理骨架时,可以选择约束多个链接点的旋转,甚至约束多个链接点的平移。

下面将约束锁链的各关节的旋转,使其更逼真地摆动。

5.4.1 约束链接点的旋转

在默认情况下,关节的旋转没有限制,这意味着它们可以在一个完整的圆中旋转 360°。如果只想让某个链接点在 1/4 的圆弧内旋转,那么可把该链接点约束为 90°。

(1)在"cranearmature"图层中单击第 20 帧的姿势,右击或按住 Ctrl 键单击,在弹出的快捷菜单中选择"清除姿势"命令,如图 5.11(a)所示。将播放头移动到第 1 帧处,选择"选择工具",单击锁链的第一个骨骼 [见图 5.11(b)],第一个骨骼被选中,其颜色变成绿色。

(2)打开"属性"面板,在"联接:旋转"栏中勾选"约束"复选框 [见图 5.12(a)],这时链接点上会出现一个角度指示器,说明允许的最小和最大角度,以及节点的当前位置。设置链接点的最小旋转角度为"-45°",最大旋转角度为"45°",如图 5.12(b)所示。链接点上的角度指示器将发生变化,显示允许的角度。在这个例子中,锁链的第一段只能向左或向右摆动到 45°的位置,如图 5.12(c)所示,顶点的圆形状变成两个尖括号状,说明不能四周旋转,而只能旋转一定的角度。

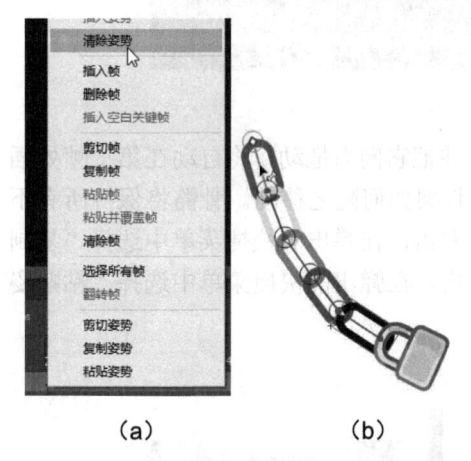

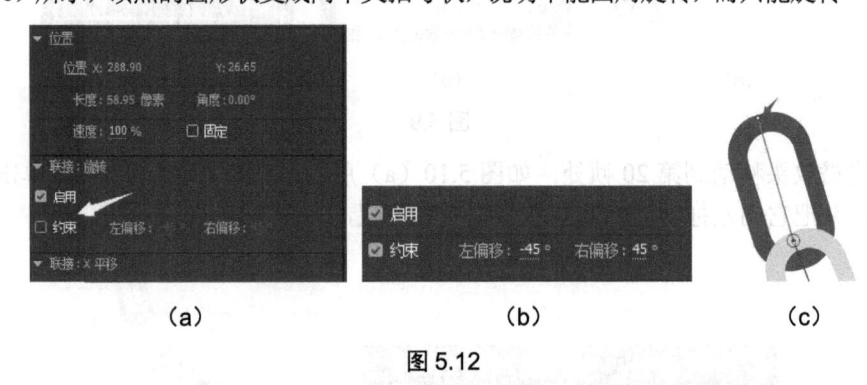

(a) (b)

图 5.11

(a) (b) (c)

图 5.12

[注:图 5.12(a)中的"联接"应为"联结",后文同]

5.4.2 约束链接点的平移

Animate CC 允许链接点在 X(水平)或 Y(垂直)方向上滑动,并允许用户设置这些链接点可以移动的距离。

(1) 单击锁链骨架中的第一个节点。

(2) 在"属性"面板的"联接：X 平移"栏中勾选"启用"复选框 [见图 5.13（a）]，链接点上将出现绿色箭头，指示该链接点可以在 X 轴方向上移动，如图 5.13（b）所示；"联接：Y 平移"同理。在"属性"面板的"联接：X 平移"栏中勾选"约束"复选框，则箭头消失，保留两个红色尖括号 [见图 5.13（c）]，指示平移是受限制的；"联接：Y 平移"同理。

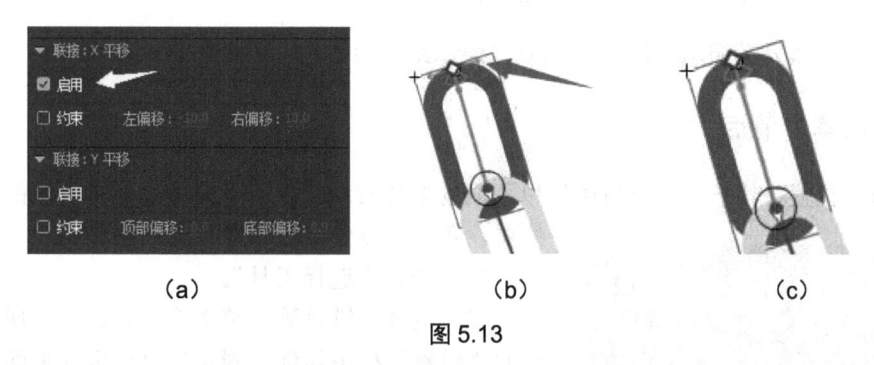

(a)   (b)   (c)

图 5.13

(3) 由于本例中不需要约束链接点的平移，因此若需要回到约束链接点之前的动作，则可以使用"历史记录"面板→"窗口"→"其他面板"→"历史记录"命令 [见图 5.14（a）]，打开"历史记录"面板，向上拖动左侧的三角形滑块，当箭头指向"清除姿势"选项 [见图 5.14（b）] 时，动作将立即停止。

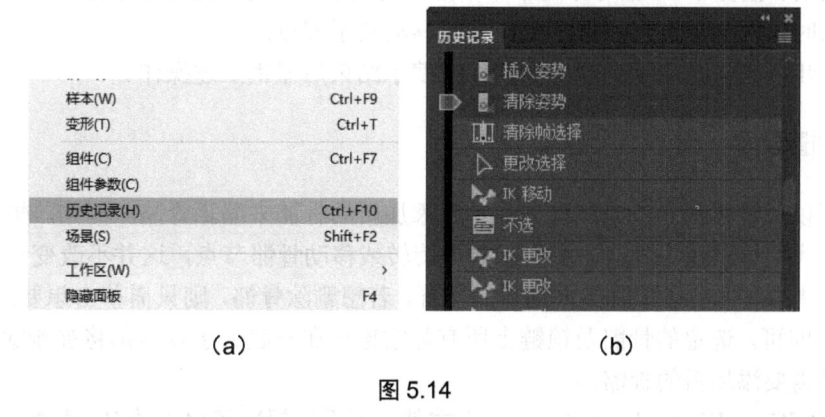

(a)   (b)

图 5.14

(4) 分别选中第 15 帧和第 45 帧，选择"选择工具"，选择"lock"元件实例，并把它向左拖动到不同的位置，在这两帧中插入不同的姿势，但都在左侧。

(5) 选中第 30 帧，选择"选择工具"，单击"lock"元件实例，并把它向右拖动到合适位置，在第 30 帧中插入新的姿势，但位置在右侧。

(6) 选择"控制"→"测试影片"→"在 Flash Professional 中"命令，测试动画。

5.4.3 隔离各个节点的旋转

在拖拉骨架以创建姿势时，你可能会发现很难控制各个节点的旋转，因为它们是链接在一起的。在按住 Shift 键的同时移动单个节点将隔离其转动。

(1) 选择第 20 帧，按住 Shift 键，单击并旋转骨架的第 2 个节点，锁链的第 2 个节点将旋转，但是第 1 个节点不会旋转。

（2）按住 Shift 键，单击并旋转骨架中的第 3 个节点，锁链的第 3 个节点会旋转，但是第 1 个和第 2 个节点不会旋转。

注意： 可以在时间轴上编辑姿势，和用补间动画添加关键帧类似。单击某一个姿势，将其选中。单击并拖动姿势，可以将它沿着时间轴移动到不同位置。按住 Shift 键有助于隔离各个节点的旋转，以便可以根据需要准确地定位姿势。

上述两步操作只是演示功能，我们应在演示结束后撤销上述操作。

5.4.4 固定单个节点

固定节点位置，其子节点可自由地以不同的姿势移动。为了更精确地控制骨骼的旋转和位置，我们可以使用"固定"选项。

（1）选择"选择工具"。

（2）选择锁链骨骼的第 1 个节点。在"属性"面板的"位置"栏中勾选"固定"复选框（见图 5.15），将所选择的骨骼的尾部固定在舞台中。

（3）拖动骨骼的最后一个节点，此时只有最后的 3 个节点移动。在使用"固定"选项与使用 Shift 键时，

图 5.15

运动是不同的。按住 Shift 键可分离单个节点，其他节点（父节点和子节点）可以移动。当锁定一个节点时，固定节点将保持不变，只能移动其子节点。

上述 3 步操作只是演示功能，我们应在演示结束后撤销上述操作。

5.4.5 编辑骨骼

我们可以通过重新定位或删除节点，并添加新的骨骼来编辑骨骼。例如，想改变骨骼节点的位置，我们可以使用"自由变换工具"旋转或移动骨骼节点，这并不改变骨骼；也可以在按住 Alt 键的同时移动骨骼节点到新的位置。若想删除骨骼，则只需单击想要删除的骨骼，按 Delete 键即可，选定的骨骼及锁链上所有与它连接在一起的子骨骼都将被删除。同时，我们可以根据需要添加新的骨骼。

关闭"05ChainIK_working_demo.fla"文件，下面编辑猴子尾巴的 IK 动画。

5.5 形状的 IK

锁链是利用多种影片剪辑元件制成的骨架。我们也可以利用形状创建骨架，形状可用于制作对象的动画，它们不需要明显的链接点和分段，但仍然可以有关节运动。例如，猴子的尾巴没有实际的链接点，但我们可以向平滑的尾巴中添加骨骼，对其波状运动进行动画处理。我们还可以使用"骨骼工具"在整个向量形状内部创建一个骨架。通常，我们使用这项技术来为动物角色创建摇尾巴的动画。

5.5.1 在形状内定义骨骼

（1）打开"范例文件\Lesson05\05Start\05MonkeyIK_Start.fla"文件，选择"文件"→"另

存为"命令,将文件命名为"05MonkeyIK_working_demo.fla"并保存。该文件包含一个猴子的插图,其中尾巴单独位于"tail"图层中,如图5.16(a)所示。在"库"面板中打开"MovieClip"文件夹,双击"tail"影片剪辑元件,对"tail"影片剪辑元件进行编辑,如图5.16(b)所示。

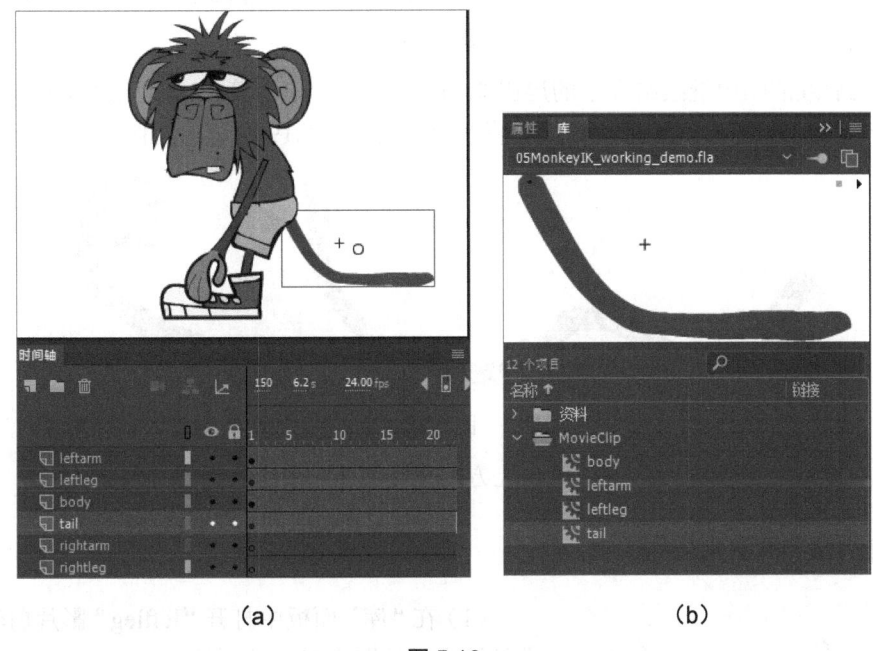

(a)   (b)

图 5.16

(2)选择"骨骼工具"。从尾巴的底部(左部)开始,在形状内部单击并向尾巴的顶部方向拖动,以创建骨骼,如图5.17(a)所示。在向形状中添加第1根骨骼时,Flash会把元件转换为一个IK形状对象。继续向右依次创建骨骼,这样骨骼就可以首尾相连。建议骨骼的长度逐渐变短,这样越到尾部关节就会越多,才能创建出更切合实际的动作,如图5.17(b)所示。

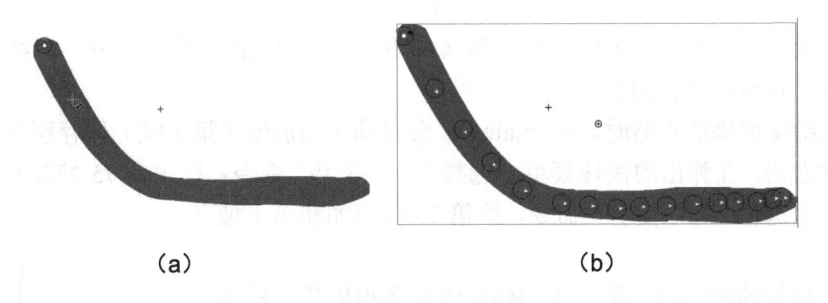

(a)   (b)

图 5.17

在添加骨骼后,时间轴上会出现一个姿势骨架层,用于使骨架与时间轴上的其他对象(如图形或补间动画)保持独立,后续的操作会在该层上进行。可删除空白图层。

(3)在给尾巴添加骨骼时,Animate CC会自动在当前帧(第1帧)保存现有的姿势。选中第1帧并右击,在弹出的快捷菜单中选择"复制姿势"命令;选中第75帧并右击,在弹出的快捷菜单中选择"粘贴姿势"命令,给第75帧添加和第1帧同样的姿势(见图5.18),在第75帧处也出现一个关键帧。

图 5.18

（4）在后续的帧中继续给猴子的尾巴添加不同姿势。单击第 15 帧，用"选择工具"拖动最后一个骨骼，给第 15、第 30 和第 50 帧分别添加如图 5.19 所示的动作。

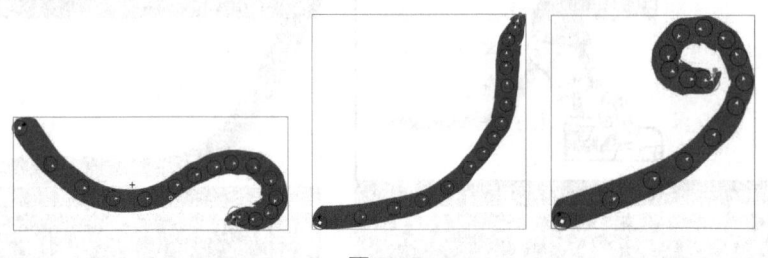

图 5.19

（5）在完成上述步骤后，单击舞台上方的"场景 1"按钮，返回"场景 1"。

5.5.2　在元件间定义骨骼

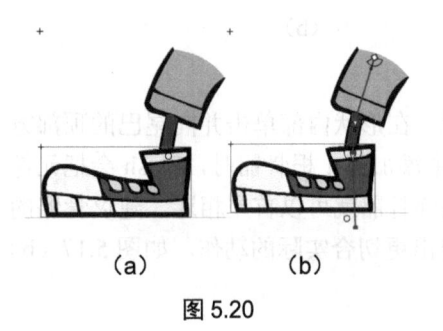

图 5.20

（1）在"库"面板中打开"leftleg"影片剪辑元件并进行编辑，如图 5.20（a）所示。

（2）在脚的正下方合适的位置处绘制一个小圆，并将其转换为元件（该元件使得脚的底部可以添加一个骨骼，使脚部的运动更灵活，可在"属性"面板中设置其完全透明，避免影响视觉效果）。像前文中给锁链添加骨骼一样，给腿部添加骨骼，如图 5.20（b）所示。

（3）在添加骨骼后，在时间轴上会出现一个姿势骨架层，用于使骨架与时间轴上的其他对象（如图形或补间动画）保持独立，后续的操作会在该层上进行。可删除空白图层。

（4）在给腿部添加骨骼时，Animate CC 会自动在当前帧（第 1 帧）保存现有的姿势。选中第 1 帧并右击，在弹出的快捷菜单中选择"复制姿势"命令；选中第 75 帧并右击，在弹出的快捷菜单中选择"粘贴姿势"命令，给第 75 帧添加和第 1 帧同样的姿势。

（5）在后续的帧中继续给猴子的腿部添加各种姿势。单击第 8 帧，用"选择工具"拖动最后一个骨骼，向后改变骨骼的姿势，如图 5.21 所示。

注意：为避免多个骨骼进行联动，当移动一个骨骼时，可以先按住 Shift 键，再单击该骨骼并进行移动。

（6）用同样的方法在第 15、第 22、第 45 和第 59 帧处改变骨骼的姿势，添加如图 5.22 所示的动作。

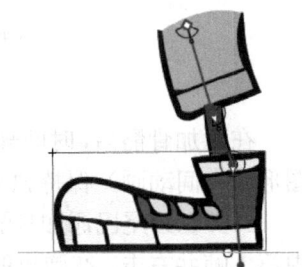

图 5.21

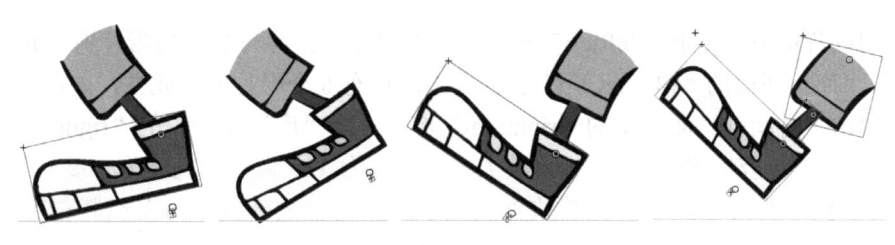

图 5.22

（7）在完成上述步骤后，单击舞台上方的"场景 1"按钮，返回"场景 1"。

（8）在"库"面板中打开"leftarm"影片剪辑元件并进行编辑，如图 5.23（a）所示。在手掌左下方合适的位置处绘制一个小圆，并将其转换为元件（该元件使得手掌的底部可以添加一个骨骼，使手掌的运动更灵活，可在"属性"面板中设置其完全透明，避免影响视觉效果）。像上述给腿部添加骨骼一样，给胳膊添加骨骼，如图 5.23（b）所示。

在添加骨骼后，在时间轴上会出现一个姿势骨架层，用于使骨架与时间轴上的其他对象（如图形或补间动画）保持独立，后续的操作会在该层上进行。可删除空白图层。

（9）在给胳膊添加骨骼时，Animate CC 会自动在当前帧（第 1 帧）保存现有的姿势。选中第 1 帧并右击，在弹出的快捷菜单中选择"复制姿势"命令；选中第 75 帧并右击，在弹出的快捷菜单中选择"粘贴姿势"命令，给第 75 帧添加和第 1 帧相同的姿势。

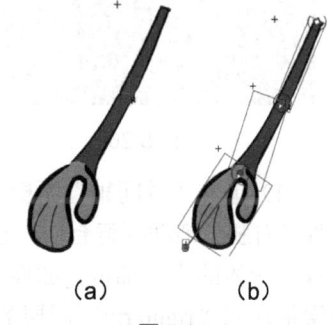

图 5.23

（10）在后续的帧中继续给猴子的胳膊添加各种姿势。单击第 37 帧，用"选择工具"拖动最后一个骨骼，向后改变骨骼的姿势，如图 5.24 所示。

（11）在完成上述步骤后，单击舞台上方的"场景 1"按钮，返回"场景 1"。

图 5.24

5.5.3 元件的命名和复制

（1）在"库"面板中选中"leftarm"影片剪辑元件，右击，在弹出的快捷菜单中选择"直接复制"命令，如图 5.25（a）所示。在弹出的"直接复制元件"对话框中将复制的影片剪辑元件命名为"rightarm"，如图 5.25（b）所示。

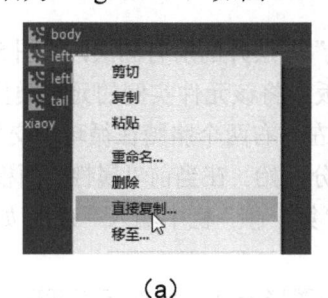

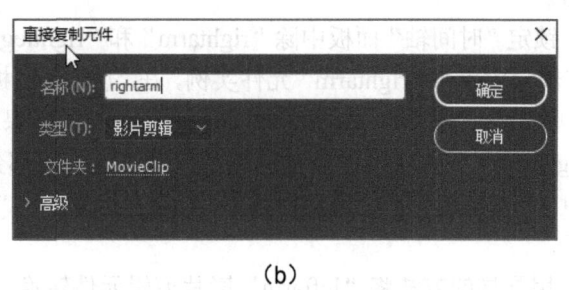

（a） （b）

图 5.25

（2）用同样的方法复制"leftleg"复制影片剪辑元件，并将复制的影片剪辑元件命名为"rightleg"。"库"面板的"MovieClip"文件夹中应该有 6 个影片剪辑元件，如图 5.26 所示。

（3）单击"时间轴"面板中的"rightarm"图层，将"库"面板中的"rightarm"影片剪辑元件（右胳膊）拖动到舞台中，设置其大小（宽度为 115 像素，高度为 182 像素），锁定"时间轴"面板中的其他图层，将其放置在猴子身体的合适部位，与左胳膊基本重合，如图 5.27 所示。

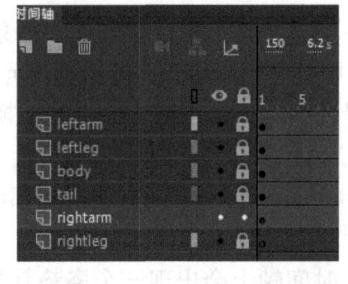

图 5.26

图 5.27

（4）单击"时间轴"面板中的"rightleg"图层，将"库"面板中的"rightleg"影片剪辑元件（右腿）拖动到舞台中，设置其大小（宽度为 154 像素、高度为 137 像素），并将其放置在猴子身体的合适部位，如图 5.28（a）所示。因为右胳膊在右腿的右侧，所以把"rightleg"图层拖动到"rightarm"图层的上方，如图 5.28（b）所示。

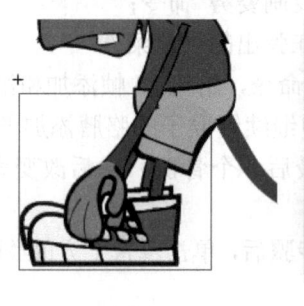

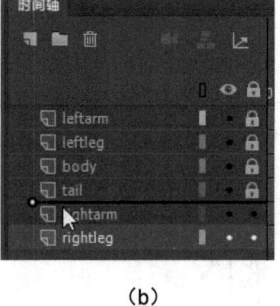

（a）　　　　　　　　（b）

图 5.28

为了确保左、右两个胳膊在同一帧的姿势不同，可以将两个胳膊的骨骼姿势进行不同的设置，但是 Animate CC 提供了更为简单的方法可以达到上述效果。前文介绍了元件的类型，其中图形类型也可以添加动画效果，并且可以按照动画中帧的位置来设置动画的开始时间和循环次数。

（5）锁定"时间轴"面板中除"rightarm"和"rightleg"图层外的所有图层，如图 5.29（a）所示。在舞台中单击"rightarm"元件实例，在"属性"面板中将该元件实例的元件类型从"影片剪辑"修改为"图形"，如图 5.29（b）所示。为了确保左、右两个胳膊在循环中交替运动，设置"rightarm"元件实例的运动直接从该动画的中间部分开始。在当前"属性"面板的"循环"栏中，在"选项"下拉列表中选择"循环"选项，在"第一帧"栏中输入"37"，如图 5.29（c）所示。

（6）用同样的方法将"leftarm"影片剪辑元件转换为图形元件，并选择"循环"选项，在"第一帧"栏中输入"1"。

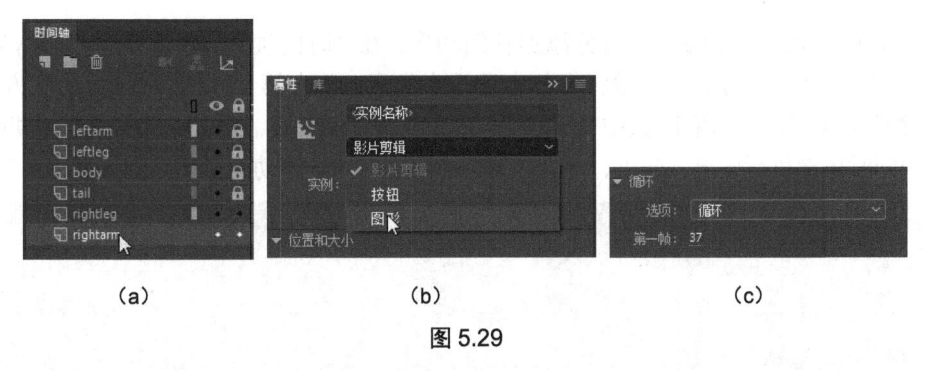

(a) (b) (c)

图 5.29

（7）将"rightleg"影片剪辑元件转换为图形元件，并选择"循环"选项，在"第一帧"栏中输入"59"。可以稍微调整一下亮度，让"rightleg"元件实例看起来更靠里，让动画更有真实感。选中该元件实例，在"属性"面板的"色彩效果"栏中选择"亮度"样式，拖动"亮度"滑块到负值的位置，加深阴影效果，如图 5.30 所示。

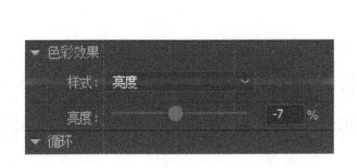

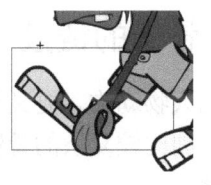

图 5.30

（8）将"leftleg"影片剪辑元件转换为图形元件，并选择"循环"选项，在"第一帧"栏中输入"22"。

5.5.4　创建简单的补间动画

（1）在完成上述步骤后，猴子便可以有节奏地运动了。但是，由于此时猴子的身体还是静止的，因此动作看起来会很不自然。下面对猴子的身体即"body"元件创建补间动画。选中猴子的身体部分，即"body"元件实例，右击，在弹出的快捷菜单中选择"创建补间动画"命令，如图 5.31 所示。

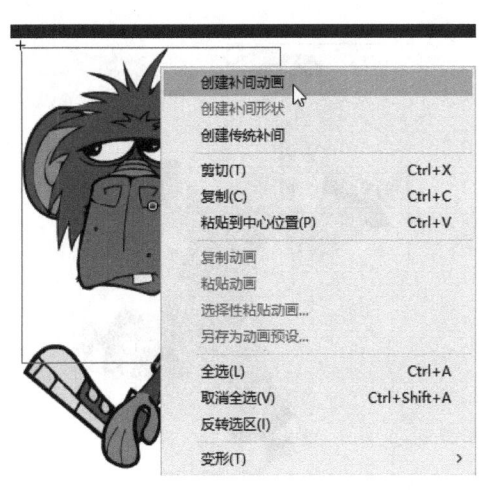

图 5.31

(2)下面开始给猴子的身体部分添加补间动作。在"时间轴"面板中选中"body"图层,单击第 21 帧并用键盘的上方向键将身体上移几个像素;单击第 37 帧并用键盘的下方向键将身体下移几个像素;后面依次选中第 60、第 78、第 92、第 111、第 136 和第 150 帧并在选中对应帧的同时依次执行向上、向下、向上、向下、向上、向下移动的操作,结果如图 5.32 所示。

图 5.32

(3)猴子的动画制作已经基本完成,选择"控制"→"测试影片"→"在 Animate CC 中"命令,测试动画。

5.6 主骨架和副骨架的链接

当需要创建复杂的人物动作,但又不方便把人物全身拆成一个个影片剪辑动画时,便需要给人物的全身添加一副比较复杂的骨骼,这其中就包含主骨架和副骨架。下面以一个皮影的小老头为例进行讲解。

5.6.1 全身骨架的创建

(1)打开"范例文件\Lesson05\05Start\05GrandpaIK_Start.fla"文件,选择"文件"→"另存为"命令,将文件命名为"05GrandpaIK_working_
demo.fla"并保存。

(2)打开"库"面板中的"compotent 2"文件夹,将元件 1~元件 9 拖动到舞台中,并移动到合适的位置,通过"任意变形工具"调整各个元件实例的方向,组合成皮影人物。以皮影老人的腹部为起点拉出第一个骨骼,再以所拉出骨骼的终点为起点拉出副骨架,最终骨架如图 5.33 所示。

图 5.33

（3）将新生成的骨架图层重命名为"Armature"，并删除多余的空白图层。

（4）在"时间轴"面板中单击"Armature"图层，选中皮影老人身上所有的元件，选择"修改"→"转换为元件"命令，如图 5.34（a）所示。在弹出的"转换为元件"对话框中，选择"类型"为"影片剪辑"，并将新影片剪辑元件的"名称"设置为"oldman"，单击"确定"按钮，如图 5.34（b）所示。

（5）在"库"面板中将新生成的"oldman"元件拖动到"compotent 1"文件夹中。

（6）打开"compotent 1"文件夹，双击"oldman"元件，进入元件编辑界面。单击"图层1"图层，全选该元件，并移动该元件到舞台中心（舞台中心有"+"符号，通过键盘的方向键进行微调，使该元件腹部的"+"符号与舞台的"+"符号重合即可）。

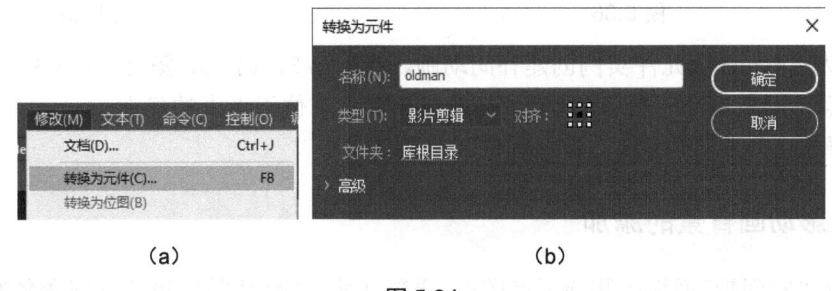

(a) (b)

图 5.34

（7）将"时间轴"面板中的"图层1"重命名为"oldman"，选中第 43 帧，右击，在弹出的快捷菜单中选择"插入帧"命令（或按 F5 键）。

（8）第 1 帧已经存在姿势，用"复制姿势"和"粘贴姿势"命令给最后一帧添加与第 1 帧相同的姿势。

（9）在第 9、第 18、第 27 和第 35 帧处改变骨骼的姿势，分别添加如图 5.35 所示的动作。

图 5.35

（10）给皮影加上走路时上下波动的效果。在第 9 帧处框选腰部以上的元件实例，按键盘的下方向键 5 次左右，将腰部以上部分下移 5 个像素，如图 5.36 所示。

（11）用同样的方法依次对第 18、第 27 和第 35 帧进行操作，分别对老人腰部以上部分进行向上、向下、向上移动的操作。

（12）在"oldman"图层下方新建一个图层，将其命名为"burden"。选中第 1 帧，在"库"面板中将对应的"burden"元件拖动到图层中，并放到老人肩上的合适位置，如图 5.37 所示。

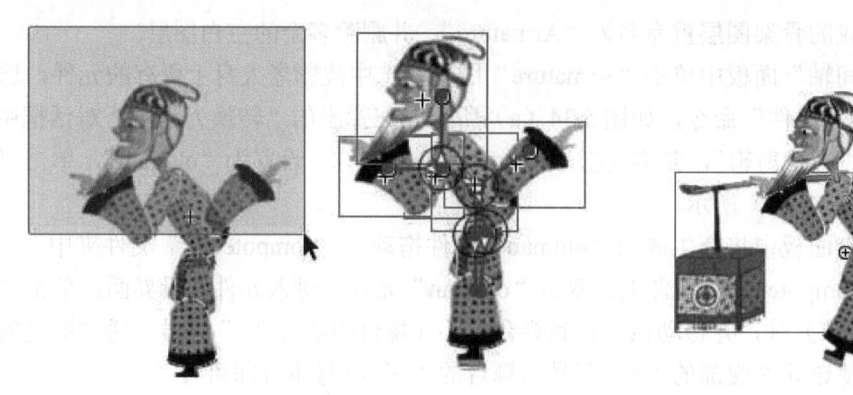

图 5.36　　　　　　　　　　　　　　　图 5.37

（13）为"burden"元件实例创建补间动画，并在第 8、第 16、第 27 和第 35 帧处用键盘方向键将其向上或向下平移几个像素，但始终要保证它位于老人的肩上。

单击舞台上方的"场景 1"按钮，返回"场景 1"。

5.6.2　皮影动画背景的添加

（1）先在"时间轴"面板中删除所有图层，再新建两个空白图层，将其分别命名为"oldman"和"groundback"，并在第 43 帧处插入帧，如图 5.38 所示。

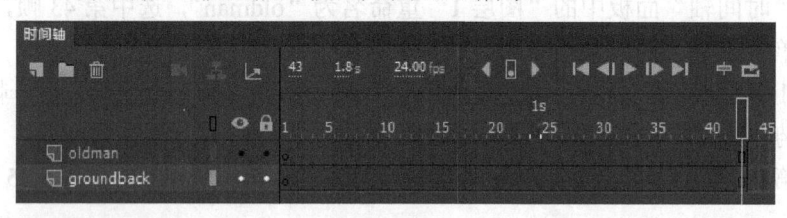

图 5.38

（2）选择第 1 帧，在"库"面板中打开"compotent 1"文件夹，分别将"oldman"元件和"groundback"元件拖动到对应图层中。

（3）在第 1 帧中将"oldman"元件实例的位置设置为（X：323，Y：278）。

（4）为"groundback"元件实例创建补间动画。在第 1 帧中设置元件实例的位置为（X：-374，Y：0）；在最后一帧中设置元件实例的位置为（X：-217，Y：0）。

（5）选择"控制"→"测试影片"→"在（Flash Professional）中"命令，测试动画。

5.7　在动画中替换元件

本章中 IK 动画的制作已经完成，后面将进行元件转换，制作出类似"范例文件\Lesson05\05Complete\05Complete.swf"的动画。

5.7.1　把以上制作的动画包装成单独的元件

1．制作"ChainIK"元件

（1）打开"范例文件\Lesson05\05Start\05ChainIK_ working_demo.fla"文件。

（2）选择"Armature"图层，右击，在弹出的快捷菜单中选择"拷贝图层"命令，如图 5.39 所示。

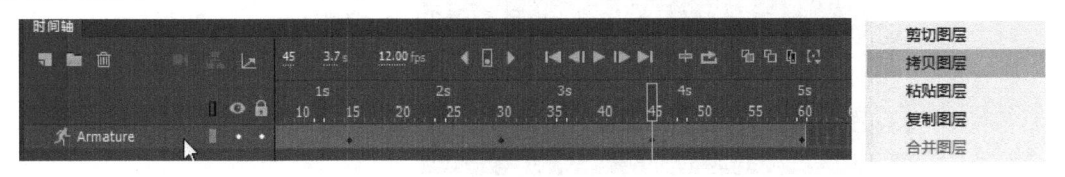

图 5.39

（3）选择"插入"→"新建元件"命令，在弹出的对话框中，将元件的"类型"设置为"影片剪辑"，将元件的"名称"设置为"ChainIK"，单击"确定"按钮。

（4）在"ChainIK"元件编辑界面中，右击"时间轴"面板中的"图层_1"图层，在弹出的快捷菜单中选择"粘贴图层"命令，然后删除"图层_1"图层。上述操作将动画转换成元件，并存储在"库"面板中。

（5）在"库"面板中右击"ChainIK"元件，在弹出的快捷菜单中选择"剪切"命令，如图 5.40 所示。

（6）打开"范例文件\Lesson05\05Start\05Start.fla"文件，并另存为"05Demo.fla"文件。在"05Demo.fla"文件中右击"库"面板中的"movieclip"文件夹，在弹出的快捷菜单中选择"粘贴"命令，如图 5.41 所示。

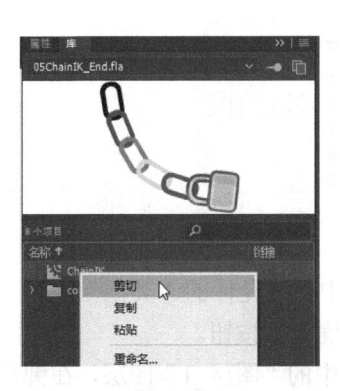

图 5.40 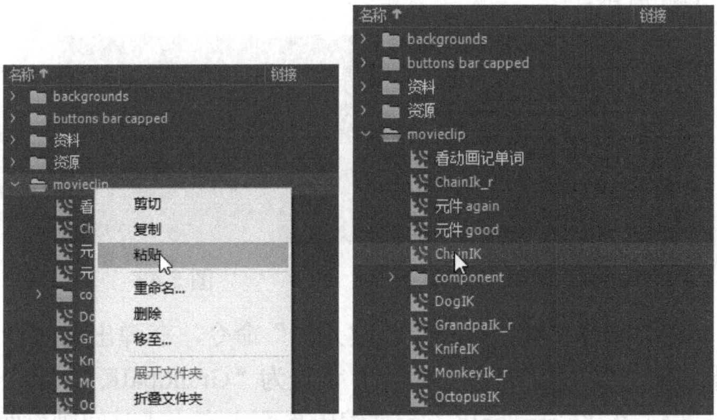　　　　　　　　　　　图 5.41

（7）关闭"05ChainIK_ working_demo.fla"文件。

2．制作"MonkeyIK"元件

（1）打开"范例文件\Lesson05\05Start\05MonkeyIK_working_demo.fla"文件。

（2）选择"leftarm"图层，按住 Shift 键，选择最下面的"rightarm"图层，这样就选择了所有图层，右击图层，在弹出的快捷菜单中选择"拷贝图层"命令，如图 5.42 所示。

（3）选择"插入"→"新建元件"命令，在弹出的对话框中，将元件的"类型"设置为"影片剪辑"，将元件的"名称"设置为"MonkeyIK"，单击"确定"按钮。

（4）在"MonkeyIK"元件编辑界面中右击"时间轴"面板中的"图层_1"图层，在弹出的快捷菜单中选择"粘贴图层"命令，然后删除"图层_1"图层。上述操作将动画转换成元件，并存储在"库"面板中。

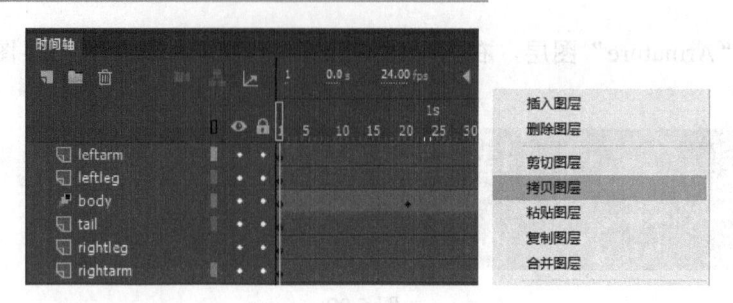

图 5.42

（5）在"库"面板中右击"MonkeyIK"元件，在弹出的快捷菜单中选择"剪切"命令。

（6）在打开的"05Demo.fla"文件中右击"库"面板中的"movieclip"文件夹，在弹出的快捷菜单中选择"粘贴"命令。这样"MonkeyIK"元件就又被放到"05Demo.fla"文件的"库"面板中了。

（7）关闭"05MonkeyIK_working_demo.fla"文件。

3．制作"GrandpaIK"元件

（1）打开"范例文件\Lesson05\05Start\05GrandpaIK_working_demo.fla"文件。

（2）在该文件中，我们只需要将老人和担子所处的图层选中并转换为元件，而不需要选取"背景"图层。右击"oldman"图层，在弹出的快捷菜单中选择"拷贝图层"命令，如图 5.43 所示。

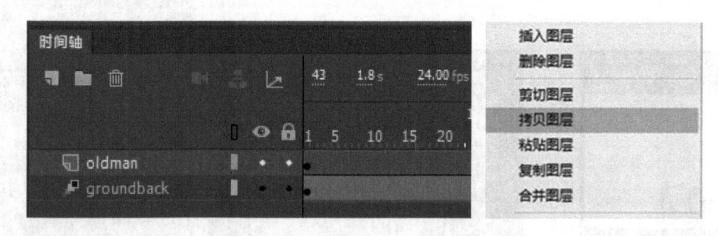

图 5.43

（3）选择"插入"→"新建元件"命令，在弹出的对话框中，将元件的"类型"设置为"影片剪辑"，将元件的"名称"设置为"GrandpaIK"，单击"确定"按钮。

（4）在"GrandpaIK"元件编辑界面中右击"时间轴"面板中的"图层_1"图层，在弹出的快捷菜单中选择"粘贴图层"命令，然后删除"图层_1"图层。上述操作将动画转换成元件，并存储在"库"面板中。

（5）在"库"面板中右击"GrandpaIK"元件，在弹出的快捷菜单中选择"剪切"命令。

（6）在打开的"05Demo.fla"文件中右击"库"面板中的"movieclip"文件夹，在弹出的快捷菜单中选择"粘贴"命令。这样"GrandpaIK"元件就又被放到"05Demo.fla"文件的"库"面板中了。

（7）关闭"05GrandpaIK_working_demo.fla"文件。

5.7.2　元件的替换

在测试"05Demo.fla"文件时，我们会发现屏幕上本该出现的动画有一部分是椭圆或矩形。下面将这些图形转换为元件。

（1）在时间轴上选择第 405 帧，在舞台中右击名为"ChainIK"的椭圆，在弹出的快捷菜单中选择"交换元件"命令，如图 5.44 所示。

（2）在弹出的对话框中选择"movieclip"文件夹中的"ChainIK"元件（见图 5.45）并单击"确定"按钮，这样，舞台中的椭圆图形就会被转换为锁链的动画元件。

（3）用同样的方法在第 125 帧处将对应元件替换为"GrandpaIK"元件，在第 210 帧处将对应元件替换为"MonkeyIK"元件。

选择"控制"→"测试影片"→"在 Animate CC 中"命令，测试动画（见图 5.46），完成本章作品。

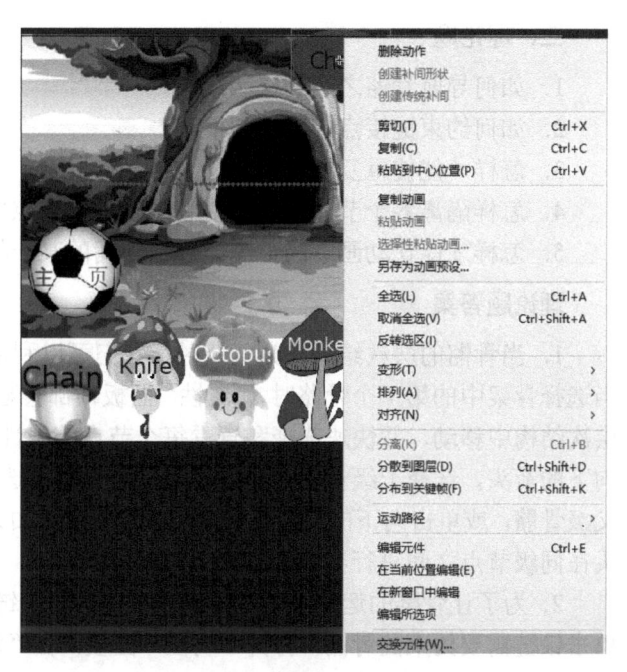

图 5.44

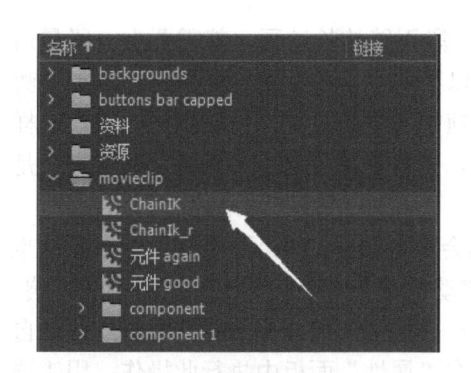

图 5.45

图 5.46

课后习题

一、模拟练习

浏览"模拟练习\Lesson05\作品\Lesson05.swf"文件，仿照"Lesson05.swf"文件，制作一个类似的课件。课件资料已提供，保存在"模拟练习\Lesson05\作品素材"文件夹中。

二、自主创意

自主设计一个 Animate CC 课件，应用本章所学的知识，如利用多个链接的影片剪辑元件制作骨架的动画、约束链接点、利用形状制作骨架的动画等知识。你也可以把自己完成的作品上传到课程网站，与大家进行交流。

三、理论题

1. 如何导航骨骼之间的层次结构？
2. 如何约束链接点的旋转和平移？
3. 怎样才能使重复播放的动画无缝链接？
4. 怎样隔离各个节点的动作或者固定单个节点？
5. 怎样才能让动画中的一个元件从中间的某一帧开始播放？

理论题答案

1. 当骨骼的层次结构较为复杂时，我们可以利用"属性"面板导航骨骼间的层次结构。当选择骨架中的第 1 个骨骼时，"属性"面板顶部会显示一系列箭头。我们可以单击箭头，在层次结构中移动，并快速选择和查看每个节点的属性。如果父级骨骼被选中，那么可以单击向下的箭头，选择子级骨骼。如果一个子级骨骼被选中，那么可以单击向上的箭头来选择其父级骨骼，或单击向下的箭头，选择其子级骨骼（如果有子级骨骼）。我们也可以利用横向箭头在同级节点之间进行导航。

2. 为了让骨架的运动更加逼真，通常需要约束链接点的旋转和平移。选择"选择工具"，单击锁链需要约束的骨骼，打开"属性"面板，在"联接：旋转"栏中勾选"约束"复选框，在链接点上将出现一个角度指示器，说明允许的最小和最大角度，以及节点的当前位置，可以通过设置角度来约束链接点的旋转。在"属性"面板中的"联接：X 平移"栏中勾选"启用"复选框，链接点上将出现箭头，指示该链接点可以在哪个方向上移动；"联接：Y 平移"同理。

3. 要使一段重复播放的简短动画在肉眼看来是一段无缝的长动画，就需要上一段最后一帧中的姿势与下一段第 1 帧中的姿势完全相同，所以我们可以在完成给最后一帧添加姿势之后，用"复制姿势"和"粘贴姿势"命令将最后一帧中的姿势复制、粘贴到第 1 帧，这样就能保证最后一帧的姿势与第 1 帧的姿势完全一致了，当重复播放这个动画时，即使它只是很短的一段动画，在观看时也是一段无缝的长动画。

4. 当拖动一个元件时，与它相连的上一个元件也会随之移动，如果不希望上一个元件也一起移动，那么按住 Shift 键，单击并拖动骨架中想移动的那个节点，其他节点将不受影响。还有一种可以更精确地控制骨骼的旋转和位置的方法——固定节点位置，使其子节点可以自由地以不同的姿势移动。我们可以使用"固定"选项在"属性"面板中执行此操作，用"选择工具"选择锁链骨骼的第 1 个节点，在"属性"面板的"位置"栏中勾选"固定"复选框，将所选择的骨骼的尾部固定在舞台中，一个"X"出现在关节上，表明它被固定，此时移动元件，被固定的元件将不受影响。

5. 有时候我们在一个动画中插入了一个元件，但是并不希望在动画开始播放时这个元件也从第 1 帧开始播放，而是希望它从中间的某一帧开始播放然后重复。这时，我们首先要在"属性"面板中将这个元件转换为图形元件，然后在"属性"面板的"循环"栏中选择"循环"选项，并在"第一帧"栏中输入相应的数字（开始播放的帧数）。

第 6 章

Animate CC 课件的交互与导航

本章视频学习资源

本章学习内容

(1) 创建按钮元件。
(2) 为按钮元件添加声音。
(3) 复制按钮元件。
(4) 交换元件。
(5) 为按钮元件实例命名。
(6) 编写 ActionScript 3.0 代码,创建非线性导航。
(7) 使用"代码片断"面板提高效率。
(8) 理解使用帧标签。
(9) 创建动画式按钮。

本章课件案例介绍

本章课件案例是一个介绍化学玻璃实验仪器的课件案例(见图 6.1)。通过学习本章,读者应掌握 Animate CC 的交互功能,其中包括按钮交互、ActionScript 3.0 程序代码交互的基础知识。

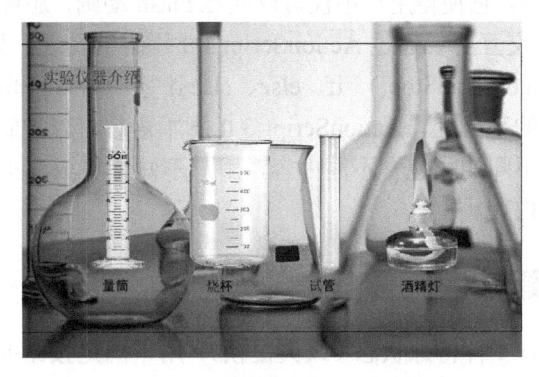

图 6.1

6.1 预览完成的课件并开始制作

（1）打开已制作完成的课件。打开"范例文件\Lesson06\06Complete\06Complete.swf"文件，预览完成的化学课件（见图6.2），对将要进行的制作有一个概要性的了解。

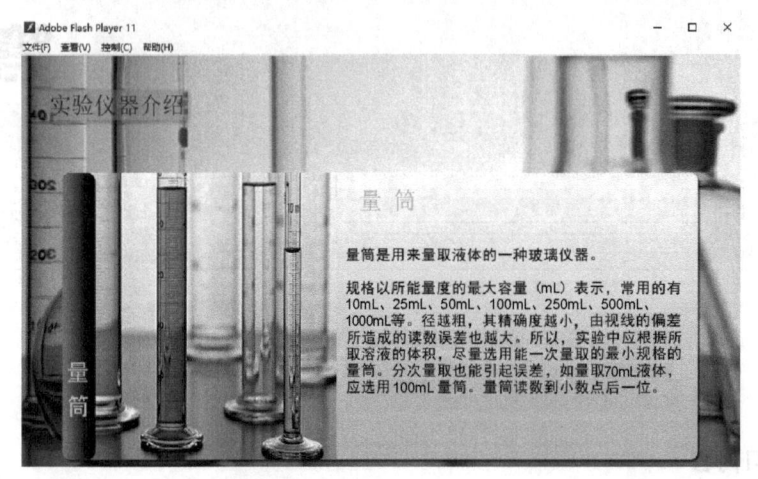

图 6.2

（2）关闭课件。
（3）打开文件，进入制作过程。

在"范例文件\Lesson06\06Start"文件夹中有一个名为"06Start.fla"的文件，该文件完成了一部分工作，并且所需要的元素已经被导入"库"面板中以供使用。在 Animate CC 中打开"06Start.fla"文件，选择"视图"→"缩放比率"→"符合窗口大小"命令，可以看到计算机屏幕上的整个舞台。

选择"文件"→"另存为"命令，将文件命名为"06Demo.fla"，并保存在"06Start"文件夹中。

6.2 交互的基本概念

交互动画课件在播放过程中可以响应用户的命令请求，从而实现动画播放中的各种控制，如停止、退出、选择、填空、控制音乐、链接网页、做游戏等。Flash 动画的一个显著特性就是具有强大的交互性，它使得用户不仅可以欣赏 Flash 动画，还可以参与到 Flash 动画中。

Animate CC 课件的交互主要通过 ActionScript 3.0 代码来实现，如基本控制语句 stop()、play()、gotoAndPlay()、gotoAndStop()、if、else、else if 等。本章将介绍如何创建一个非线性导航。在用户单击按钮的基础上，ActionScript 3.0 脚本语言可以控制 Animate CC 播放头跳到时间轴的不同的帧。不同的帧包含不同内容，用户不知道播放头来回跳转的时间表，却能看到（或听到）不同的内容。

6.3 在课件中创建按钮元件

按钮是一种元件，有4种特殊状态（或关键帧），用于确定按钮的显示状态。按钮能够非常直观地指示用户与什么交互。用户可以通过单击按钮进行交互，也可以通过双击、鼠标指针经过等事件进行交互。

6.3.1　创建按钮元件

首先，简单了解按钮的 4 种状态。弹起：当鼠标指针不接触按钮时，按钮处于"弹起"状态。当"弹起"状态中没有可见内容时，按钮就是不可见按钮，可应用于图片的交互。指针经过：显示鼠标指针悬停在按钮上时按钮的外观。按下：显示单击时按钮的外观。点击：定义对鼠标指针做出反应的区域。只有当鼠标指针进入这个区域时，才会有鼠标指针经过和按下的事件，这一帧在影片中是看不到的。接下来介绍如何创建按钮元件。

（1）在"库"面板中创建一个名为"仪器按钮"的文件夹。

（2）选择"插入"→"新建元件"命令。

（3）在弹出的"创建新元件"对话框中，选择"类型"为"按钮"，并把新元件的"名称"设置为"量筒按钮"（见图 6.3），单击"确定"按钮，将按钮元件移至"仪器按钮"文件夹中。

（4）双击"量筒按钮"按钮元件，对该元件进行编辑。

（5）在"库"面板中，展开名为"新元件"的文件夹，把"量筒"图形元件拖动到舞台中间，如图 6.4 所示。

图 6.3

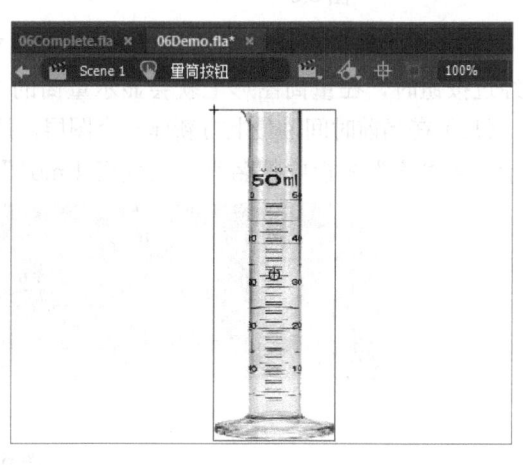

图 6.4

（6）在"属性"面板中，把"X"和"Y"均设置为"0"。量筒图形的左上角将与元件中心点对齐。

（7）在时间轴上选择"点击"帧，并选择"插入"→"时间轴"→"帧"命令，扩展时间轴。此时"量筒按钮"按钮元件将出现"弹起""指针经过""按下""点击"4 种状态，如图 6.5 所示。

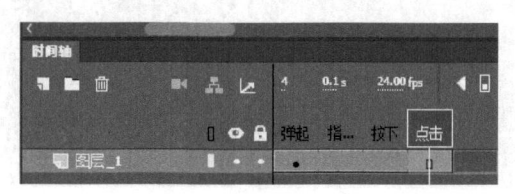

图 6.5

（8）新建一个图层。

(9）选中"指针经过"帧，选择"插入"→"时间轴"→"关键帧"命令，插入关键帧（见图6.6）。也可以通过选中"指针经过"帧，按F6键来插入关键帧。

(10）在"库"面板中，展开"获取更多框\基础元件"文件夹，并把名称为"量筒1"的影片剪辑元件添加到舞台中，调整到合适大小，如图6.7所示。

图 6.6

图 6.7

(11）在"属性"面板中，设置"X"和"Y"分别为"-35"和"-5"。此时，当鼠标指针经过按钮时，在量筒图形上就会显示量筒的"获取更多"信息框。

(12）在当前时间轴最上方新建一个图层，并且在其"按下"帧处添加关键帧，如图6.8（a）所示。从"库"面板中把名为"玻璃音1.mp3"的音频文件［见图6.8（b）］添加到舞台中。

(a)

(b)

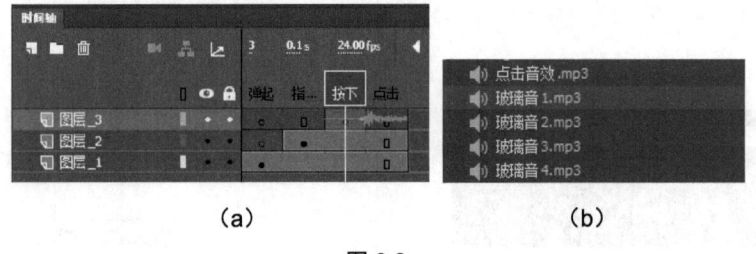

图 6.8

(13）选择其中显示声音波形的图层的"按下"关键帧，在"属性"面板的"声音"栏中确保将"同步"设置为"事件"［见图6.9（a）］，这样当按下按钮时才会出现声音。单击舞台上方的"场景1"按钮，退出元件编辑界面，返回"场景1"。这时已经成功创建了一个交互式按钮元件。可以在"库"面板中查看创建的按钮元件，如图6.9（b）所示。

(a)

(b)

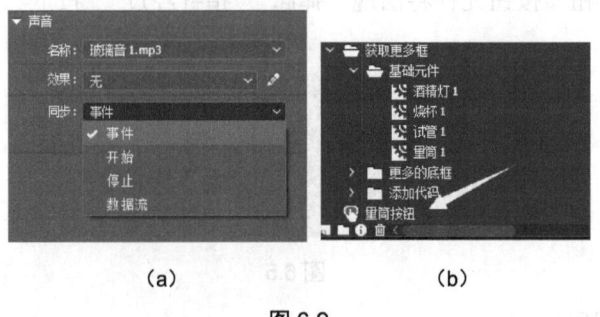

图 6.9

6.3.2 复制按钮元件

既然创建了一个按钮元件，那么其他按钮元件就容易创建了：只需复制按钮元件，更改图像和声音即可。

在"库"面板中选中"量筒按钮"按钮元件并右击，在弹出的快捷菜单中选择"直接复制"命令，如图6.10（a）所示。在弹出的"直接复制元件"对话框中选择"类型"为"按钮"，并设置"名称"为"烧杯按钮"，单击"确定"按钮，如图6.10（b）所示。

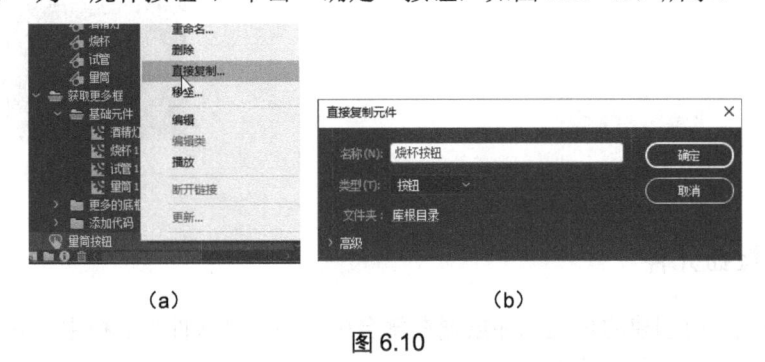

(a)　　　　　　　　　　(b)

图 6.10

6.3.3 交换元件

在舞台中替换元件很容易，并且可以大大提高制作效率。

（1）在"库"面板中双击"烧杯按钮"按钮元件，对该元件进行编辑。

（2）选择"量筒"图形元件，在"属性"面板中单击"交换元件"按钮。在弹出的"交换元件"对话框中，选择"新元件"文件夹中的"烧杯"图形元件，单击"确定"按钮，如图6.11所示。

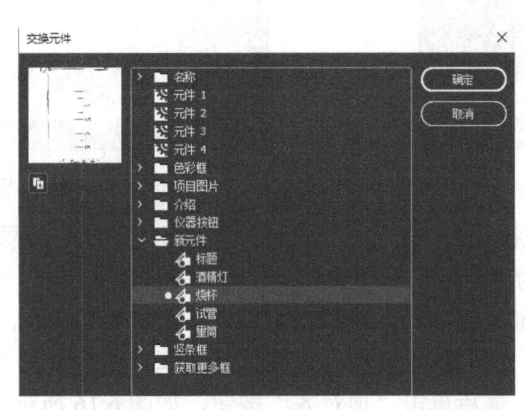

图 6.11

（3）在"属性"面板中把"烧杯"图形元件的"X"和"Y"均设置为"0"。

（4）选择"指针经过"关键帧，右击量筒信息框，在弹出的快捷菜单中选择"交换元件"命令，与"获取更多框\基础元件"文件夹中名为"烧杯1"的影片剪辑元件进行替换，在"属性"面板中调整"X"和"Y"分别为"5"和"-20"（见图6.12）。

（5）选择"图层3"中的"按下"帧，将"库"面板中的"玻璃音2.mp3"音频文件拖动到舞台中，替换原来的"玻璃音1.mp3"音频文件。

(6)按照上面的方法依次制作"酒精灯按钮"和"试管按钮"按钮元件。在"库"面板中新建"仪器按钮"文件夹,把制作的 4 个按钮元件放到其中,如图 6.13 所示。

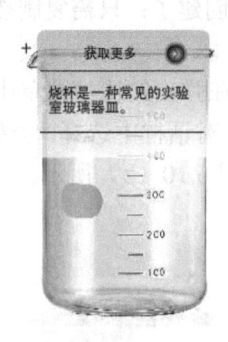

图 6.12

图 6.13

6.3.4 放置按钮元件

现在需要把之前创建的按钮元件放置在舞台中,并在"属性"面板中为其命名,以便使用 ActionScript 3.0 代码控制交互。

(1)在"时间轴"面板中新建一个新图层,将其命名为"按钮",如图 6.14 所示。

(2)在"库"面板中把创建的按钮元件移动到舞台中,与舞台中的化学仪器名称相对应,如图 6.15 所示。

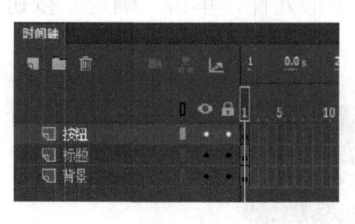

图 6.14

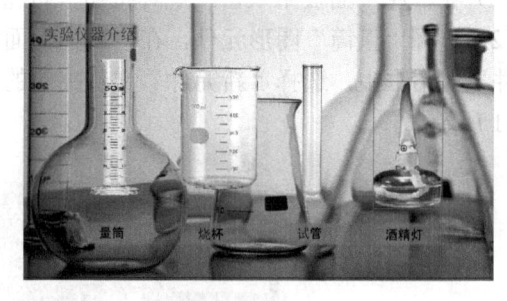

图 6.15

(3)选中第 1 个按钮元件,然后在"属性"面板中把"X"设置为"130",把最后一个按钮元件的"X"设置为"770"。

(4)选择创建的全部按钮元件,选择"窗口"→"对齐"命令,在"对齐"面板中先取消勾选"与舞台对齐"复选框,然后单击"水平间隔对齐"按钮,最后单击"顶对齐"按钮,如图 6.16 所示。

现在这 4 个按钮元件平均分布且在水平方向上顶对齐。

(5)依次选择所有按钮元件,在"属性"面板中设置"Y"为"250"。此时,全部按钮元件都在舞台中排放好了。我们也可以根据实际情况自行调整。

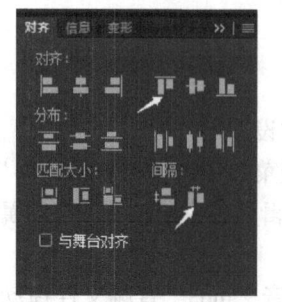

图 6.16

选择"控制"→"测试影片"→"在 Animate CC 中"命令,测试影片,观察按钮如何工作,重点观察当鼠标指针经过仪器按钮时信息框是如何显示的、当单击时声音是如何触发的。

接下来介绍如何添加 ActionScript 3.0 代码，指引按钮触发事件。

6.3.5 为按钮元件实例命名

"库"面板中的元件被拖动到舞台中就成为元件实例，一个元件可以有多个元件实例。如果要用 ActionScript 3.0 代码对元件实例进行控制，就必须为元件实例命名。首先选中元件实例，然后在"属性"面板中输入元件实例的名称。元件实例的名称不同于"库"面板中的元件名称，元件名称是用来在"库"面板中管理元件的，元件实例的名称是在代码中使用的。

元件实例命名遵循以下规则。

（1）除下画线外，不能使用空格和特殊标点符号。

（2）不能以数字开头。

（3）要区分大小写。

（4）建议按钮元件实例名称的末尾用"_btn"，虽然不是强制，但有助于对按钮元件实例进行标识。

（5）不能使用 Flash ActionScript 关键字和预留的任何单词。

为每个按钮元件实例命名是为了让按钮元件更好地被 ActionScript 3.0 引用。这容易被初学者忽略，但它是至关重要的步骤，希望大家能够牢记。

下面介绍如何为按钮元件实例命名。

（1）单击舞台中的任意空白部分，取消选中按钮，选择"量筒按钮"按钮元件实例，在"属性"面板中将"量筒按钮"按钮元件实例命名为"lt_btn"，如图 6.17 所示。

（2）将剩下的"烧杯按钮""试管按钮""酒精灯按钮"按钮元件实例依次命名为"sb_btn""sg_btn""jjd_btn"。

（3）确保名称都是小写字母且没有空格，反复检查是否有拼写错误，以免细节上的错误影响整个项目。

（4）锁定所有图层。

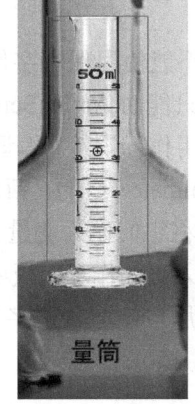

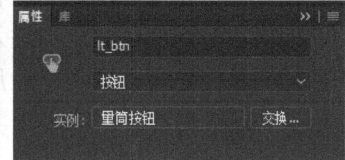

图 6.17

6.4 了解 ActionScript 3.0

6.4.1 ActionScript 3.0 简介

ActionScript 是 Flash Player 运行环境中的编程语言，主要应用于 Animate CC 动画和 Flex 应用的开发。ActionScript 实现了应用程序的交互、数据处理和程序控制等诸多功能。ActionScript 的执行是通过 Flash Player 中的 ActionScript 虚拟机（ActionScript Virtual Machine）实现的。ActionScript 代码在执行时与其他资源及库文件一同被编译为 SWF 文件，在 Flash Player 中运行。

简单地说，ActionScript 3.0 动作脚本类似于 JavaScript，可以添加更多交互性的 Animate CC 动画。本节将使用 ActionScript 3.0 给按钮添加动作，介绍如何使用 ActionScript 3.0 来控制动画停止的简单任务。即使你以前没有学习过程序代码，也不必为难。事实上，对于常见的任务，我们可以复制其他 Animate CC 用户的共享脚本，也可以使用"代码片断"面板。"代码片断"面板提供了一个简单的、直观的方式来增加 ActionScript 3.0 脚本。

然而，在使用应用程序时，如果你想要完成更多的 Animate CC 作品和让自己更自信，就需要了解 ActionScript 3.0 的更多知识。本节通过介绍常用的词汇和语法，引导读者学习简单的脚本。如果你是初学者并且热爱此语言，那么可以找一本有关 ActionScript 3.0 的针对性比较强的书来进一步学习。

6.4.2 理解脚本术语

1．变量

变量（Variable）主要用来保存数据，在程序中起着十分重要的作用，如存储数据、传递数据、比较数据、提高模块化程度和增加可移植性等。在使用变量时，首先要声明变量。在声明变量时，可以先为变量赋值，也可以等到使用变量时再为变量赋值。

2．关键字

在 ActionScript 3.0 中，不能使用保留字作为标识符，即不能使用这些保留字作为变量名、方法名、类名等。保留字只能由 ActionScript 3.0 使用，不能在代码中用作标识符。保留字包括关键字。如果将关键字用作标识符，编译器就会报告一个错误。例如，var 是一个关键字，不能用来创建变量。在 Animate CC 的"帮助"菜单栏中可以找到完整的关键字列表，因为它们是被保留的，所以不能将它们作为变量名或以其他方式使用。ActionScript 3.0 总是使用它们执行分配的任务。当进入"动作"面板中输入 ActionScript 3.0 代码时，关键字会变成不同的颜色。这种方式可以让用户知道哪些字是 Flash 保留的。

3．函数

函数（Function）是执行特定任务并可以在程序中重用的代码块。ActionScript 3.0 包含两类函数：方法（Method）和函数闭包（Function Closures）。如果将函数定义为类的一部分或者将其与对象绑定，则该函数称为方法。如果以其他任何方式定义函数，则该函数称为函数闭包。

4．参数

参数（Argument）为一个特定的命令提供具体信息，即一行代码中圆括号中的值。

例如，在代码"gotoAndPlay(3);"中，参数"3"指示脚本跳转至第 3 帧。

5．对象

在 ActionScript 3.0 中，可以把一切都看作对象，函数也不例外。创建函数的实质是创建一个对象。与其他对象不同的是，函数对象类型为 Function，该对象不仅可以作为参数进行传递，还可以有附加的属性和方法。在本章前面创建的按钮元件也是对象，被称为 Button 对象。用户在为对象命名后，可以利用 ActionScript 3.0 对其进行控制。舞台中的按钮被称为实例。事实上，实例和对象是同义词。

6．方法

方法是导致某动作发生的命令。方法是 ActionScript 3.0 代码中的"行为者"，每类对象都有自己的一套方法集。理解 ActionScript 3.0，需要学习各种对象的方法。例如，一个影片剪辑对象（MovieClip）关联的两种方法是 stop()和 gotoAndPlay()。

7．属性

属性（Property）描述一个对象。例如，一个影片剪辑对象的属性包括它的高度和宽度，X 和 Y 坐标，以及水平和垂直尺度。有的属性可以被改变，而有的属性只能被读取，所以它们只是描述一个对象。

8．常量

常量具有无法改变的固定值。ActionScript 3.0 新加入 const 关键字用来创建常量。用户在创建常量的同时，需为常量进行赋值。

9．注释

注释是一种对代码进行注解的方法，编译器不会把注释识别成代码。注释可以使 ActionScript 3.0 程序更容易理解。注释的标记为/*和//。使用/*可以创建多行注释，而使用//只能创建单行注释和尾随注释。

6.4.3 语法简介

如果不熟悉程序代码或脚本编程，那么 ActionScript 3.0 代码可能不太容易理解。一旦了解了基本的语法，即该语言的语法和标点符号，就会发现它很容易使用。

排在最后的分号告诉 ActionScript 3.0，已经到达了代码行末尾，需要结束此代码行而转至新的代码行。

每一个左括号都必须和相应的右括号组成完整的圆括号，这同样适用于方括号和花括号。通常，ActionScript 3.0 中的花括号被分隔在不同行上，这使得它更容易阅读和理解。

点操作符（.）提供了访问对象的属性和方法的方式。每当输入一个字符串或文件名时，都要使用引号。在"动作"面板中输入脚本时，若 ActionScript 3.0 中有特定含义的单词，如关键字和词句，它们就会显示为蓝色的。不是 ActionScript 3.0 中的预留单词，如变量名，会显示为黑色的。字符串是绿色的。而 ActionScript 3.0 忽略的注释是灰色的。

在"动作"面板中，Animate CC 检测到输入代码的动作并且显示代码提示。有两种类型的代码提示：工具提示和弹出式菜单，前者包含针对此动作的完整语法，后者列出了可能的 ActionScript 3.0 元素。

6.4.4 导航"动作"面板

要打开"动作"面板，可以选择"窗口"→"动作"命令，也可以使用 F9 快捷键。"动作"面板提供了不同的选项来帮助用户编写、调试、格式化、编辑并查找 ActionScript 3.0 代码，如图 6.18 所示。

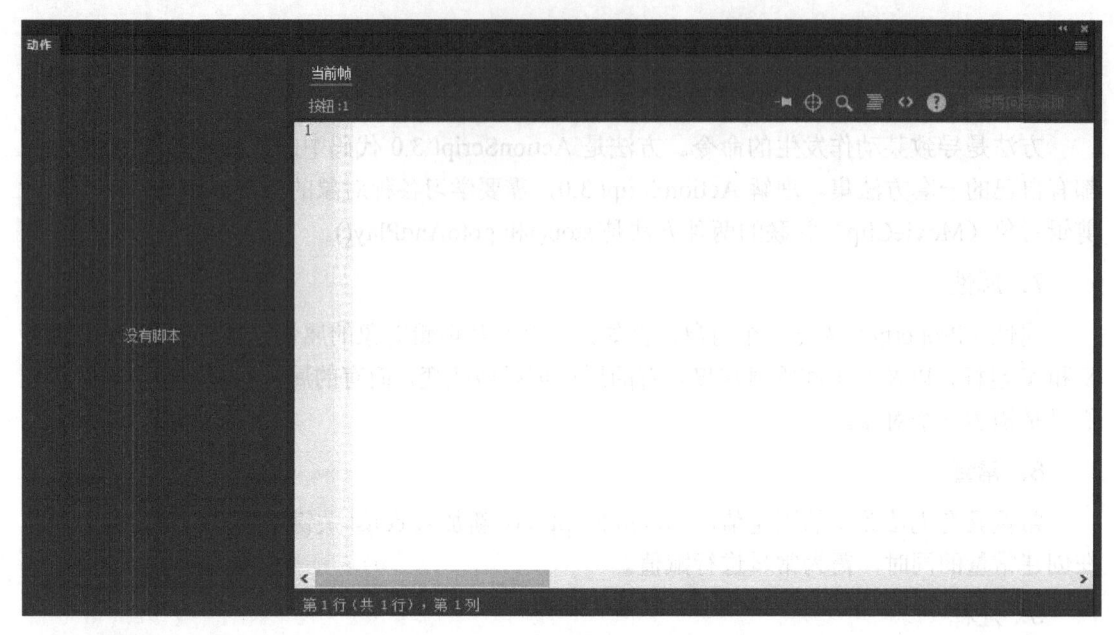

图 6.18

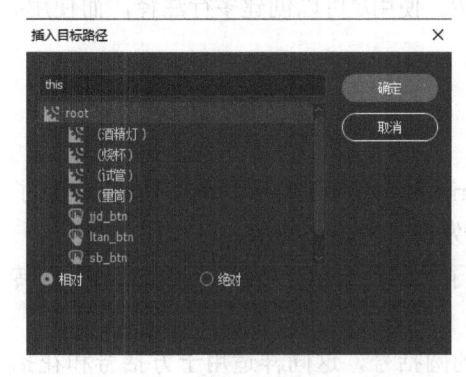

图 6.19

"动作"面板的左侧是代码导航区,图 6.18 中显示"没有脚本"。代码导航区中列出了 Animate 文件中的脚本,使用户可以快速查看这些脚本。要在"脚本"窗格中查看该脚本,就需要单击"脚本"窗格中的项目。中间的白色区域是代码录入编辑区。是"固定脚本"按钮;用来插入元件实例的路径和名称,单击后弹出如图 6.19 所示的对话框;是"查找"按钮,单击后会出现相关功能操作工具,如图 6.20 所示;是"设置代码格式"按钮;用来打开"代码片断"面板;用来打开帮助网页;单击 使用向导添加 按钮可使用简单易用的向导添加动作,而无须编写代码,该功能只适用于 HTML5 Canvas。

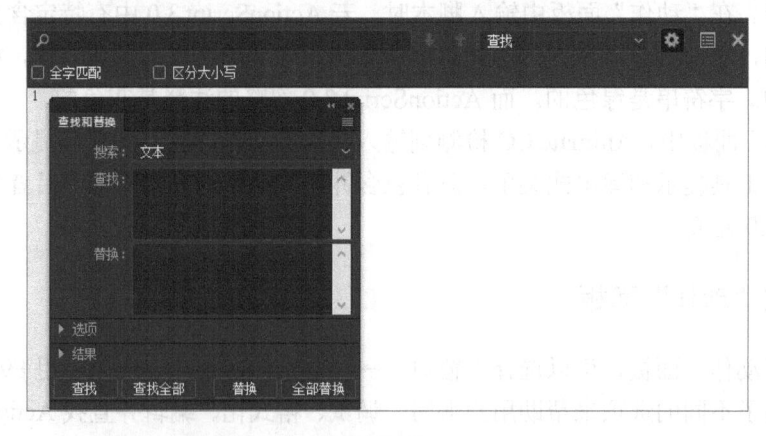

图 6.20

6.5 扩充课件的时间轴

课件开始处只是一个单帧。要在时间轴上添加更多的内容，就需要在所有图层中都添加帧。

（1）选择顶层的某一帧。在本课件中，选择第 50 帧，如图 6.21 所示。

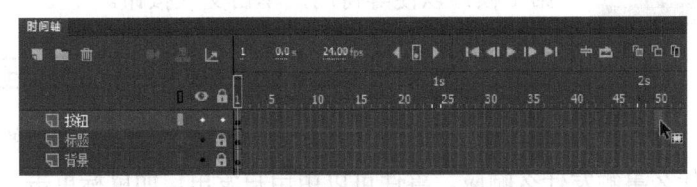

图 6.21

（2）选择"插入"→"时间轴"→"帧"命令（或者右击，在弹出的快捷菜单中选择"插入帧"命令），Animate CC 会在这个图层中添加帧直到选择的帧，即第 50 帧，如图 6.22 所示。

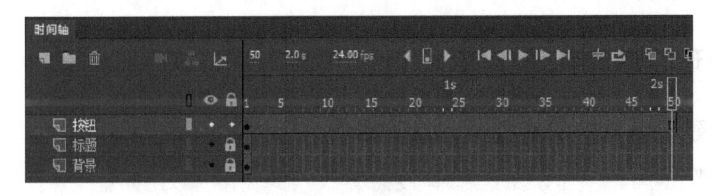

图 6.22

（3）选择另外两个图层的第 50 帧，重复此项操作。现在时间轴上的 3 个图层都有 50 帧，如图 6.23 所示。

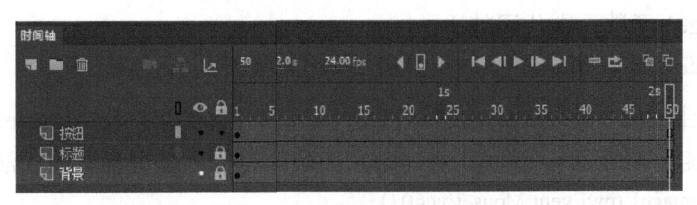

图 6.23

6.6 添加停止动作代码

在为时间轴添加帧后，影片会从第 1 帧播放到第 50 帧。然而，本课件需要在第 1 帧处暂停影片，等待用户单击按钮。这种交互性需要使用 ActionScript 3.0 代码来实现。

（1）在"时间轴"面板中新建一个图层并将其命名为"动作"。选择"动作"图层的第 1 帧，打开"动作"面板，输入代码"stop();"，如图 6.24 所示。在输入代码时要切换到英文输入状态。

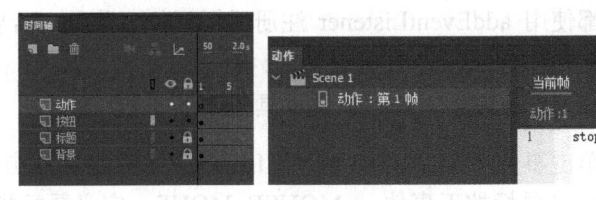

图 6.24

（2）代码出现在"脚本"窗格中，"动作"图层的第 1 帧中出现一个极小的字母"a"，指示它包含 ActionScript 3.0 代码，如图 6.25 所示。

当把代码"stop();"放在第 1 帧时，课件在播放时会停止在第 1 帧，以便等待用户单击交互按钮。

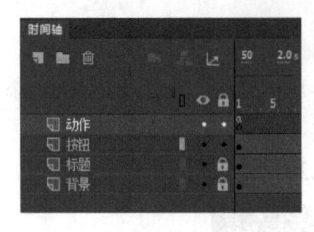

图 6.25

6.7 为课件的按钮创建事件处理程序

Animate CC 可以检测并响应在工作环境中发生的事件。Animate CC 的交互采用的是事件机制，即发生什么事触发什么响应。事件可以由用户发出，如鼠标单击、鼠标指针经过及按键盘上的按键。这些事件也可以在程序执行过程中在满足某种条件后由程序自动发出，是独立于用户发生的，如成功加载一份数据。利用 ActionScript 3.0 还可以编写代码检测事件，并且利用事件处理程序响应它们。

6.7.1 事件处理程序的创建步骤

第 1 步，创建检测事件的侦听器。侦听器的代码如下：

wheretolisten.addEventListener(whatevent, responsetoevent);

实际的命令是 addEventListener()，其他是针对情况的对象和参数的占位符：wheretolisten 是其中发生事件的对象（如按钮）；whatevent 是特定类型的事件（如单击）；responsetoevent 是在事件发生时触发函数的名称。所以，若要侦听 button_btn 按钮上的鼠标单击事件，并且响应触发 showimage1 函数，则代码如下：

button_btn.addEventListener(MouseEvent.CLICK, showimage1);

第 2 步，创建响应事件函数。在这种情况下，调用的函数是 showimage1。该函数简单地把动作组合在一起。此后可以引用其名称触发函数的运行。这个函数的语法格式如下：

function showimage1 (myEvent:MouseEvent){};

函数的名称像按钮名称一样，可以为任何有意义的名称。在本例中，函数的名称是 showimage1。它接收一个名称是 myEvent 的参数（括号内），这是一个鼠标事件，冒号后面显示它是什么类型的对象。如果这个函数被触发，就会执行花括号之间的所有代码。

6.7.2 鼠标事件和 ActionScript 常用的导航命令

1. 鼠标事件

在 ActionScript 3.0 中，统一使用 MouseEvent 类来管理鼠标事件。在使用过程中，无论是按钮还是影片事件，都使用 addEventListener 注册鼠标事件。此外，若要在类中定义鼠标事件，则需要先引入(import)flash.events.MouseEvent 类。

MouseEvent 类定义了 10 种常见的鼠标事件，具体如下。

CLICK：定义鼠标单击事件　　　　　　DOUBLE_CLICK：定义双击事件
MOUSE_DOWN：定义鼠标按下事件　　　MOUSE_MOVE：定义鼠标指针移动事件

MOUSE_OUT：定义鼠标指针移出事件　　MOUSE_OVER：定义鼠标指针经过事件
MOUSE_UP：定义鼠标提起事件　　　　MOUSE_WHEEL：定义鼠标滚轴滚动触发事件
ROLL_OUT：定义鼠标指针滑入事件　　ROLL_OVER：定义鼠标指针移出事件

2．ActionScript 常用的导航命令

（1）停止命令：stop。

格式：stop()。

功能：停止正在播放的动画，此命令没有参数。

（2）播放命令：play。

格式：play()。

功能：当动画被停止播放之后，使用 play 命令使动画继续播放。此命令没有参数。

（3）跳转停止命令：gotoAndStop。

格式：gotoAndStop([scene] frame)。

功能：让播放头跳转到场景中指定的帧并停止播放。若未指定场景，则播放头将跳转到当前场景中的帧。

（4）跳转到下一帧命令：nextFrame()。

格式：nextFrame()。

功能：让播放头跳转到下一帧并停止。此命令没有参数。

（5）跳转到上一帧命令：prevFrame()。

格式：prevFrame()。

功能：让播放头跳转到前一帧停止。若当前帧为第 1 帧，则播放头不移动。此命令没有参数。

（6）跳转到下一场景命令：nextScene()。

格式：nextScene()。

功能：让播放头跳转到下一场景的第 1 帧并停止。此命令没有参数。

6.7.3　为按钮添加 ActionScript 3.0 代码

下面添加 ActionScript 3.0 代码，用于侦听每个按钮上的鼠标单击事件。当侦听到鼠标单击事件时，播放头跳转到时间轴上的特定帧并进行播放，以显示不同的内容。

（1）选择"动作"图层的第 1 帧。

（2）打开"动作"面板。

（3）在"动作"面板的"脚本"窗格中，在第 2 行输入以下代码（见图 6.26）：

lt_btn.addEventListener(MouseEvent.CLICK, lt);

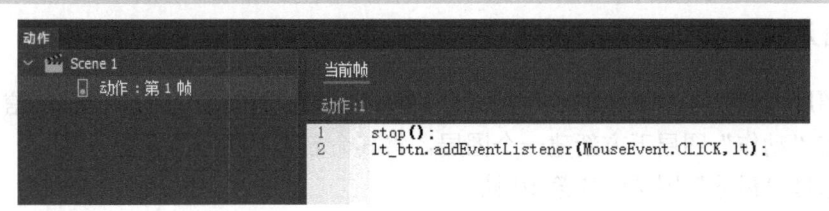

图 6.26

(4) 从下一行开始，输入以下代码（见图6.27）：

```
function lt(event:MouseEvent):void {
    gotoAndStop(10);
}
```

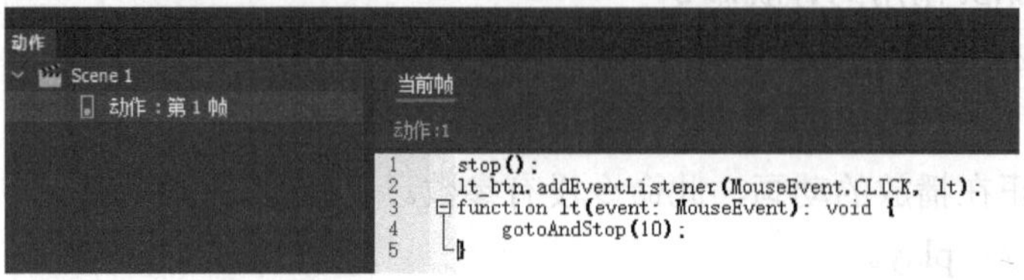

图6.27

为lt的函数添加"转到第10帧并停留在那里的指令"。这时就完成了"lt_btn"按钮的代码的添加。

(5) 在下一行输入余下3个按钮的代码。可以复制并粘贴第2~5行，简单地更改按钮名称、函数名称（有两处）及目标帧。完整的代码如下：

```
sb_btn.addEventListener(MouseEvent.CLICK, sb);
function sb(event:MouseEvent):void {
    gotoAndStop(20);
}
sg_btn.addEventListener(MouseEvent.CLICK, sg);
function sg(event:MouseEvent):void {
    gotoAndStop(30);
}
jjd_btn.addEventListener(MouseEvent.CLICK, jjd);
function jjd(event:MouseEvent):void {
    gotoAndStop(40);
}
```

(6) 单击"动作"面板顶部的"设置代码格式"按钮，Animate CC会格式化代码，使它符合标准的间距和换行规则。

6.8 创建目标关键帧

当用户单击课件中的按钮时，Animate CC将根据ActionScript编程指令把播放头移动到时间轴上指定的位置。下面就来创建目标关键帧，即当用户单击相应按钮时播放头要移动到的位置。

6.8.1 插入具有不同内容的关键帧

在新图层中创建4个关键帧，并在每个关键帧中都放置对应的化学仪器的信息。

(1) 在"动作"图层下方新建一个图层，将其命名为"标签"。

(2) 选择"标签"图层中的第10帧。

(3) 在第10帧处插入一个新的关键帧（选择"插入"→"时间轴"→"关键帧"命令，

或者按 F6 键），如图 6.28 所示。

（4）分别在第 20、第 30、第 40 帧处插入新的关键帧。此时，在"标签"图层中插入了 4 个空白关键帧，如图 6.29 所示。

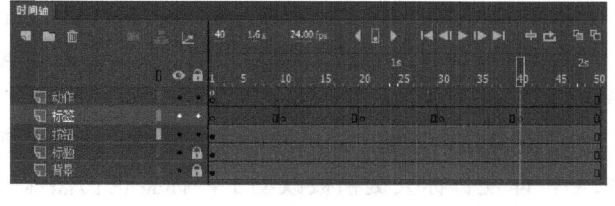

图 6.28　　　　　　　　　　图 6.29

（5）选择第 10 帧处的关键帧［见图 6.30（a）］，在"库"面板中打开"介绍"文件夹，把其中的"量筒"元件拖动到舞台中。这是一个影片剪辑元件，其中包含关于量筒的图形和文本，如图 6.30（b）所示。

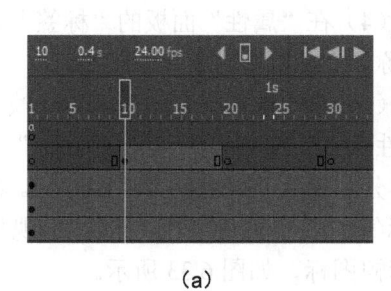

（a）　　　　　　　　　　　　（b）

图 6.30

（6）在"属性"面板中，设置"X"为"60"、"Y"为"60"、元件实例的"名称"为"lt_mc"。

（7）在舞台中居中显示关于量筒的仪器信息，并且遮住所有按钮。

（8）选择第 20 帧处的关键帧，在"库"面板中打开"介绍"文件夹，把其中的"烧杯"元件移动到舞台中。这是另一个影片剪辑元件，其中包含关于烧杯的图形和文本。

（9）在"属性"面板中，设置"X"为"60"、"Y"为"150"、元件实例的"名称"为"sb_mc"。

（10）把"库"面板的"介绍"文件夹中的每个影片剪辑元件都放在"标签"图层中相应的关键帧上，如图 6.31 所示。设置"试管"元件实例的名称为"sg_mc"、"酒精灯"元件实例的名称为"jjd_mc"。每个关键

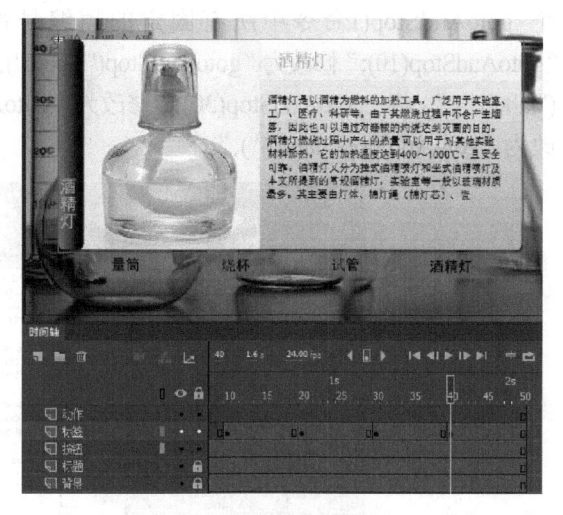

图 6.31

帧都应该包含一个化学仪器的不同影片剪辑元件。

6.8.2 使用关键帧上的标签

当用户单击按钮时，ActionScript 3.0 代码告诉 Animate CC 跳转至不同的帧。但是，如果在当前编辑的时间轴上添加或删除了帧，就需要回到 ActionScript 3.0 代码中修改代码，使帧编号匹配。

为了避免这个问题，简单的方法是使用帧标签代替固定的帧编号。帧标签对关键帧进行了命名，即使目标关键帧被改动了，标签也仍然保持与它们名字对应的关键帧不变。在 ActionScript 3.0 中使用帧标签，必须用引号引出。代码 gotoAndStop("label1")使播放头跳转至标签为"label1"的关键帧。

（1）在"标签"图层中选中第 10 帧。

（2）在"属性"面板的"标签"栏的"名称"文本框中输入"label1"，如图 6.32 所示。

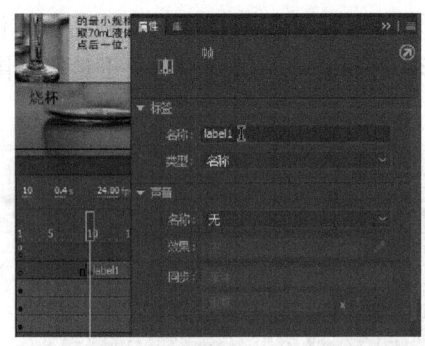

图 6.32

（3）在"标签"图层中选中第 20 帧。

（4）在"属性"面板的"标签"栏的"名称"文本框中输入"label2"。

（5）依次选择第 30 帧和第 40 帧，在"属性"面板的"标签"栏的"名称"文本框中分别输入"label3"和"label4"。在具有标签的每个关键帧上方都会出现极小的旗帜图标，如图 6.33 所示。

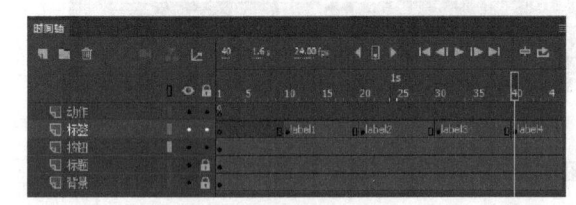

图 6.33

（6）选择"动作"图层的第 1 帧，并打开"动作"面板。

（7）在 ActionScript 3.0 代码中，将每个 gotoAndStop()命令中所有固定的帧编号都修改为对应的帧标签（见图 6.34）：将"gotoAndStop(10);"修改为"gotoAndStop("label1");"，将"gotoAndStop(20);"修改为"gotoAndStop("label2");"，将"gotoAndStop(30);"修改为"gotoAndStop("label3");"，将"gotoAndStop(40);"修改为"gotoAndStop("label4");"。

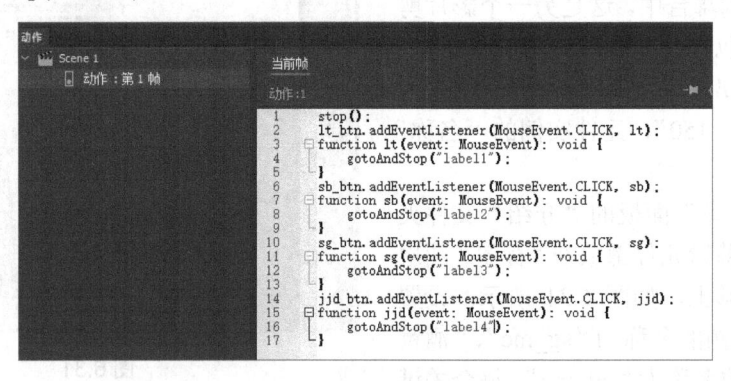

图 6.34

注意：所有的标点符号都是英文符号，必须在英文输入状态下输入。

ActionScript 3.0 代码将把播放头指引至特定的帧标签，而不是特定的帧编号。

6.9 创建返回事件

返回事件使播放头回到时间轴上的第 1 帧，或者向观众提供选择原始设置或主菜单的一个关键帧。下面介绍如何使用"代码片断"面板添加 ActionScript 3.0 代码。

"代码片断"面板提供了一些常用的 ActionScript 3.0 代码，可以给 Animate CC 项目添加简单的交互性效果。如果不确定如何给自己的按钮添加代码，就可以使用"代码片断"面板。"代码片断"面板还可以用于保存、导入及在开发人员团队当中共享代码，从而提高效率。

（1）选择"窗口"→"代码片断"命令，或者在"动作"面板中单击"代码片断"按钮，打开"代码片断"面板。代码片断被组织在描述它们的功能文件夹中，如图 6.35 所示。

（2）选择"标签"图层的第 10 帧，选择舞台中的"lt_mc"元件实例。

（3）在"代码片断"面板中展开"ActionScript\时间轴导航"文件夹，并选择"单击以转到帧并停止"选项，单击"代码片断"面板中的"添加到当前帧"按钮，如图 6.36 所示。

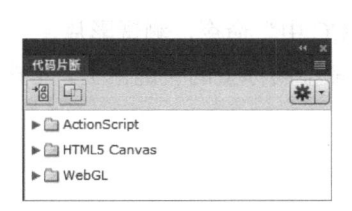

图 6.35 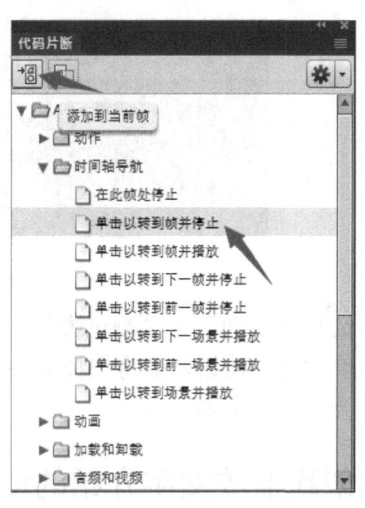　　　　　　　　　　　　　　图 6.36

（4）打开"动作"面板，显示生成的代码。Animate CC 新建了一个"Actions"图层，在其第 10 帧处添加了新代码，如图 6.37 所示。代码中以灰色显示的是注释（在"/*"和"*/"符号之间），描述了代码的工作方式及适用的情况，如图 6.38 所示。

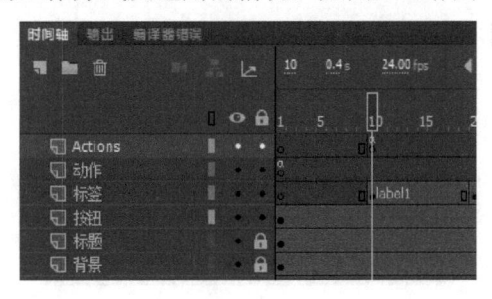

图 6.37

图 6.38

（5）在 fl_ClickToGoToAndStopAtFrame 函数内，利用 gotoAndStop(1)替换 gotoAngStop(5)的动作。当观众单击"lt_mc"元件实例时，希望播放头返回到第 1 帧，因此要替换 gotoAndStop()动作中的参数。

（6）用以上方法分别在"标签"图层的第 20、第 30 和第 40 帧处添加同样的代码片断，设置所有 gotoAndStop()动作中的参数都为 1，即 gotoAndStop(1)。

（7）将新建的"Actions"图层中的第 10、第 20、第 30 和第 40 帧的代码依次复制到"动作"面板的相应帧中，并将"Actions"图层删除，如图 6.39 所示。

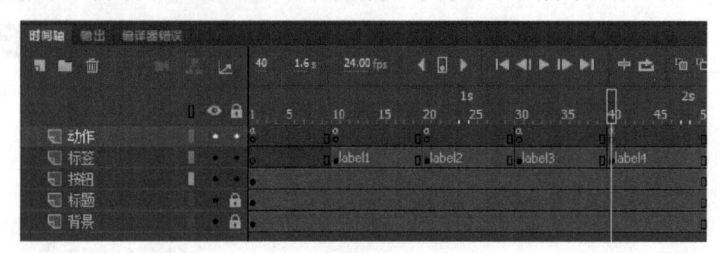

图 6.39

（8）选择"控制"→"测试影片"→"在 Animate CC 中"命令，测试影片。

（9）单击每个按钮，都将把播放头移动到时间轴上带不同标签的关键帧上。单击各个介绍框，都会返回第 1 帧主界面。

6.10 创建播放文字介绍的动画

6.10.1 创建过渡动画

下面创建化学仪器文字介绍动画。这需要 ActionScript 3.0 代码直接跳转至每个关键帧并开始播放动画。

（1）把播放头移动到"label1"帧标签上，如图 6.40 所示。

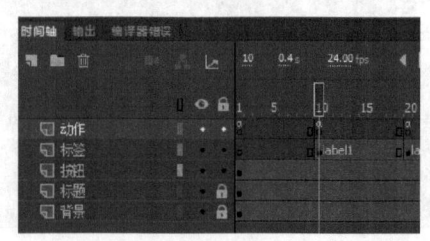

图 6.40

（2）右击舞台中的量筒介绍元件实例，在弹出的快捷菜单中选择"创建补间动画"命令，如图 6.41 所示。

（3）Animate CC 会为元件实例创建单独的补间图层，以便可以继续创建补间动画，重命名补间图层为"lt"，如图 6.42 所示。

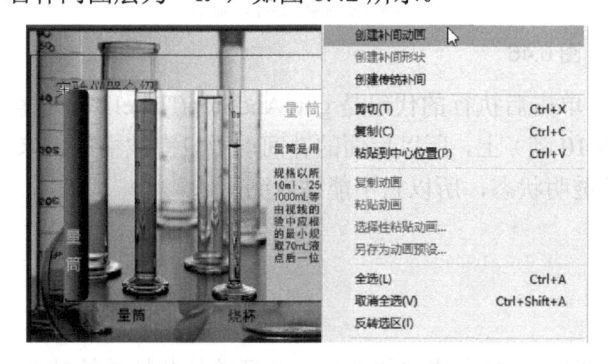

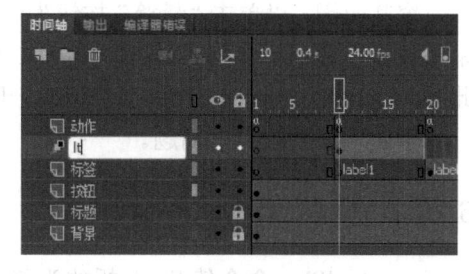

图 6.41

图 6.42

（4）在"属性"面板的"色彩效果"栏中，设置"样式"为"Alpha"、"Alpha"为"0%"（见图 6.43），此时舞台中的元件实例完全透明。

（5）把播放头拖动到补间范围末尾，即第 19 帧，在舞台中选择透明的元件实例，在"属性"面板中将"Alpha"设置为"100%"，如图 6.44 所示。

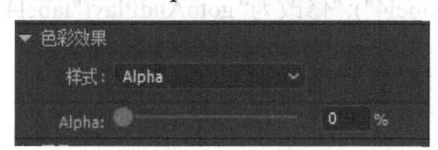

图 6.43

图 6.44

（6）第 10～19 帧补间动画的效果为平滑地淡入，图 6.45 所示的是当播放头位于第 15 帧时的状态。

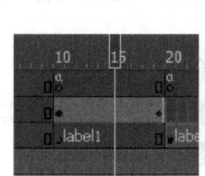

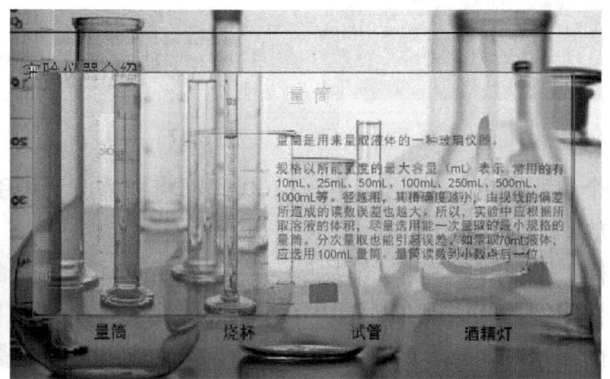

图 6.45

（7）在标记为"label2""label3""label4"的关键帧中为其余的仪器创建补间动画，将生成的补间图层依次命名为"sb""sg""jjd"，如图 6.46 所示。

（8）选择"控制"→"测试影片"→"在 Animate CC 中"命令，测试影片。单击按钮，发现并没有出现介绍元件实例从透明到不透明的呈现方式，反而看不到介绍元件实例了。

| 117

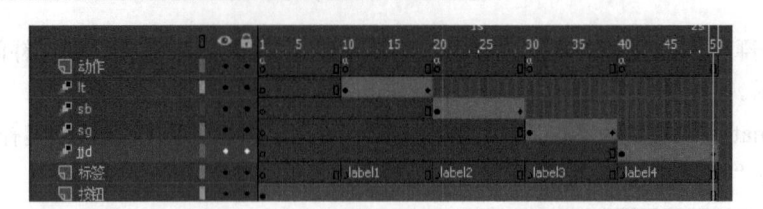

图 6.46

究其原因，以单击"量筒"按钮为例，单击后执行的代码是 gotoAndStop("label1")，也就是播放头停到了标签为"label1"的帧（第 10 帧）上，所以后面的补间动画没有被播放出来。此时，"label1"帧上的介绍元件实例处于透明状态，所以它不能被看到。

下面就来解决这些问题。

6.10.2　使用 gotoAndPlay 命令

gotoAndPlay 命令使 Flash 播放头移动到时间轴上特定的帧处，并开始从此帧播放动画。

（1）选择"动作"图层的第 1 帧，并打开"动作"面板。

（2）在 ActionScript 3.0 代码中，将前 4 个 gotoAndStop()命令都修改为 gotoAndPlay()命令，并保持参数不变（见图 6.47）：将"gotoAndStop("label1");"修改为"gotoAndPlay("label1");"，将"gotoAndStop("label2");"修改为"gotoAndPlay("label2");"，将"gotoAndStop("label3");"修改为"gotoAndPlay("label3");"，将"gotoAndStop("label4");"修改为"gotoAndPlay("label4");"。

图 6.47

对于每个仪器按钮，ActionScript 3.0 代码都将把播放头指引到特定的帧标签，并从此帧位置开始播放动画。

（3）选择"控制"→"测试影片"→"在 Animate CC 中"命令，测试影片。单击按钮后发现介绍元件实例虽然出现在舞台中了，但很快就会自动跳到下一个介绍元件实例，它会一直播放，从而显示时间轴上所有的剩余动画。下面继续解决问题。

6.10.3　停止动画

（1）选择"动作"图层的第 19 帧，它是"标签"图层中"label2"关键帧的前一帧。

（2）右击，在弹出的快捷菜单中选择"插入关键帧"命令。继续右击此帧，在弹出的快捷菜单中选择"动作"命令，然后在打开的"动作"面板中输入"stop();"，如图 6.48 所示。

（3）在第 29、第 39 帧和第 50 帧的代码中分别重复上面的操作步骤，输入"stop();"（见图 6.49）。

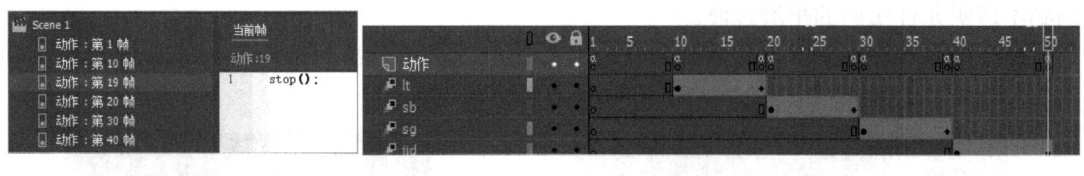

图 6.48

图 6.49

（4）选择"控制"→测试影片→"在 Animate CC 中"命令，测试影片。单击每个按钮都会跳转到不同的关键帧，并且播放简短的淡入动画，当播放到动画末尾时影片停止，并且可单击介绍元件实例返回。

6.11 动画式按钮

动画式按钮用于显示"弹起""指针经过""按下"关键帧上的动画。目前，当将鼠标指针放在化学仪器的按钮上时，灰色的信息框会出现。如果灰色的信息框中显示动画效果，就会给用户带来更多趣味和复杂的交互。

创建一个动画式按钮的关键是先在一个影片剪辑元件中创建动画，然后将影片剪辑元件置于按钮元件的"弹起""指针经过""按下"关键帧内。当显示其中一个关键帧时，会播放动画。

6.11.1 在影片剪辑元件中创建动画

实验仪器介绍的按钮元件的"指针经过"帧中已经包含一个灰色信息框的影片剪辑元件。下面编辑每一个影片剪辑元件，为其添加动画。

（1）在"库"面板中展开"获取更多框\基础元件"文件夹。双击"量筒 1"影片剪辑元件图标，进入元件编辑界面，如图 6.50 所示。

（2）全选舞台中的元素，右击，在弹出的快捷菜单中选择"创建补间动画"命令，在弹出的对话框中单击"确定"按钮，将所选内容转换为元件。Animate CC 会创建一个补间图层，如图 6.51 所示。

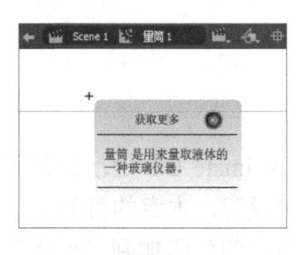

图 6.50

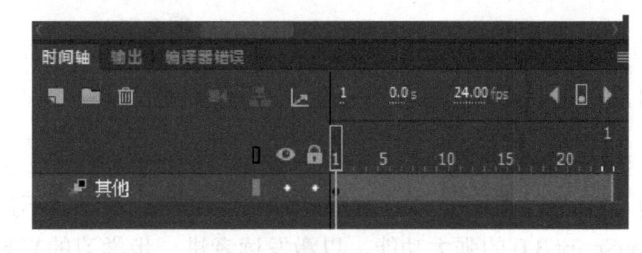

图 6.51

（3）拖动补间范围的末尾，使得时间轴上只有 10 帧，如图 6.52 所示。

（4）将播放头移动至第 1 帧处，并选择舞台中的元件实例，在"属性"面板的"色彩效果"栏中，设置"样式"为"Alpha"，并设置"Alpha"为"0%"，舞台中的元件实例将完全透明。

（5）把播放头拖动到补间范围末尾，即第 10 帧处，在舞台中选择透明的元件实例，在"属性"面板中将"Alpha"设置为"100%"，Animate CC 将在第 1～10 帧创建从透明元件实例到不透明元件实例的平滑过渡。

（6）新建一个图层，将其命名为"动作"。在"动作"图层的最后一帧（第 10 帧）处插入新关键帧，如图 6.53 所示。

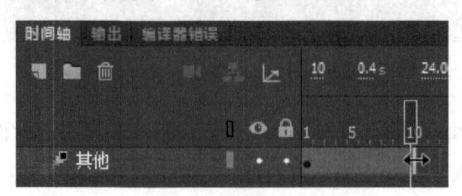

图 6.52

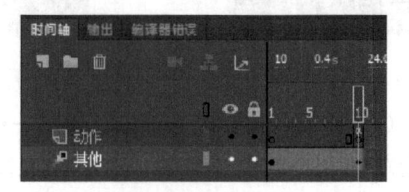

图 6.53

（7）打开"动作"面板，并在"脚本"窗格中输入代码"stop();"。在最后一帧中添加停止动作可以确保淡入效果只播放一次。

（8）单击舞台中的"场景 1"按钮，退出元件编辑界面。

（9）用同样的方法编辑"库"面板的"获取更多框\基础元件"文件夹中的"试管 1""烧杯 1""酒精灯 1"影片剪辑元件。

（10）选择"控制"→"测试影片"→"在 Animate CC 中"命令，测试影片。

（11）当鼠标指针悬停在按钮元件实例上时，灰色信息框将淡入，影片剪辑元件内的补间动画将播放淡入效果，如图 6.54 所示。

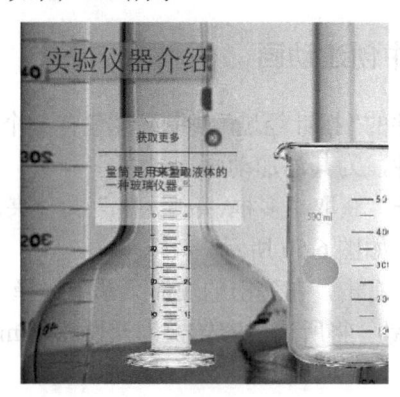

图 6.54

6.11.2　用代码为仪器按钮元件创建动画

当鼠标指针经过仪器按钮时，仪器按钮会弹起放大，这是用 Animate CC 的动画代码生成的（Tween 类），读者不需要理解它的原理，本章也不进行详细说明，本章的目的是展示 ActionScript 3.0 的强大功能，以激发读者进一步学习的兴趣。把下面的代码加到"动作"面板的最前面即可。代码可从"范例文件\Lesson06\06Start\动画特效代码.txt"中复制。

```
import fl.transitions.Tween;
import fl.transitions.easing.*;
import flash.display.MovieClip; import flash.events.MouseEvent;
sg_btn.addEventListener(MouseEvent.ROLL_OUT, onsg_btn);
```

```
function onsg_btn(e:MouseEvent):void{
    var growX:Tween = new Tween(sg_btn,"scaleX",Elastic.easeOut,.1,1,3,true);
    var growY:Tween = new Tween(sg_btn,"scaleY",Elastic.easeOut,.1,1,3,true);
}
jjd_btn.addEventListener(MouseEvent.ROLL_OUT, onjjd_btn);
function onjjd_btn(e:MouseEvent):void{
    var growX:Tween = new Tween(jjd_btn,"scaleX",Elastic.easeOut,.1,1,3,true);
    var growY:Tween = new Tween(jjd_btn,"scaleY",Elastic.easeOut,.1,1,3,true);
}
lt_btn.addEventListener(MouseEvent.ROLL_OUT, onlt_btn);
function onlt_btn(e:MouseEvent):void{
    var growX:Tween = new Tween(lt_btn,"scaleX",Elastic.easeOut,.1,1,3,true);
    var growY:Tween = new Tween(lt_btn,"scaleY",Elastic.easeOut,.1,1,3,true);
}
sb_btn.addEventListener(MouseEvent.ROLL_OUT, onsb_btn);
 function onsb_btn(e:MouseEvent):void{
    var growX:Tween = new Tween(sb_btn,"scaleX",Elastic.easeOut,.1,1,3,true);
    var growY:Tween = new Tween(sb_btn,"scaleY",Elastic.easeOut,.1,1,3,true);
}
```

课后习题

一、模拟练习

浏览"模拟练习\Lesson06\作品\Lesson06.swf"文件，仿照"Lesson06.swf"文件，制作一个类似的课件。课件资料已提供，保存在"模拟练习\ Lesson06\作品素材"文件夹中。

二、自主创意

自主设计一个 Animate CC 课件，应用本章所学的创建按钮元件、为按钮元件添加声音、复制按钮元件、交换元件、为按钮元件实例命名、编写 ActionScript 3.0 代码、创建动画式按钮等知识。你也可以把自己完成的作品上传到课程网站，与大家进行交流。

三、理论题

1．事件与侦听的含义是什么？
2．function 是什么？
3．怎么创建动画式按钮？

理论题答案

1．事件可以由用户发出，如鼠标单击、鼠标指针经过及按键盘上的按键，也可以在程序执行过程中在满足某种条件后由程序自动发出，并会发生响应。侦听则是一个函数，用于执行所响应的特定程序。

2．function 是函数的意思。在 Animate CC 中，可以创建一个代码块，当需要的时候直接调用它的名字，而不必每次都重新写一遍。这就是自定义函数。

3．创建按钮元件，在按钮元件不同的关键帧中加入不同的元素。

第 7 章

Animate CC HTML5 Canvas 课件

本章视频学习资源

📝 **本章学习内容**

（1）Animate Canvas 简介。
（2）IIS 环境搭建。
（3）"动作"面板的"使用向导添加"按钮的使用。
（4）"组件"面板的 Animate Canvas 组件的使用。
（5）鼠标指针悬停、鼠标指针移出、鼠标单击事件的设置。
（6）将动画发布到 HTML5。
（7）JavaScript 代码片断。

📝 **本章课件案例介绍**

本章课件案例是一个 HTML5 网页设计课件案例（见图 7.1）。通过学习本章，读者要掌握 Animate CC 的 HTML5 网页设计功能，其中包括 HTML5 Canvas 文件的创建、编辑、发布，HTML5 Canvas "代码片断"面板的使用，HTML5 组件的应用等。

图 7.1

7.1　Animate Canvas 简介

7.1.1　HTML5 Canvas

Canvas 是 HTML5 新增的组件，就像一块幕布，用户可以用 JavaScript 在上面绘制各种图表、动画等。画布是一个矩形区域，可以控制其每一像素。Canvas 拥有多种绘制路径、矩形、圆形、字符及添加图像的方法。例如，有下面一段代码：

```html
<html>
    <head>
        <meta charset="UTF-8">
        <title></title>
    </head>
    <body>
        <canvas id = "can" width="800" height="600"></canvas>
    </body>
    <script>
        var can = document.getElementById("can");
        ......
    </script>
</html>
```

在上述代码中，<canvas>标签中的 id="can"调用了<script>标签中的 can，这段代码随机产生数量不等的泡泡。用浏览器运行"范例文件\Lesson07\07Complete\Canvas.html"文件（见图 7.2），这个文件包含上述代码。

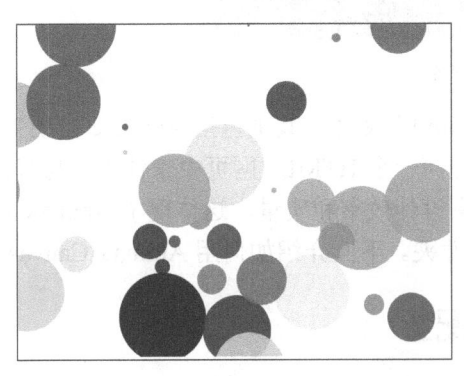

图 7.2

7.1.2　Animate Canvas

在 Canvas 还没有出现时，在浏览器中绘图只能借助 Flash 插件来实现，页面不得不用 JavaScript 和 Flash 进行交互。有了 Canvas，我们就可以直接使用 JavaScript 完成绘图。但 Adobe 公司的 Flash 也在不断改进，在开发出 Flash CC 和 Animate 版本后，软件添加了创建 HTML5 Canvas 文件的功能，不用使用 JavaScript 编程，使用软件的动画创作功能也能在网页上绘制各种各样绚丽的动画。

在 Animate CC 中选择"文件"→"从模板新建"命令，进入如图 7.3 所示的界面。

图 7.3

在左侧选择"HTML5 Canvas"选项，在右侧选择"动画示例"选项，单击"确定"按钮，就创建了一个 HTML5 Canvas 文件。在桌面上创建"MyCanvas"文件夹，选择"文件"→"发布设置"命令，在进入的界面中设置发布路径为"C:/Users/Administrator/Desktop/MyCanvas"、文件名为"index"，如图 7.4 所示。

在刚才的界面中单击"发布"→"确定"按钮，打开"MyCanvas"文件夹。"MyCanvas"文件夹中有"index.html"和"index.js"两个文件，如图 7.5 所示。

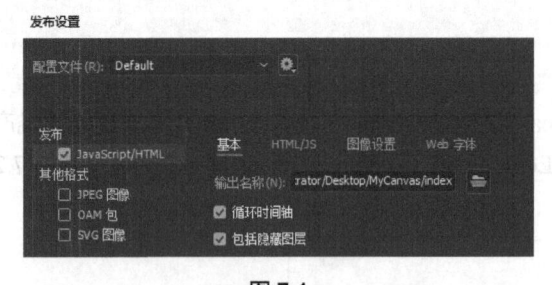

图 7.4 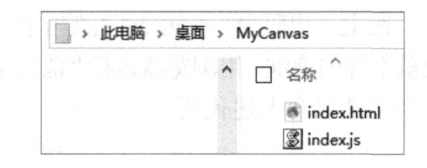　　　　　　　　　　　图 7.5

用记事本打开"index.html"文件，其中包括 Animate 自动生成的 Canvas 动画代码。我们可以把这个代码移植到任何一个 HTML5 网页中来使用，与直接用 JavaScript 书写 Canvas 代码相比，可以极大地提高设计效率和质量，这体现了 Animate Canvas 的巨大作用。

删除"MyCanvas"文件夹。下面介绍如何用 Animate Canvas 设计一个完整的静态网页。

7.2　网站设计环境配置

若使用浏览器直接打开本地网页文件进行浏览，则一些交互功能会失效，所以建立一个模拟 Internet 网络环境浏览本地网页是非常必要的。下面以 Windows 10 操作系统为例进行配置。

7.2.1　安装 IIS

IIS 是 Internet Information Server 的缩写，在 Windows 10 操作系统中，默认是不启用 IIS 的，因此我们需要手动开启 IIS。

（1）在"开始"菜单上右击，在弹出的快捷菜单中选择"搜索"命令，如图 7.6 所示。

（2）在进入的界面中输入"控制面板"，如图 7.7 所示。

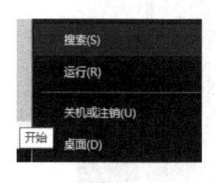

第 7 章　Animate CC HTML5 Canvas 课件

图 7.6 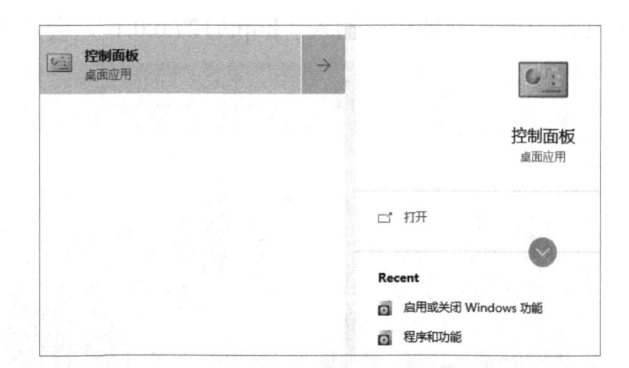　　　　　　　　　　　　　图 7.7

（3）选择"启用或关闭 Windows 功能"选项，在打开的窗口中选择"Internet Information Services"选项，单击"确定"按钮，如图 7.8 所示。

（4）在桌面上的"我的电脑"图标上右击，在弹出的快捷菜单中选择"管理"命令，如图 7.9 所示。

图 7.8 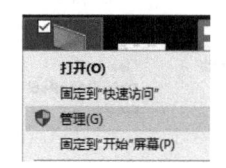　　　　　　　　　　　　　图 7.9

（5）在进入的界面中选择"Internet Information Services(IIS)管理器"选项，在界面右侧可以看到"启动"命令为灰色不可用状态（见图 7.10），说明网站已经启动了。

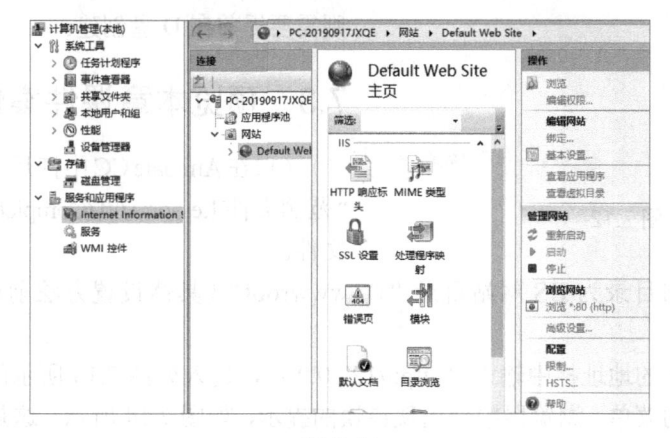

图 7.10

（6）在浏览器的地址栏中输入"http://127.0.0.1"，会进入如图7.11所示的界面。

图 7.11

图 7.12

7.2.2 改变 IIS 网站目录

IIS 的默认网站文件物理路径是 C:\inetpub\wwwroot，由于是系统盘，当向该目录添加文件时会被系统拒绝。用 Animate 设计的 Canvas 文件模拟网络环境运行，需要把文件发布到 IIS 网站目录，所以需要把 IIS 网站目录放到其他位置。

在如图 7.10 所示的界面中，选择"高级设置"选项，弹出"高级设置"对话框，把"物理路径"改为"D:\wwwroot"，单击"确定"按钮，如图 7.12 所示。若 D 盘中没有 wwwroot 目录，则需要提前在 D 盘创建。

7.3 预览本章课件案例

（1）在 Animate CC 中打开已制作完成的课件："范例文件\Lesson07\07Complete\07Complete.fla"文件。

（2）设置发布目录为 IIS 网站目录"D:\wwwroot"（具体设置方法前面已叙述过），发布项目。

（3）在浏览器的地址栏中输入"http://127.0.0.1"，进入如图 7.13 所示的界面。

单击网页上的菜单，浏览器中会出现错误的提示，如图 7.14 所示。这是因为链接的网站文件还没有被放到网站中，本章后面会讲到。

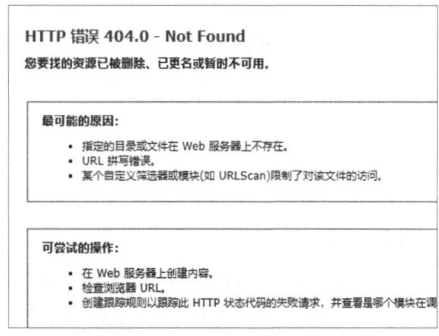

图 7.13

图 7.14

7.4 用"动作"面板的"使用向导添加"按钮为"导航菜单"设置导航

在 Animate CC 中打开"范例文件\Lesson07\07Start\07Start.fla"文件，把文件另存为"07Startdemo.fla"，以备原始文件后期继续使用。在打开的文件左上方看到，该文件的类型为 Canvas，如图 7.15 所示。

选择"修改"→"文档"命令，弹出"文档设置"对话框，可以看到文档的尺寸为 1280 像素×2500 像素，文档的背景为浅灰色，如图 7.16 所示。

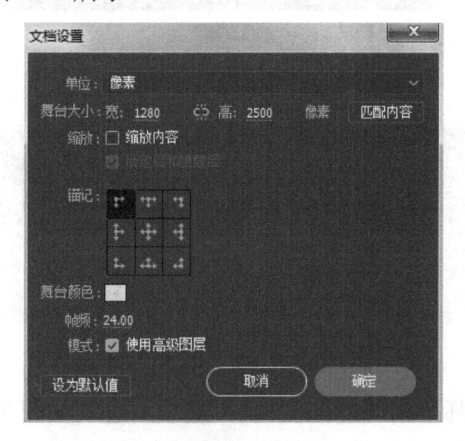

图 7.15

图 7.16

本课件由 4 个元件组成，网页最上部是"导航菜单"元件，"导航菜单"元件下面是"上部区域"元件，网页中部是"中部区域"元件，网页底部是"底部区域"元件，这几个元件又分别包含一些元件。本课件中的元件大部分已经制作好，制作这些元件的技术前面的章节已经介绍过了，本章主要对和 Canvas 相关的内容进行介绍。

双击"库"面板中的"导航菜单"元件，进入元件编辑界面，如图 7.17 所示。在"属性"面板中，把"首页""景点""目的地""攻略""美食""国内游""游记""联系我们"8 个按钮元件的实例分别命名为"sy""jd""mdd""gl""ms""gny""yj""lxwm"。之后，我们就可以为这些按钮添加代码了。

在"时间轴"面板中新建一个图层，将其命名为"AS"，如图 7.18 所示。

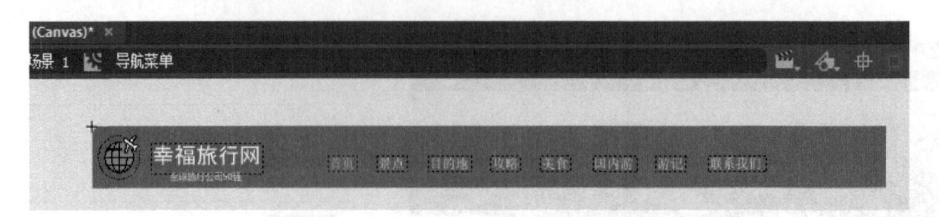

图 7.17

选择"AS"图层的第 1 帧，按 F9 键打开"动作"面板，单击"使用向导添加"按钮，如图 7.19 所示。

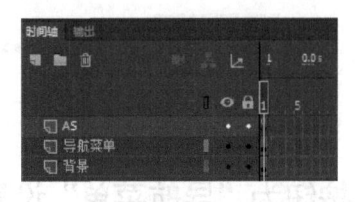

图 7.18 　　　　　　　　　图 7.19

在进入的界面中选择"Go to Wen Page"选项，进入如图 7.20 所示的界面。window.open 是 JavaScript 语言中打开网页的命令，http://www.phei.com.cn 是要打开的网页，_blank 是在一个新浏览器窗口中打开网页。

单击"下一步"按钮，进入如图 7.21 所示的界面。

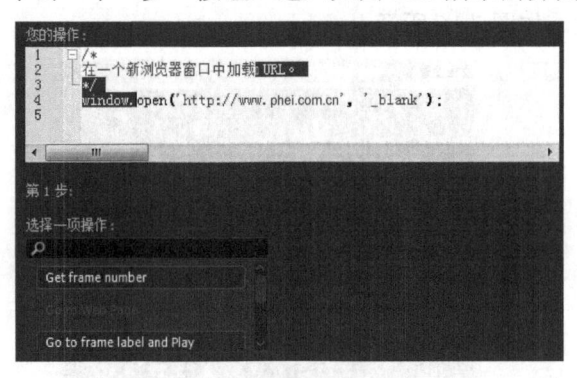

图 7.20 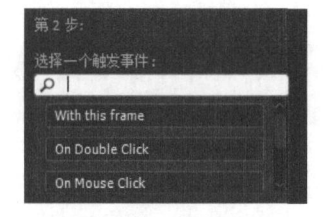　　　　　　　　　图 7.21

选择"On Mouse Click"选项，进入如图 7.22 所示的界面。

选择"jd"选项，单击"完成并添加"按钮，就在"动作"面板中添加了如图 7.23 所示的代码。

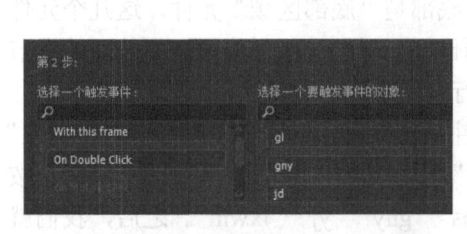

图 7.22 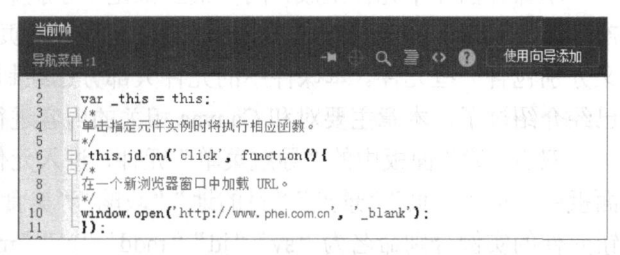　　　　　　　　　图 7.23

该段代码的功能：在单击"景点"按钮后，在一个新浏览器窗口中打开 http://www.phei.

com.cn 网页。

7.5 绝对地址和相对地址

HTML 相对路径是指同一个目录的文件引用，HTML 绝对路径是指带域名的文件的完整路径，如 http://www.phei.com.cn。下面对相对路径的写法进行总结。

1．源文件和引用文件在同一目录

在 info.html 中要引用 index.html 文件作为超链接，假设 info.html 路径是 C:/Inetpub/wwwroot/sites/blabla/info.html，index.html 路径是 C:/Inetpub/wwwroot/sites/blabla/index.html，在 info.html 中加入 index.html，路径直接写引用文件名 index.htm 即可，因为源文件和引用文件在同一个目录中。

2．引用文件在上级目录

../表示源文件所在目录的上一级目录，../../表示源文件所在目录的上上级目录，以此类推。假设 info.html 路径是 C:/Inetpub/wwwroot/sites/blabla/info.html，index.html 路径是 C:/Inetpub/wwwroot/sites/index.html。在 info.html 中加入 index.html 路径应该这样写：../index.html。

假设 info.html 路径是 C:/Inetpub/wwwroot/sites/blabla/info.html，index.html 路径是 C:/Inetpub/wwwroot/index.html，在 info.html 中加入 index.html 路径应该这样写：../../index.html。

假设 info.html 路径是 C:/Inetpub/wwwroot/sites/blabla/info.html，index.html 路径是 C:/Inetpub/wwwroot/sites/wowstory/index.html，在 info.html 中加入 index.html 路径应该这样写：../wowstory/index.html。

3．引用文件在下级目录

引用下级目录的文件，直接写下级目录文件的路径即可。假设 info.html 路径是 C:/Inetpub/wwwroot/sites/blabla/info.html，index.html 路径是 C:/Inetpub/wwwroot/sites/blabla/html/index.html，在 info.html 中加入 index.html 路径应该这样写：html/index.html。

假设 info.html 路径是 C:/Inetpub/wwwroot/sites/blabla/info.html，index.html 路径是 C:/Inetpub/wwwroot/sites/blabla/html/tutorials/index.html，在 info.html 中加入 index.html 路径应该这样写：html/tutorials/index.html。

下面为"目的地"按钮加入一个相对地址链接，即打开本地网站目录中的网页。首先把"范例文件\Lesson07\07Complete\网页发布文档\mdd"文件夹复制到网站发布目录（如 D:\wwwroot 目录，根据读者自己的设置而定），"mdd"文件夹包含一个 index.html 文件。使用"动作"面板的"使用向导添加"按钮为"目的地"按钮设置导航地址，并把默认的 http://www.phei.com.cn 地址改为 mdd\index.html。代码如图 7.24 所示。

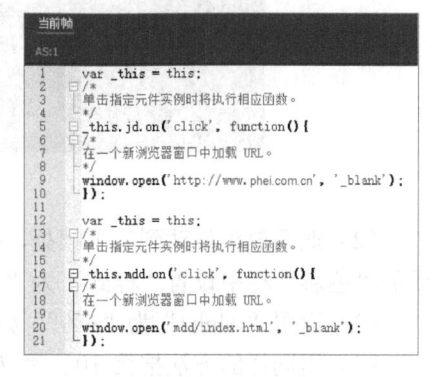

图 7.24

注意：在 Animate 的时间轴上，网页导航代码要放在单帧的结构中，如图 7.25（a）所示，而不能设计成如图 7.25（b）所示的结构，否则单击导航按钮后会重复打开很多该导航的网页。若如图 7.25（a）

所示的结构代码中包含网页导航,则应在"发布设置"对话框中取消勾选"循环时间轴"复选框,否则,在运行中每循环一遍就会打开一次导航的网页。

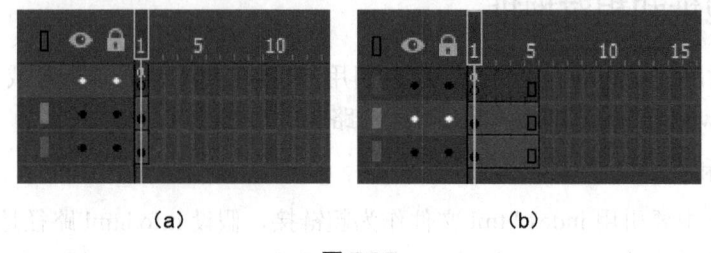

(a) (b)

图 7.25

7.6 制作"上部区域"元件

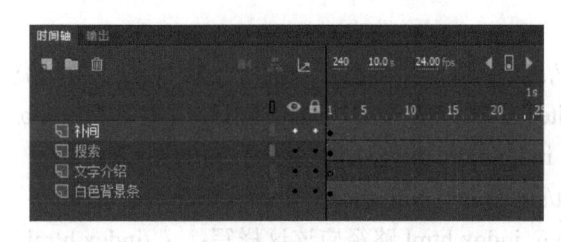

图 7.26

双击"库"面板中的"上部区域"元件,进入元件编辑界面。把播放头移动到最后一帧可以看到,该元件共有 240 帧,帧速率是每秒 24 帧,播放总时间是 10 秒。该元件的"补间"图层中有一个轮播图片动画;"搜索"图层中有一个文本框和一个放大镜形状的按钮;"文字介绍"图层中有 3 个按钮;"白色背景条"图层中有一个白色矩形,为"文字介绍"图层的按钮提供背景,如图 7.26 所示。

7.6.1 在"补间"图层中制作图片过渡效果

"补间"图层有 3 个关键帧,分别为第 1、第 80 和第 160 帧,每个关键帧中都有一张图片。下面使用传统补间为每张图片都添加淡入和淡出的效果。

注意:在 Animate Canvas 中创建补间动画时要尽量使用传统补间,因为在发布时 Animate Canvas 的补间动画都是要转换为逐帧动画的。

(1) 在"补间"图层的第 10、第 70 和第 79 帧处分别插入关键帧,如图 7.27 所示。

图 7.27

(2) 把播放头移动到第 1 帧处,打开"属性"面板,选择舞台中的图片,在"属性"面板的"色彩"栏中设置"样式"为"Alpha",如图 7.28 所示。

(3) 设置"Alpha"为"6%",如图 7.29 所示。

(4) 用同样的方法把第 10、第 70 帧中的图片的"Alpha"设置为"100%",把第 79 帧中的图片的"Alpha"设置为"6%"。在第 1~10 帧的任意一帧上右击,在弹出的快捷菜单中选择"创建传统补间"命令,如图 7.30 所示。

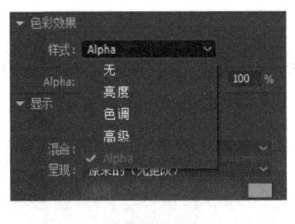

图 7.28 　　　　　　　　　图 7.29 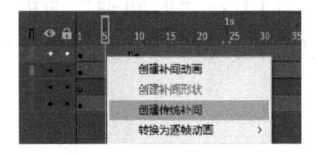　　　　　　　　　图 7.30

在第 70～79 帧的任意一帧上右击，在弹出的快捷菜单中选择"创建传统补间"命令，这样就在图片的开头和结尾处添加了淡入和淡出的过渡效果，如图 7.31 所示。

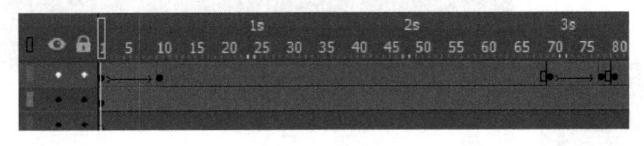

图 7.31

（5）为了使补间动画更平滑，我们可以设置补间的缓动效果。例如，在时间轴上选择第 1～10 帧的补间区域，在"属性"面板的"补间"栏中单击铅笔图标，可自定义缓动设置；单击"缓动"下拉按钮，可以在弹出的下拉列表中选择设置好的缓动类型，如图 7.32 所示。这里选择"Ease In Out"的"Sine"类型，在选择好后按 Enter 键进行应用。

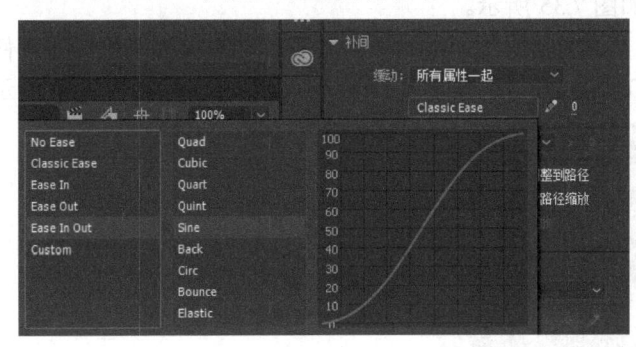

图 7.32

（6）这样，一张图片的淡入和淡出效果就制作好了。用同样的方法制作另外两张图片的淡入和淡出效果。

7.6.2　使用"组件"面板添加搜索框

我们经常在网页上看到搜索框的设计，即设计一个文本框用于输入搜索内容，设计一个按钮用于开始搜索。下面也来设计一个搜索框。

选择"文本工具"，在"属性"面板中看到，一共有两种类型的文本：静态文本和动态文本，如图 7.33 所示。

那么，用于输入搜索内容的文本框到底用哪种类型的文本呢？答案是两种都不能用，因为这两种类型的文本在运行时都不能输入任何文字。在创建其他类型的 Animate 文件时，文本的类型除了静态文本和动态文本，还有输入文本，显然 Animate Canvas 没有输入文本这种类型。那么，是不是 Animate Canvas 就不能有输入文字的功能了？答案是否定的，我们可以使用"组件"面板来添加搜索框。

（1）在"时间轴"面板中锁定除"搜索"图层外的其他图层，在选择"搜索"图层后，我们会发现舞台中的"放大镜"按钮元件实例被选中了，如图 7.34 所示。

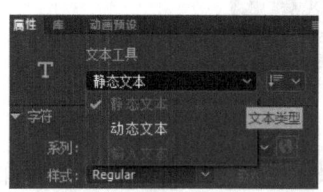

图 7.33 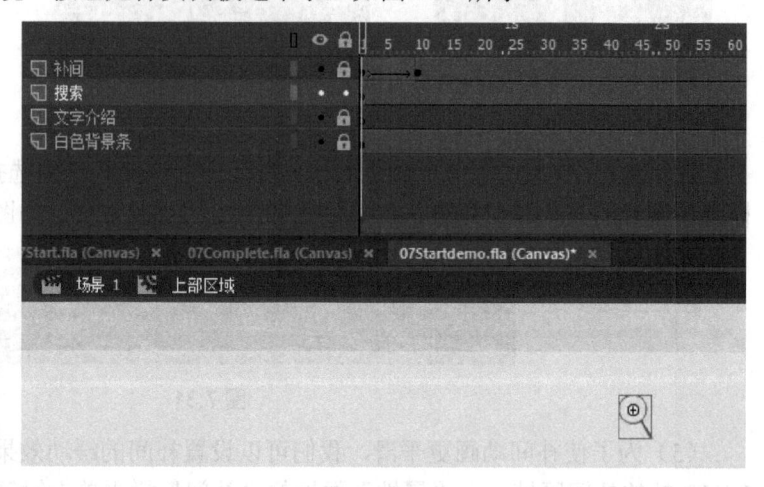　　　　　　　　　　　　　　图 7.34

（2）把文本输入部件放到"放大镜"按钮元件实例前，选择"窗口"→"组件"命令打开"组件"面板，如图 7.35 所示。

（3）把"组件"面板中的"TextInput"组件拖动到"放大镜"按钮元件实例前，使用"任意变形工具"把"TextInput"组件的尺寸调整到合适大小，如图 7.36 所示。

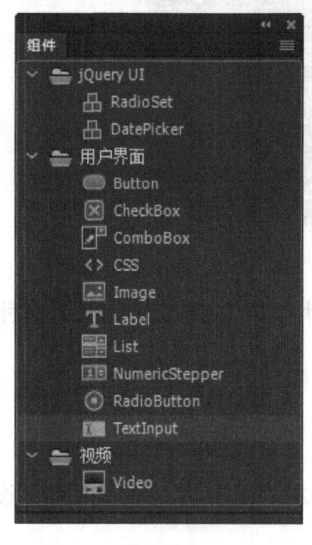

图 7.35 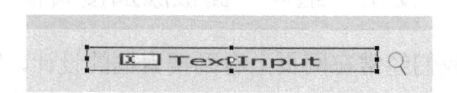　　　　　　　　　　　　　　图 7.36

7.6.3　添加文字按钮

在"时间轴"面板中锁定除"文字介绍"图层外的其他图层，选择"文字介绍"图层的第 1 帧，把"库"面板中的"介绍 1""介绍 2""介绍 3"元件拖动到舞台中的适当位置，如图 7.37 所示。

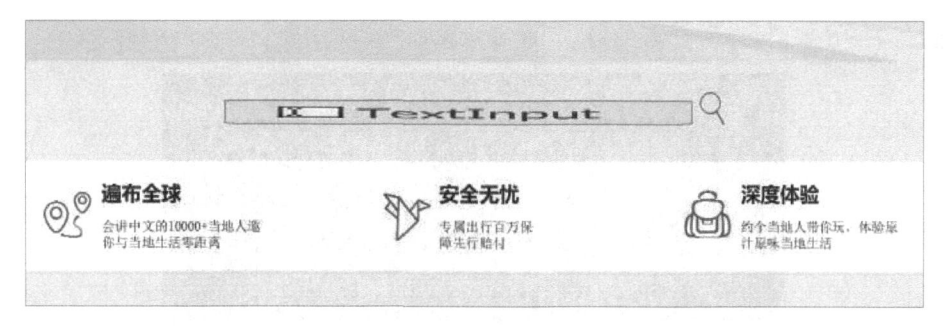

图 7.37

至此,"上部区域"元件就制作完成了。

7.7 制作"中部区域"元件中的"戈壁风景"影片剪辑元件

在"库"面板中双击"中部区域"元件,进入如图 7.38 所示的界面。

图 7.38

该元件上是整齐排列的风景图片。当将鼠标指针放在图片上时,图片会由远及近放大并变得更加清晰;当鼠标指针离开图片时,图片又会慢慢缩小并还原;当单击图片时,会导航到图片代表的风景区网页。

从图 7.38 中可以看到,在中间左部有一片空白区域,这个区域也是一张图片,是一个用作按钮的影片剪辑元件。下面来制作这个影片剪辑元件。学会制作这个影片剪辑元件,就掌握了"中部区域"元件中其他影片剪辑元件的制作技术。

(1)双击"海南"图片,进入元件编辑界面,图 7.39 所示的是"海南"影片剪辑元件的时间轴。

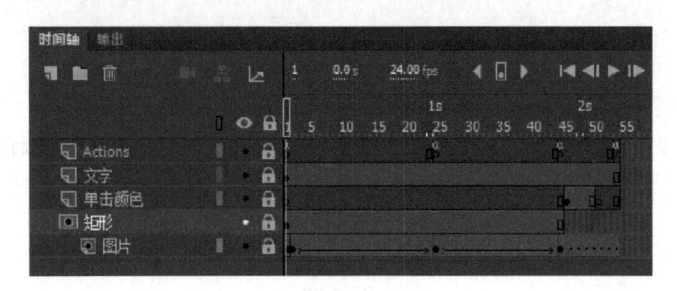

图 7.39

（2）下面按照如图 7.39 所示的结构，设计一个名称为"戈壁风景"的影片剪辑元件。选择"插入"→"新建元件"命令，在弹出的"创建新元件"对话框中，设置元件的"名称"为"戈壁风景"、"类型"为"影片剪辑"，单击"确定"按钮，如图 7.40 所示。

（3）在"戈壁风景"影片剪辑元件编辑界面的时间轴上，把图层 1 命名为"Actions"，在第 54 帧处插入帧，在第 1、第 25、第 45 和第 54 帧处分别插入关键帧，在每个关键帧中都输入代码"this.stop();"，当播放头移动到该帧时会停止播放动画。输入代码的方法是，在要输入代码的关键帧上右击，在弹出的快捷菜单中选择"动作"命令，在打开的"动作"面板中输入"this.stop();"，如图 7.41 所示。

图 7.40

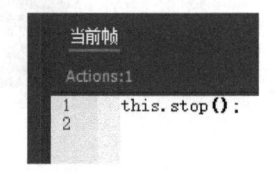

图 7.41

在"Actions"图层下方新建一个图层，将其命名为"文字"。在舞台中用"文本工具"输入"甘肃"二字，文字的"位置和大小"及"字符"属性如图 7.42 所示。

图 7.42

（4）在"文字"图层下方新建一个图层，将其命名为"单击颜色"（单击时显示的颜色）。在该图层的第 46 帧和第 51 帧处插入关键帧，在第 46 帧处用"矩形工具"画一个矩形［见图 7.43（a）］，矩形的"位置和大小"及"填充和笔触"属性如图 7.43（b）所示（设置该矩形的笔触为无、填充颜色为"#FF3399"、"Alpha"为"30%"。

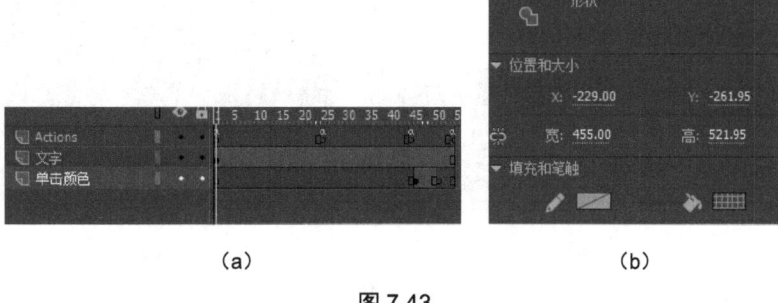

第 7 章 Animate CC HTML5 Canvas 课件

(a)　　　　　　　　　　　(b)

图 7.43

（5）在"单击颜色"图层下方新建两个图层并将其分别命名为"矩形"和"图片"，删除"矩形"图层第 46 帧后的所有帧，把"单击颜色"图层第 46 帧中的矩形复制到"矩形"图层的第 1 帧，矩形的"位置和大小"及"填充和笔触"属性如图 7.43（b）所示。

（6）把"库"面板中的"戈壁风景.jpg"图片拖动到"图片"图层的第 1 帧，图片的位置和大小与"矩形"图层矩形的位置和大小相同，之后在第 45 帧处插入关键帧，如图 7.44 所示。

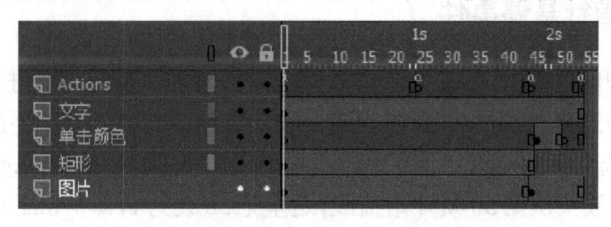

图 7.44

（7）在"矩形"图层上右击，在弹出的快捷菜单中选择"遮罩层"命令。选择"图片"图层第 1 帧中的图片，在"属性"面板中设置图片的"Alpha"为"80%"。在"图片"图层的第 1~45 帧的任意一帧上右击，在弹出的快捷菜单中选择"创建传统补间"命令，在弹出的"将所选的内容转换为元件以进行补间"对话框中单击"确定"按钮，此时时间轴的效果如图 7.45 所示。

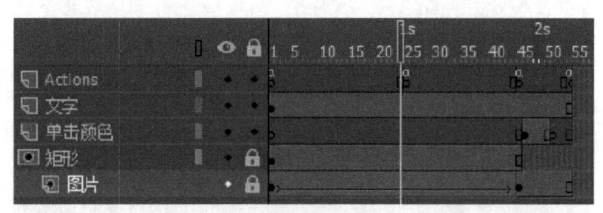

图 7.45

（8）在"图片"图层的第 25 帧处插入关键帧，如图 7.46（a）所示。在"属性"面板中设置第 25 帧的图片的"Alpha"为"100%"，"位置和大小"属性如图 7.46（b）所示，也就是说，在这一帧放大了图片。

至此，"戈壁风景"影片剪辑元件制作完毕。其中，第 1~25 帧为鼠标指针悬停时的效果，第 26~45 帧为鼠标指针移出后的效果，第 46~49 帧为单击的效果。如何在鼠标事件中控制这些帧的播放呢？我们可以通过添加代码来实现。

在"库"面板中把"戈壁风景"影片剪辑元件拖动到"中部区域"元件的中部左侧，调整好位置，使其上下左右都对齐。

(a)   (b)

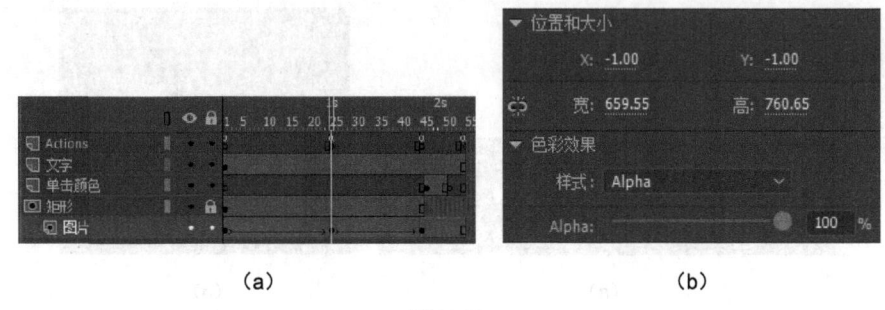

图 7.46

7.8 使用代码实现鼠标事件效果

把"中部区域"元件中的 7 个影片剪辑元件的实例依次命名为"bt0""bt1""bt2""bt3""bt4""bt5""bt6"。

7.8.1 设置鼠标指针悬停事件

（1）按 F9 键打开"动作"面板，单击"使用向导添加"按钮，在进入的界面中的"选择一项操作"列表框中选择"Go to frame number and Play"选项，在"要应用操作的对象"列表框中选择"bt0"选项，此时在"您的操作"文本框中出现"_this.bt0.gotoAndPlay(50);"代码，意思是"bt0"的播放头从第 50 帧开始播放，这里把 50 改为 1，即"_this.bt0.gotoAndPlay(1);"，如图 7.47 所示。

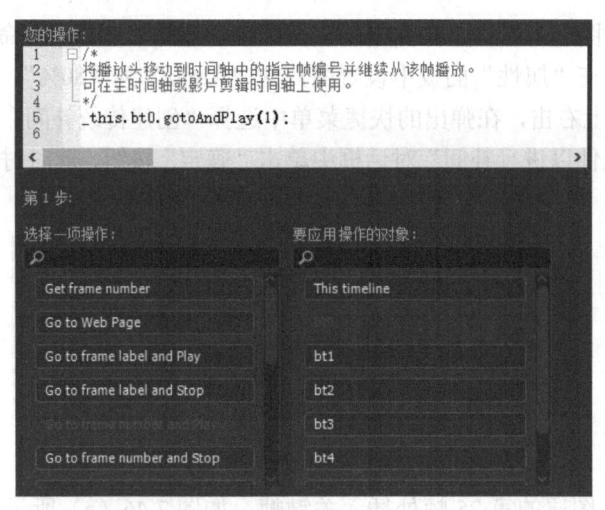

图 7.47

（2）不同于 ActionScript 3.0 文件的帧编号从 1 开始，Animate Canvas 时间轴上的帧是从 0 开始的。这里的"_this.bt0.gotoAndPlay(1);"代码实际上是从时间轴上的第 2 帧开始播放的，因为第 1 帧中有"this.stop();"代码，如果从第 1 帧播放，就会使播放头停留在第 1 帧不动，而从第 2 帧播放会使播放头从第 2 帧播放到第 25 帧停止，因为第 25 帧中也有"this.stop();"代码，从而停止了播放头移动，这一段刚好是图片放大的过程。为了使当鼠标指针停留在"bt0"上时出现图片放大效果，下面添加鼠标指针悬停（mouseover）事件的代码。

单击"下一步"按钮，在"选择一个触发事件"列表框中选择"On Mouse Over"选项，在"选择一个要触发事件的对象"列表框中选择"bt0"选项，在"您的操作"文本框中就会出现当鼠标指针停留在"bt0"上时，"bt0"的播放头从第 2 帧开始播放的代码，如图 7.48 所示。

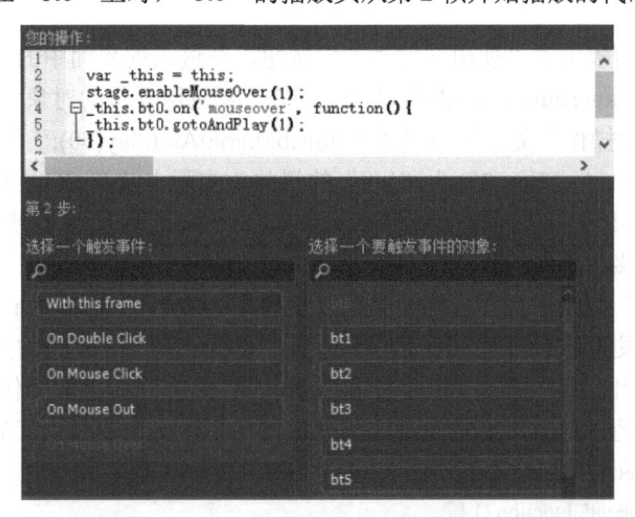

图 7.48

（3）按照上面的方法，为剩下的 6 个影片剪辑元件实例添加鼠标指针悬停事件的代码。全部代码如下（把"var _this = this;"放到第一行，保留了一个，不需要重复定义）：

```
var _this = this;
stage.enableMouseOver(1);
_this.bt0.on('mouseover', function () {
    _this.bt0.gotoAndPlay(1);
});
_this.bt1.on('mouseover', function () {
    _this.bt1.gotoAndPlay(1);
});
_this.bt2.on('mouseover', function () {
    _this.bt2.gotoAndPlay(1);
});
_this.bt3.on('mouseover', function () {
    _this.bt3.gotoAndPlay(1);
});
_this.bt4.on('mouseover', function () {
    _this.bt4.gotoAndPlay(1);
});
_this.bt5.on('mouseover', function () {
    _this.bt5.gotoAndPlay(1);
});
_this.bt6.on('mouseover', function () {
    _this.bt6.gotoAndPlay(1);
});
```

7.8.2 设置鼠标指针移出事件

鼠标指针移出（mouseout）事件的设置同鼠标指针悬停事件的设置过程类似，不同的是参数有变化。

单击"动作"面板中的"使用向导添加"按钮，在进入的界面中的"选择一项操作"列表框中选择"Go to frame number and Play"选项，在"要应用操作的对象"列表框中选择"bt0"选项，此时在"您的操作"文本框中出现"_this.bt0.gotoAndPlay(50);"代码，这里把 50 改为 25，即"_this.bt0.gotoAndPlay(25);"。"bt0"的播放头实际上从第 26 帧开始播放，播放到第 45 帧停止，因为第 45 帧中也有停止播放代码。第 26～45 帧是图片慢慢缩小并还原的过程。下面添加鼠标指针移出事件的代码。

单击"下一步"按钮，在"选择一个触发事件"列表框中选择"On Mouse Out"选项，在"选择一个要触发事件的对象"列表框中选择"bt0"选项，在"您的操作"文本框中就会出现当鼠标指针移出"bt0"时，"bt0"的播放头从第 26 帧开始播放的代码。

以此方法为其他 6 个影片剪辑元件实例添加鼠标指针移出事件的代码。全部代码如下：

```
stage.enableMouseOver(1);
_this.bt0.on('mouseout', function () {
    _this.bt0.gotoAndPlay(25);
});
_this.bt1.on('mouseout', function () {
    _this.bt1.gotoAndPlay(25);
});
_this.bt2.on('mouseout', function () {
    _this.bt2.gotoAndPlay(25);
});
_this.bt3.on('mouseout', function () {
    _this.bt3.gotoAndPlay(25);
});
_this.bt4.on('mouseout', function () {
    _this.bt4.gotoAndPlay(25);
});
_this.bt5.on('mouseout', function () {
    _this.bt5.gotoAndPlay(25);
});
_this.bt6.on('mouseout', function () {
    _this.bt6.gotoAndPlay(25);
});
```

7.8.3 设置鼠标单击事件

鼠标单击（click）事件的设置方法与鼠标指针悬停和鼠标指针移出事件相同，这里不再叙述。原理是单击后播放第 46～49 帧，这时图片上会出现一个红色的半透明效果，之后马上变回原来的颜色，代码如下：

```
    _this.bt0.on('click', function () {
        _this.bt0.gotoAndPlay(45);
    });
    _this.bt1.on('click', function () {
        _this.bt1.gotoAndPlay(45);
    });
    _this.bt2.on('click', function () {
        _this.bt2.gotoAndPlay(45);
    });
    _this.bt3.on('click', function () {
        _this.bt3.gotoAndPlay(45);
    });
    _this.bt4.on('click', function () {
        _this.bt4.gotoAndPlay(45);
    });
    _this.bt5.on('click', function () {
        _this.bt5.gotoAndPlay(45);
    });
    _this.bt6.on('click', function () {
        _this.bt6.gotoAndPlay(45);
    });
```

7.9 使用"组件"面板的视频组件为网页添加视频

（1）新建一个 Animate Canvas 文件，舞台尺寸可设置为 800 像素×600 像素左右。

（2）在舞台上方添加一行文字"欢迎继续设计链接网页进一步练习"，对文字的字体和样式进行适当的设置。打开"组件"面板，把 Video 组件拖动到舞台中，对其位置和大小进行适当的设置，如图 7.49 所示。

（3）选择视频组件，在"属性"面板中单击"显示参数"按钮，在"组件参数"面板中单击"源"右侧的铅笔图标，在弹出的文件选择对话框中选择"范例文件\Lesson07\07Complete\网页发布文档\车窗戈壁.mp4"文件，勾选"自动播放"和"控制"复选框，如图 7.50 所示。

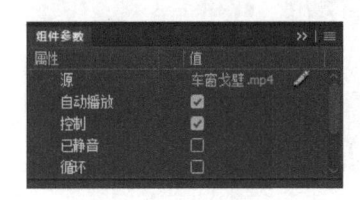

图 7.49　　　　　　　　　　图 7.50

（4）在 IIS 网站目录文件夹中，新建名称为"gs"的文件夹，在 Animate 中把文件保存到新建的文件夹中。选择"文件"→"发布设置"命令，在弹出的"发布设置"对话框中设置发布路径为 IIS 网站目录文件夹中的"gs"目录，文件名为"index"，如图 7.51 所示，单击"发布"按钮。

（5）切换到"07Startdemo.fla"的编辑界面，在"动作"面板中打开"中部区域"元件实例第 1 帧的代码，在"bt1"的鼠标单击事件中再添加一行代码"window.open("./gs/index.html","_blank");"（标点符号要在英文输入状态下输入），如图 7.52 所示。代码的意思是在一个新浏览器窗口中打开本地目录"gs"中的 index.html 网页。

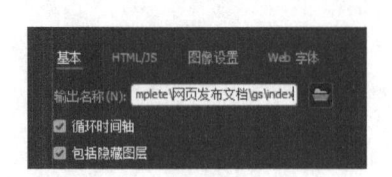

图 7.51

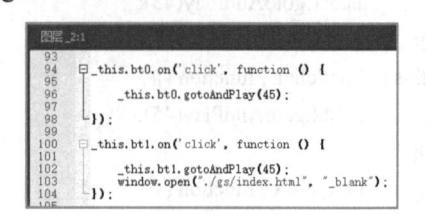

图 7.52

7.10 发布和预览

7.10.1 完成网页

至此，"导航菜单""上部区域""中部区域"3 个元件已设计完成。我们学习了超链接的绝对路径和相对路径的使用方法，也学习了使用"动作"面板设计代码。下面来完成网页，从"库"面板中把"导航菜单""上部区域""中部区域""底部区域"4 个元件拖动到舞台中并进行合理的布局（见图 7.53）。

7.10.2 发布 Animate Canvas 文件

选择"文件"→"发布设置"命令，在弹出的"发布设置"对话框中设置发布路径为 IIS 网站目录文件夹中的"gs"目录，文件名为"index"，然后单击"发布"按钮。

注意：在设计过程中，为了验证设计效果，可能会多次发布和预览，在发布次数较多后，有时候会发现发布的网页内容显示不全，这时的解决方法是选择"控制"→"清除发布缓存"命令。如果问题还存在，就关闭文件并重新打开文件进行发布；如果问题还没解决，就关闭并重新打开 Animate 软件。

7.10.3 预览网页

发布完成后，在浏览器的地址栏中输入"http://127.0.0.1/"，进行预览。在预览时可能会出

图 7.53

现因浏览器缓存的影响而不能及时更新网页设计内容的情况，这时我们可对浏览器内容进行多次刷新。

目前，Animate Canvas 还不支持操作数据库的动态网页设计。若要操作数据库，则首先要在 Animate Canvas 中设计出网页界面，然后在其他动态网页编辑器（如 Adobe Dreamweaver）中继续编辑，加入动态调用数据库的交互效果。使用 Animate Canvas 设计网页的优势是网页的动画效果设计方便、代码书写量小。Animate Canvas 更大的用处是为在其他网页编辑器中设计的网页提供具有美感的 Canvas 部件。

课后习题

一、模拟练习

把"模拟练习\Lesson07\网页发布文档"中的文件复制到 IIS 网站目录中，在浏览器的地址栏中输入"http://127.0.0.1"，进行预览。在"作品"目录中有该网页设计的源文件，先用 Animate 打开该文件并浏览该文件的设计，然后模拟该文件设计一个类似的网页。该案例是用 Animate 设计的 SWF 网页，通过该案例学习利用 Animate 设计网页和发布 HTML 文件。

二、自主创意

自主设计一个 Animate Canvas 课件，应用本章所学的 IIS 环境搭建，"动作"面板的"使用向导添加"按钮的使用，"组件"面板的 Animate Canvas 组件的使用，鼠标指针悬停、鼠标指针移出、鼠标单击事件的设置，将动画发布到 HTML5，JavaScript 代码片断等内容。

三、理论题

1．Animate Canvas 是什么？有什么用途？
2．如何使用"使用向导添加"按钮来添加交互代码？
3．Animate Canvas "组件"面板中有哪些组件？

理论题答案

1．Canvas 是 HTML5 新增的组件，就像一块幕布，用户可以用 JavaScript 在上面绘制各种图表、动画等。画布是一个矩形区域，可以控制其每一像素。Canvas 拥有多种绘制路径、矩形、圆形、字符及添加图像的方法。使用 Animate Canvas 可以设计静态网页，网页的动画效果设计方便、代码书写量小。Animate Canvas 更大的用处是为在其他网页编辑器中设计的网页提供具有美感的 Canvas 部件。

2．在 Animate Canvas 文件编辑过程中，打开"动作"面板，可以在右上方看到"使用向导添加"按钮。用户在单击该按钮后，可以根据提示为元件添加各种交互代码。

3．在 Animate Canvas 文件编辑过程中，打开"组件"面板，可以看到有"jQuery UI""用户界面""视频" 3 类组件。在组件被应用到舞台后，用户可以通过"组件参数"面板设置组件的参数。

第 8 章

Animate CC 音频与视频课件

本章视频学习资源

本章学习内容

（1）导入音频文件。
（2）编辑音频。
（3）导入外部视频文件。
（4）处理视频文件，设置其 Alpha 值。
（5）在 Animate CC 中嵌入视频。

本章课件案例介绍

本章课件案例是一个学习古诗词的课件案例（见图 8.1），主要介绍如何加载外部的视频文件。本章课件案例共有 4 个视频，还加入了音频，并对音频进行了修改、压缩。当我们单击古筝图片时，就会出现短暂的古筝音频效果。

图 8.1

8.1 预览完成的课件并开始制作

（1）打开已制作完成的课件。

双击"范例文件\Lesson08\08Complete\08Complete.swf"文件，播放动画。

第 1 个视频有一种淡出的效果，在第 2 个视频播放到特定的时间时，Animate CC 元素将相应地出现。

（2）将鼠标指针移动到古筝图片上，会有放大效果。单击古筝图片，会出现一段弹奏古筝的声音。

（3）单击每位诗人的图片，Animate CC 将播放有关诗人和诗句的视频。我们可以在播放视频时利用播放器下面的按钮对视频进行播放、暂停和调节音量操作。

本章将介绍如何在按钮中嵌入音频、如何对放在时间轴上的音频进行修改、如何通过减少时间轴上的帧数来缩短音频、如何在 Animate CC 中嵌入视频并对视频的不透明度进行修改。本章还会介绍如何运用播放视频需要的组件，以及如何在播放的时候为视频添加提示点，以便达到在播放视频时有相应的 Animate CC 动画元素出现的效果。

（4）双击"范例文件\Lesson08\08Start\08Start.fla"文件，打开初始的文件。

（5）选择"文件"→"另存为"命令，把文件命名为"08Demo.fla"，并保存在"08Start"文件夹中。保存工作副本可以确保在重新制作时能够使用原始文件。

8.2 了解项目文件

"08Start.fla"文件只是完成了一些初始的设置，随后我们将在项目中添加音频、视频和相应的 ActionScript 代码，以达到播放的效果。将舞台的大小设置为 1000 像素×700 像素。背景图片是一副古画，可以和古诗词这个主题更好地融合。图 8.2 中有 3 个图形元件实例（3位诗人的图片，其中已添加了相应代码），此处的古筝是一个按钮元件实例，稍后我们将对其添加音频，最左侧的是动画的标题。

图 8.2

"时间轴"面板中有多个图层，并且每个图层都有名字。根据图层的名字，我们可以知道每个图层所包含的内容。在编辑时，我们可以适当地对用不到的图层进行锁定，以便不会影响后面的操作。此处要注意的是，两个标签图层中包含许多带标签的关键帧（见图 8.3）。我们将在"Actions"图层中添加 ActionScript 代码，为底部一系列的图形元件实例提供程序代码。

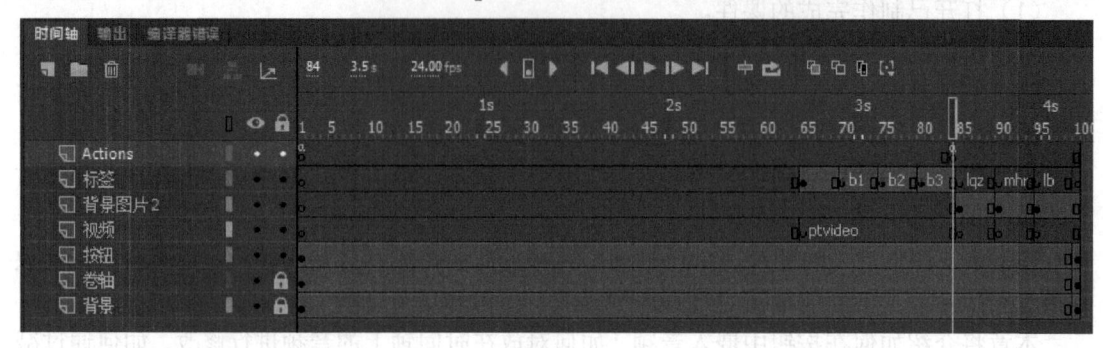

图 8.3

8.3 使用音频

Animate CC 支持导入多种类型的音频文件，如 WAV（仅限 Windows）、AIFF（仅限 Macintosh）、MP3（Windows 或 Macintosh）等。在向 Animate CC 中导入音频文件时，文件会自动储存在库中。使用音频的方法比较简单，只需将音频拖动到时间轴上需要使用的位置即可，不过要注意在拖动之前必须先添加关键帧，否则达不到想要的效果。

8.3.1 导入音频文件

（1）选择"文件"→"导入"→"导入到库"命令。

（2）选择"范例文件\Lesson08\08Start\古筝 十面埋伏.wav"文件，单击"打开"按钮。此时"古筝 十面埋伏.wav"文件将出现在"库"面板中，单击带有声音图片的"古筝 十面埋伏.wav"文件，预览图片上的声音波形。右击，在弹出的快捷菜单中选择"播放"命令可以对音乐进行播放。

右击"古筝 十面埋伏.wav"文件，在弹出的快捷菜单中选择"属性"命令可以了解音频的属性，其中包括它的源位置、文件大小等属性。

8.3.2 把音频放在时间轴上

（1）音频可以被放置在时间轴上的任意位置，不过前提是必须有放置音频所需的关键帧。在放置好音频后，只需要播放动画就可以听见声音了。下面介绍如何把音频放在时间轴上。

（2）双击舞台中的古筝图片，进入元件编辑界面。

（3）单击"声音"图层的"按下"帧，打开"库"面板，将"古筝 十面埋伏.wav"文件拖动到舞台中，如图 8.4 所示。

（4）其中有两个图层，下面为"声音"图层添加音频。在测试影片时，将鼠标指针移动到古筝图片上，当图片变大后单击，播放音乐。

（5）在"声音"图层的"按下"的大约第 20 帧处右击，在弹出的快捷菜单中选择"插入帧"命令，此时会看到时间轴上出现了一个波形，这表示音频将播放 20 帧的长度，如图 8.5 所示。

图 8.4

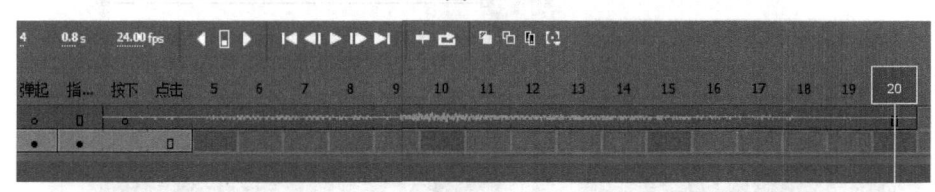

图 8.5

（6）单击声音波形上的任意一帧，在"属性"面板的"声音"栏中的"同步"下拉列表中选择"事件"选项，如图 8.6 所示（"同步"选项决定了在时间轴上以哪种方式播放声音，包括"事件""开始""停止""数据流"）。此处选择"事件"同步的原因是要实现在测试影片时，单击古筝图片有声音出现的效果。

事件：将声音和一个事件的发生过程同步。事件声音在它的起始关键帧开始显示时播放，并独立于时间轴，播放完整的声音，即使 SWF 文件停止也继续播放。当播放发布的 SWF 文件时，事件声音混合在一起。

开始：与"事件"选项的功能相近，但如果声音正在播放，使用"开始"选项则不会播放新的声音。

停止：使指定的声音静音。

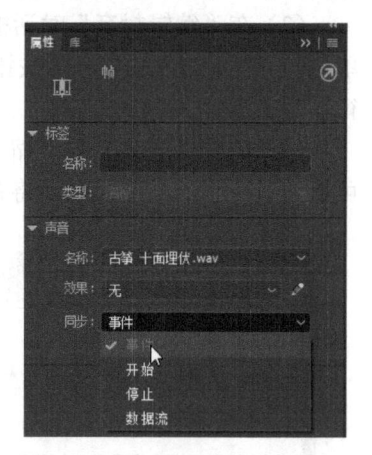

图 8.6

数据流：同步声音，强制动画和音频流同步。与事件声音不同，音频流随着 SWF 文件的停止而停止。而且，音频流的播放时间绝对不会比帧的播放时间长。当发布 SWF 文件时，音频流混合在一起。

通常，我们在制作 MTV 时都选择"数据流"选项。当然，具体的设置要根据具体情况来确定。

（7）选择"控制"→"测试影片"→"在 Animate CC 中"命令，测试影片。单击古筝图片，会播放音乐。

8.3.3　剪去音频的尾部

利用"编辑封套"对话框对音频进行调节，以便得到想要的长度。之后，设置一种淡入和淡出的效果,使得声音在播放时逐渐变小。

(1)选择"声音"图层中声音波形上的任意一帧,在"属性"面板中单击"编辑封套"按钮("效果"后的笔状按钮)。此时将弹出"编辑封套"对话框,其中显示了声音波形。上面和下面的声音波形分别是声音(立体声)的左、右声道。时间轴位于两个声音波形之间,左上方是预设效果的下拉列表,底部是视图选项,如图8.7所示。

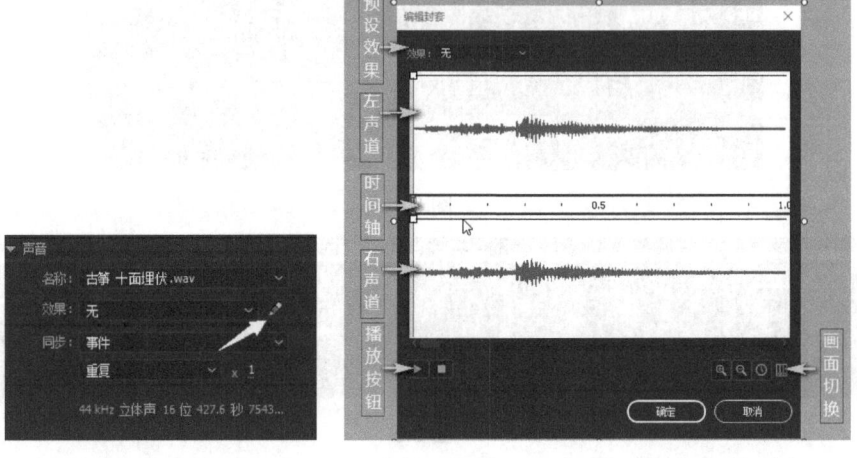

图 8.7

(2)在"编辑封套"对话框中单击右下方的"帧"按钮。此时时间轴将以帧数作为显示单位(可以通过单击"秒"按钮进行切换),并且可以单击"放大"与"缩小"按钮对帧数进行调节。

(3)单击"放大"与"缩小"按钮,可以查看音频的长度并进行编辑;拖动音频结尾,可以调节音频的长度。此处将音频的长度设置为大约20帧,如图8.8所示。

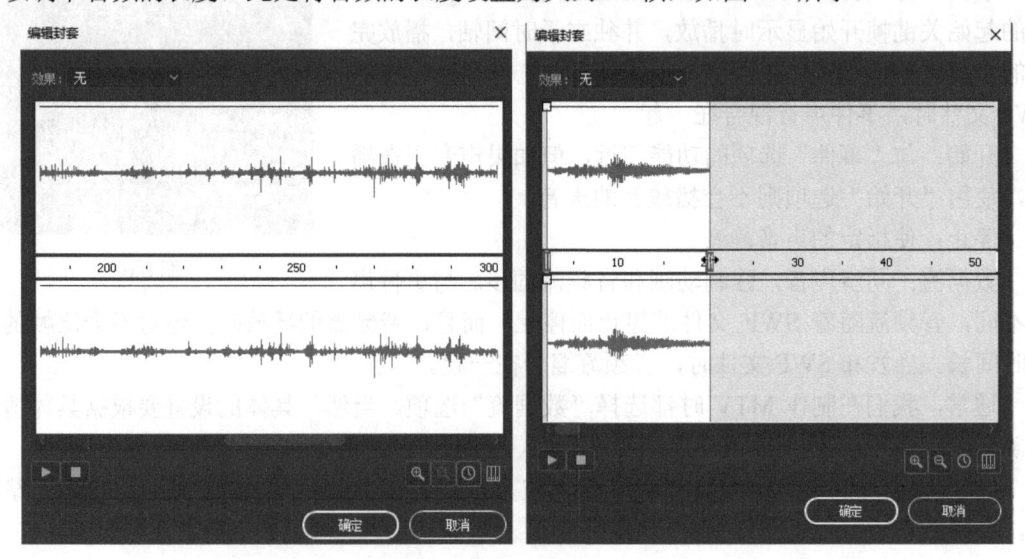

图 8.8

(4)单击"确定"按钮,可以看出时间轴上的声音波形在第20帧左右就结束了,如图8.9所示,在第20帧处显示了音频结束标记。

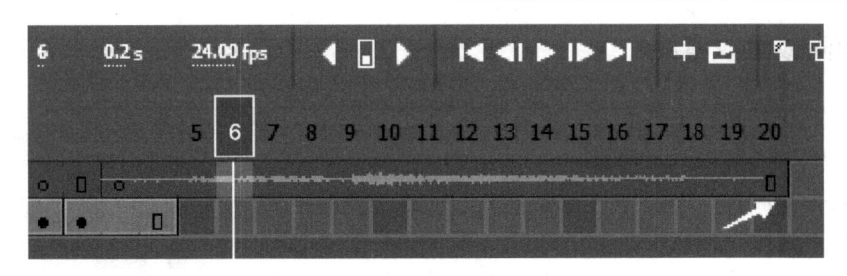

图 8.9

8.3.4 更改音量

在听音乐时，我们时常会听到淡入和淡出的效果，这样的效果让音乐更加优雅。此处的音乐是从中间截断的，以至于听的时候会突然中断。下面通过"编辑封套"对话框对其进行处理，以实现淡入和淡出的效果。

（1）选择"声音"图层中声音波形上的任意一帧，在"属性"面板中单击"编辑封套"按钮。

（2）在弹出的"编辑封套"对话框中单击右下方的"放大"按钮，放大声音波形。

（3）在第 20 帧左右单击上面的声音波形框中的上水平线，此时水平线上会出现一个小的方框，这个方框是用于调节音量的，如图 8.10 所示。

（4）在尾部上水平线上单击并将方框拖动到底部。用此方法设置右声道的声音，此处的对角线表示声音从第 10 帧左右开始变小，在左声道中，从上水平线到中心标尺上，声音由大变小；在右声道中，从中心标尺到下水平线上，声音由大变小（见图 8.11）。

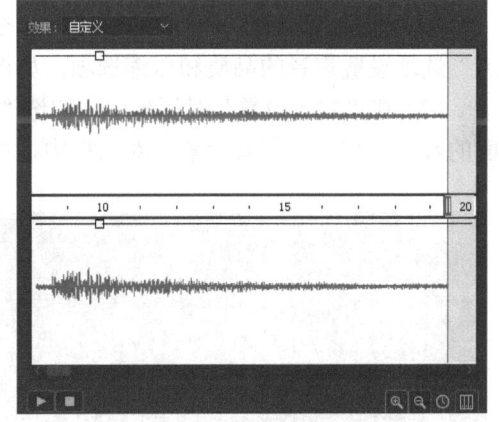

图 8.10

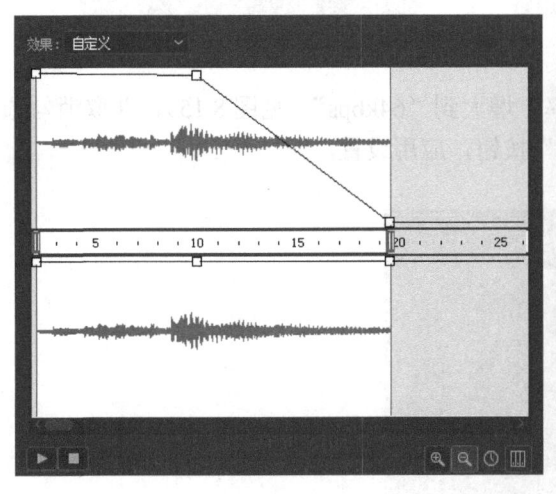

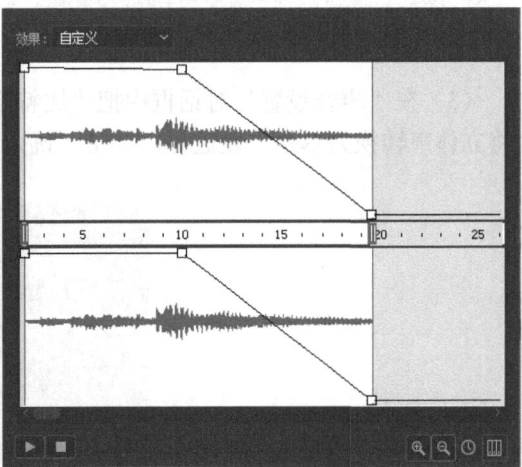

图 8.11

（5）单击"编辑封套"对话框左下方的"播放"按钮，测试效果。在确定达到效果后，单击"确定"按钮。

8.3.5 删除或更改音频

对于放置在时间轴上的音频，可以随时通过"属性"面板的"声音"栏中的选项进行更改。

（1）选择"声音"图层中声音波形上的任意一帧。

（2）在"属性"面板中，尝试选择"声音"栏的"名称"下拉列表中的不同选项，当选择"无"选项时（见图8.12），时间轴上将不会出现声音波形，即不再有声音播放。

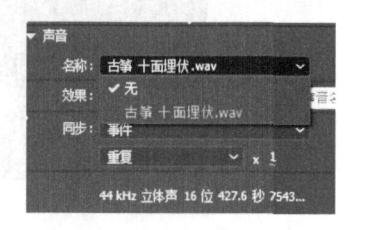

图 8.12

8.3.6 设置声音的品质

在将被导入 Animate CC 中的音频文件编译成 SWF 文件后，我们可以设置声音的品质，以得到理想的输出效果。此处可以用"发布设置"对话框设置声音的品质和压缩选项。

（1）选择"文件"→"发布设置"命令，在弹出的"发布设置"对话框中，通过"音频流"选项设置声音的品质和压缩选项，如图8.13所示。

（2）在"发布设置"对话框中，勾选"Flash(.swf)"复选框，然后单击"音频流"选项后面的数值，弹出"声音设置"对话框中，如图8.14所示。

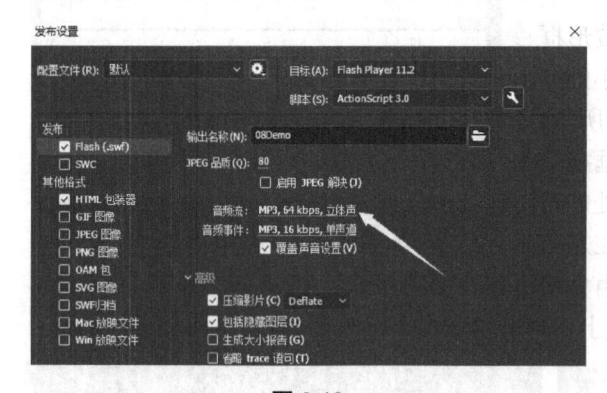

图 8.13 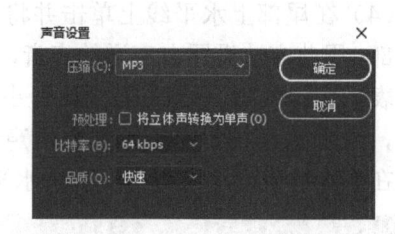　　　　　　　　　　图 8.14

（3）在"声音设置"对话框中把"比特率"增大到"64kbps"（见图8.15），并取消勾选"将立体声转换为单声"复选框。单击"确定"按钮，应用设置。

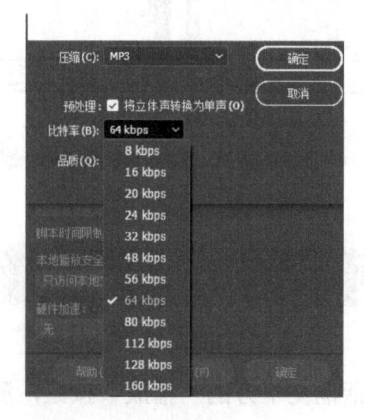

图 8.15

比特率是以 kbps 为单位来度量的，它决定了最终导出的 Animate CC 影片剪辑中的声音的品质。比特率越高，声音的品质越好，不过相应的文件会变大。

（4）在"发布设置"对话框中，勾选"覆盖声音设置"复选框，然后单击"确定"按钮应用设置，如图 8.16 所示。

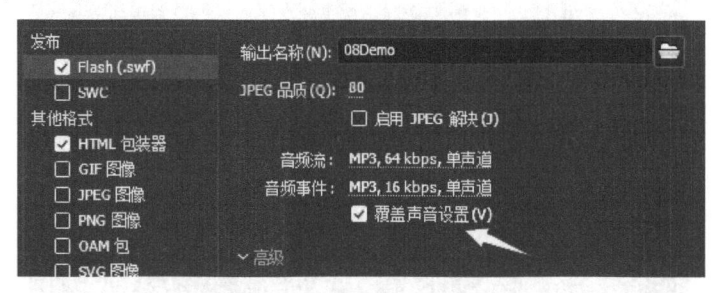

图 8.16

（5）选择"控制"→"测试影片"→"在 Animate CC 中"命令，测试影片。此时保存了声音的立体声效果，并且声音的品质是由"发布设置"对话框中的设置决定的。

8.4 导入外部视频文件

本节将介绍如何使用 Animate CC 的外部视频文件，以实现在时间轴上不同的标签关键帧处播放每个古诗词阅读视频（这些视频都是从外部导入的）的效果。把视频放在外部，可以减小 Animate CC 项目文件，并且可以单独编辑视频。

（1）在"视频"图层中选取第 85 帧（该帧是一个关键帧），如图 8.17 所示。下面把李清照的诗词阅读视频放入该帧。

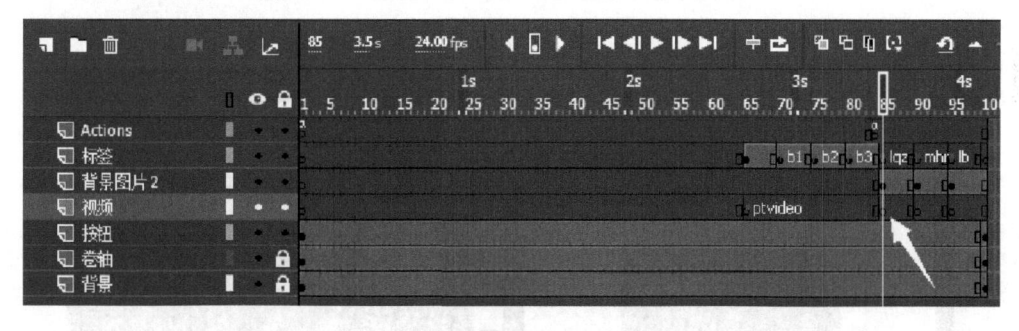

图 8.17

（2）选择"文件"→"导入"→"导入视频"命令，在弹出的"导入视频"对话框中，根据向导提示，向 Animate CC 中添加视频文件。在"导入视频"对话框的"选择视频"界面中选中"在您的计算机上"单选按钮，并选中"使用播放组件加载外部视频"单选按钮，如图 8.18 所示。

（3）单击"浏览"按钮，在弹出的"打开"对话框中，选择"范例文件\Lesson08\08Start\李清照.mp4"文件，并单击"打开"按钮，如图 8.19 所示。

（4）在"导入视频"对话框中单击"下一步"按钮。

（5）在"设定外观"界面中，可以选择视频播放控制的外观。选择"外观"下拉列表中的"SkinUnderAll.swf"选项（可以根据自己的喜好设置不同的外观），如图 8.20 所示。

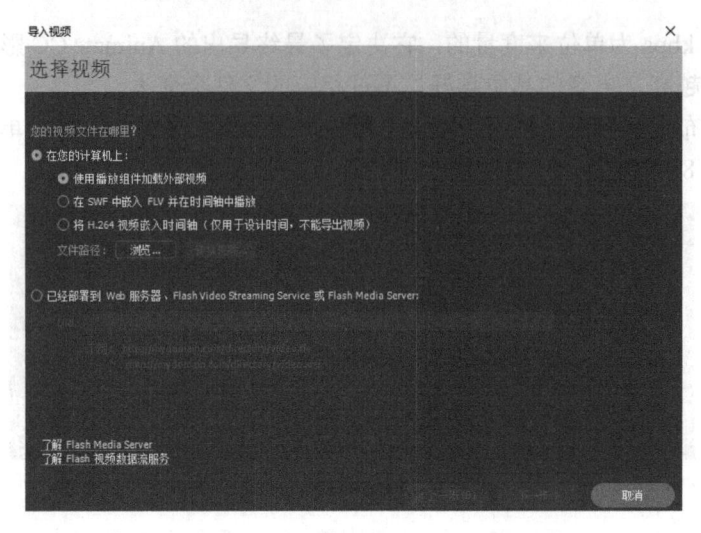

图 8.18

图 8.19

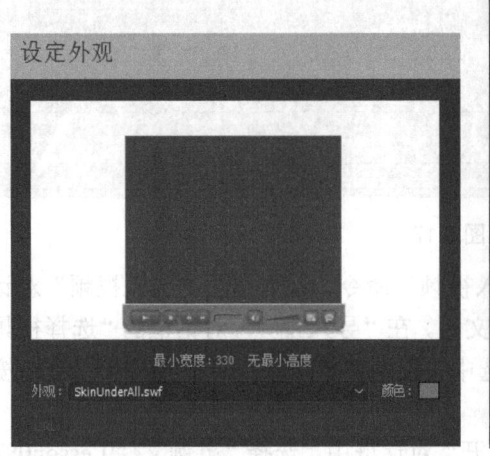

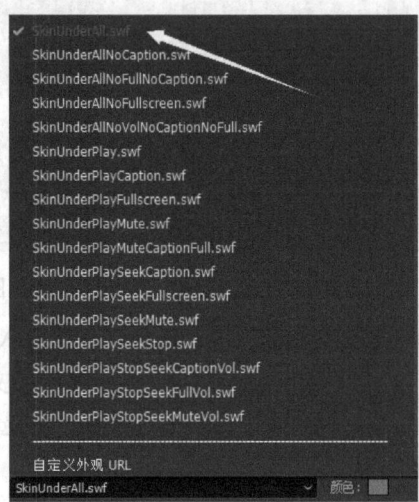

图 8.20

外观分为以下三大类。

① 以"Minima"开头的外观是包含数字计数器的选项。

② 以"SkinUnder"开头的外观是出现在视频下面的控件。

③ 以"SkinOver"开头的外观是出现在视频底部的控件。外观及其控件的预览出现在预览窗口中。

（6）单击"颜色"按钮，设置颜色值（根据自己的喜好设置），这里设置皮肤的"Alpha"为"80%"、颜色为土黄色，如图 8.21 所示。单击"下一步"按钮。

（7）在设置好外观后，单击"下一步"按钮。在出现文件信息后，查看并检查视频文件的信息，然后单击"完成"按钮。

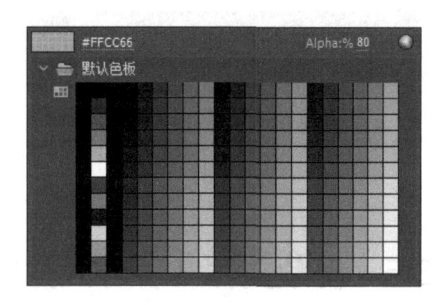

图 8.21

（8）此时，舞台中出现导入的视频，把视频置于舞台右侧，根据舞台的大小适当地调整播放组件的大小，如图 8.22（a）所示。"库"面板中出现"FLVPlayback"组件，该组件是用于在舞台中播放外部视频的一种特殊组件，如图 8.22（b）所示。

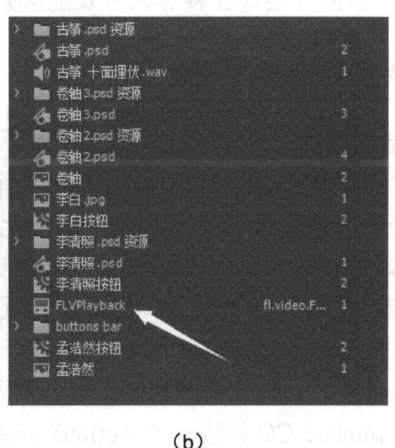

（a） （b）

图 8.22

（9）在时间轴上，在第 85 帧和下一个关键帧之间插入了视频，如图 8.23 所示。

（10）按 Ctrl+Enter 组合键测试影片，单击李清照的头像（一个已制作好并添加了交互代码的按钮，见图 8.24），就可以播放"李清照.mp4"文件了。单击视频底部的播放控件按钮，可以控制视频播放。

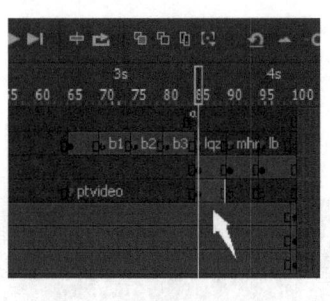

图 8.23 　　　　　　　　　图 8.24

注意：如果在以上第（6）步中选择的是"无"选项（见图 8.25），视频上就没有外观来控制播放，但我们仍然可以通过右击或按住 Ctrl 键并单击视频，在弹出的快捷菜单中选择"播放""暂停""后退"命令,来控制视频在舞台中的播放。

(11)按照上述方法,分别在"视频"图层的第 65、第 90、第 95 帧上添加"片头.flv""孟浩然.mp4""李白.mp4"视频文件。在完成后,选择"控制"→"测试影片"→"在 Animate CC 中"命令,查看效果。

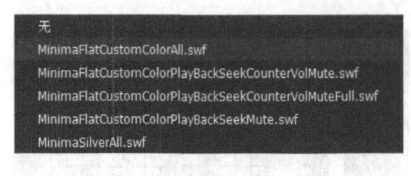

图 8.25

8.5 视频文件 3 种导入方式的区别

视频文件有 3 种导入方式,除了前面讲到的"使用播放组件加载外部视频",还有"在 SWF 中嵌入 FLV 并在时间轴播放"和"将 H.264 视频嵌入时间轴",如图 8.26 所示。下面介绍这 3 种导入方式的区别。

图 8.26

8.5.1 使用播放组件加载外部视频

使用播放组件加载外部视频,视频文件不会被导入"库"面板中,课件在运行时从外部调用视频文件。FLVPlayback 组件的使用包括两个步骤:第 1 步是将该组件放置在舞台中;第 2 步是指定一个供它播放的视频文件。除此之外,还可以设置不同的参数,以控制其行为并描述视频文件。FLVPlayback 组件具有一个初始默认外观——SkinOverAll.swf,它提供了播放、停止、后退、快进、搜索栏、静音、音量、全屏和字幕控件。若要更改此外观,则可以采用以下方法:从预先设计的外观集合中进行选择;创建自定义外观并将该外观添加到预先设计的外观集合中;从 FLV 播放自定义用户界面组件中选择单独的控件,并对它们进行自定义。

(1)在 Animate CC 新建一个 ActionScript 3.0 文件,选择"图层_1"图层的第 1 帧,用"使用播放组件加载外部视频"方式选择"范例文件\Lesson08\08Start\李白.mp4"文件,此时视频被放到舞台中,在时间轴中只占了 1 帧,如图 8.27 所示。

(2)打开"库"面板,发现只有一个 FLVPlayback 组件被导入,"李白.mp4"文件并未被导入"库"面板中,如图 8.28 所示。

图 8.27

图 8.28

(3)单击舞台中的视频,在"属性"面板中单击"显示参数"按钮,打开 FLVPlayback 组件的参数设置面板,即"组件参数"面板,如图 8.29 所示。

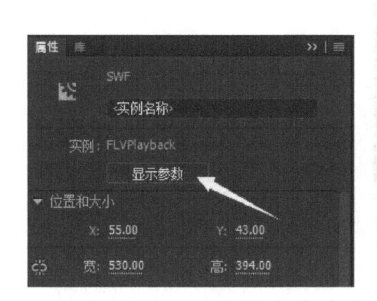

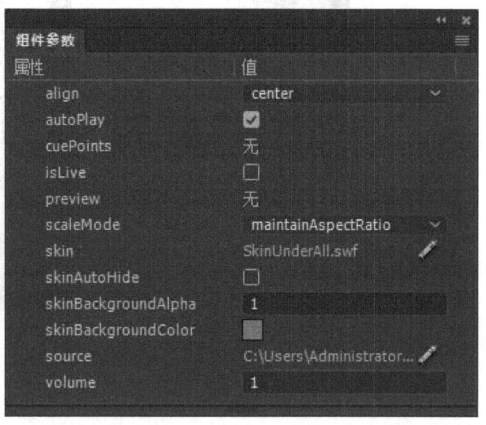

图 8.29

在"组件参数"面板中,可以设置对齐方式(allign)、是否在一开始自动播放(autoPlay)、是否有视频提示点(cuePoints)、预览(preview)、缩放模式(scaleMode)、皮肤(skin)、皮肤是否在鼠标指针未悬停在视频上时自动隐藏(skinAutoHide)、皮肤的不透明度和颜色(skinBackgroundAlpha、skinBackgroundColor)、播放的视频文件路径(source)、音量(volume)。

(4)关闭新建的文件,不保存。

8.5.2　在 SWF 中嵌入 FLV 并在时间轴中播放

这种方式只能导入 FLV 格式的文件。在导入文件后,文件同时被导入"库"面板中。

(1)新建一个 ActionScript 3.0 文件,选择"文件"→"导入"→"导入视频"命令,在弹出的"导入视频"对话框中选中"在 SWF 中嵌入 FLV 并在时间轴中播放"单选按钮,如图 8.30 所示。

(2)单击"浏览"按钮,在弹出的"打开"对话框中选择"范例文件\Lesson08\08Start\李白.flv"文件,单击"下一步"按钮,进入"嵌入"界面,如图 8.31 所示。

(3)在"符号类型"下拉列表中选择"嵌入的视频"选项(见图 8.32),单击"下一步"按钮,在"完成视频导入"界面中单击"完成"按钮。

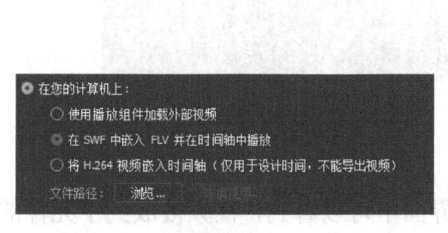

图 8.30 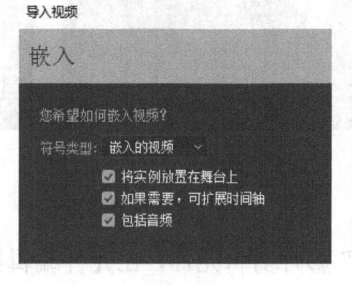　　　　　图 8.31 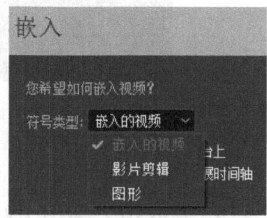　　　　　图 8.32

(4)此时,视频被放到了舞台中,在"时间轴"面板中占了 1500 多帧,时长为 64 秒,如图 8.33(a)所示。在"库"面板中导入了"李白.flv"文件,如图 8.33(b)所示。

(a) (b)

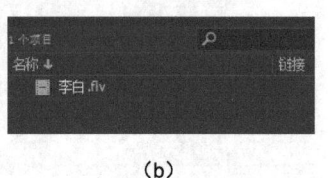

图 8.33

(5)在"时间轴"面板中删除"图层_1"图层,原来有内容的"图层_1"图层就不见了,并出现一个内容为空的"图层_1"图层。在"库"面板中删除"李白.flv"文件。选择"文件"→"导入"→"导入视频"命令,继续导入"李白.flv"文件。这次在"符号类型"下拉列表中选择"影片剪辑"选项,如图 8.34 所示。

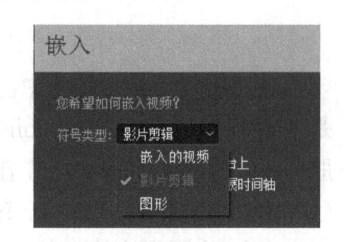

图 8.34

(6)在导入完成后,"李白.flv"文件在时间轴中只占了 1 帧,但视频的时长为 64 秒,如图 8.35(a)所示。在"库"面板中有两个内容:"李白.flv"文件和"李白.flv"影片剪辑元件,如图 8.35(b)所示。

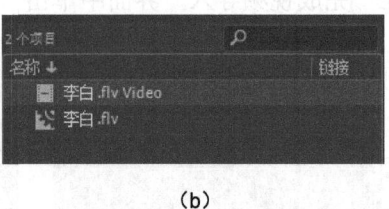

(a) (b)

图 8.35

(7)双击"李白.flv"影片剪辑元件,在元件编辑界面中可以看到,视频被放到了元件的时间轴中,"场景 1"的第 1 帧中放了包含视频的影片剪辑元件。

(8)删除"图层_1"图层,在导入视频文件时,以"图形"方式嵌入"李白.flv"文件,和以"影片剪辑"方式嵌入类似,不同的是元件类型换成了图形,如图 8.36 所示。

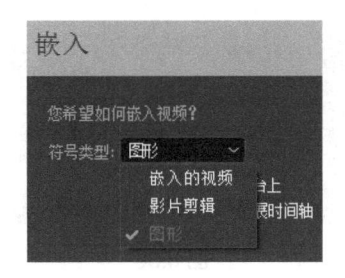

图 8.36

8.5.3 将 H.264 视频嵌入时间轴

该方式只能导入 H.264 视频格式的文件（扩展名为.mp4）。在导入文件后，文件同时被导入"库"面板中。其他操作同"在 SWF 中嵌入 FLV 并在时间轴中播放"。

提示：只有"使用播放组件加载外部视频"的视频文件导入方式是把视频文件放在外部调用的，在使用 Animate CC 设计视频学习课件和网站时，这种方式是首选。如果使用嵌入的方式调用视频文件，视频文件包含在主文件中，主文件就会非常庞大，这是不实用的。设计小的视频学习课件可以使用"在 SWF 中嵌入 FLV 并在时间轴中播放"和"将 H.264 视频嵌入时间轴"两种方式。

8.6 嵌入视频

8.6.1 导入视频

下面介绍嵌入视频的应用。

（1）选择"视频"图层的第 1 帧［见图 8.37（a）］，选择"文件"→"导入"→"导入视频"命令，在弹出的"导入视频"对话框中选中"在 SWF 中嵌入 FLV 并在时间轴中播放"单选按钮。单击"浏览"按钮，在弹出的"打开"对话框中选择"范例文件\Lesson08\08Start\片头 2.flv"文件。单击"下一步"按钮，进入"嵌入"界面，在"符号类型"下拉列表中选择"嵌入的视频"选项，取消勾选"如果需要，可扩展时间轴"和"包括音频"复选框［见图 8.37（b）］，这样嵌入的视频将不会扩展时间轴，并且不导入音频。

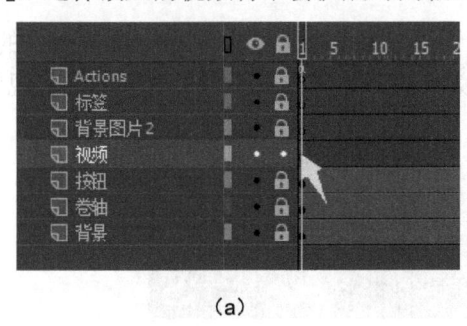

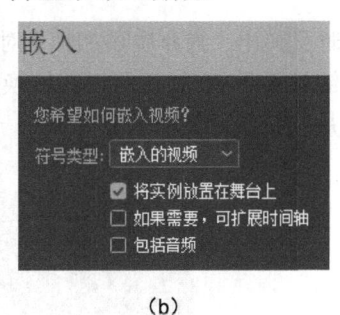

图 8.37

（2）单击"下一步"按钮，进入下一个界面，单击"完成"按钮，在"时间轴"面板的"视频"图层的第 1～44 帧中插入了"片头 2.flv"文件，如图 8.38 所示。

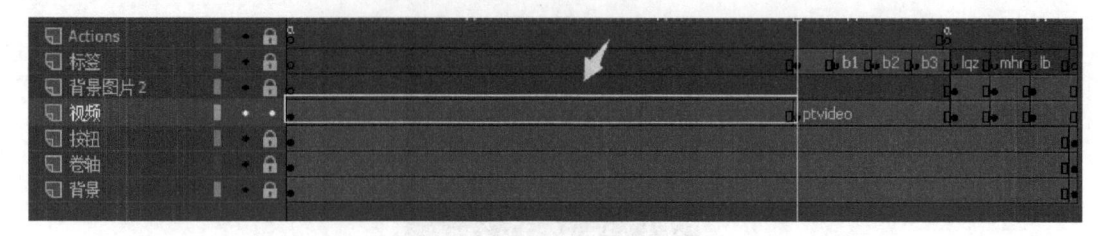

图 8.38

（3）在舞台中调整视频界面的大小，使视频刚好覆盖全部舞台，如图 8.39 所示。

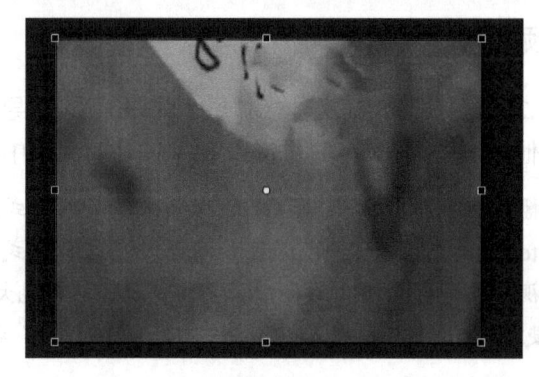

图 8.39

8.6.2 调整嵌入的视频

1．应用补间

（1）在"视频"图层的第 1 帧上右击，在弹出的快捷菜单中选择"创建补间动画"命令。在弹出的"将所选的内容转换为元件以进行补间"对话框中单击"确定"按钮，如图 8.40 所示。

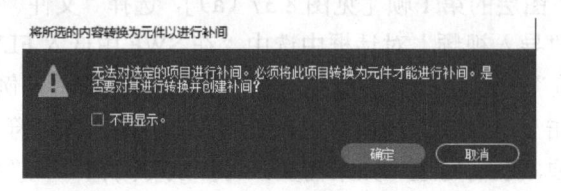

图 8.40

（2）此时又弹出"为介质添加帧"对话框，因为视频包含 80 帧，而舞台中的"视频"图层的当前关键帧不足 80 帧，所以在转换为元件后，需要在元件的时间轴上将视频延长到 80 帧。单击"是"按钮，如图 8.41 所示。

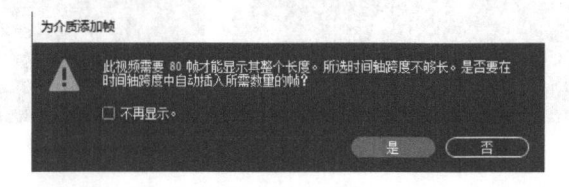

图 8.41

（3）选择"视频"图层的第 1 帧，单击舞台中的"片头 2.flv"，在"属性"面板的"色彩效果"栏中的"样式"下拉列表中选择"Alpha"选项，把"Alpha"设置为"20%"，如图 8.42

所示。

（4）选择"视频"图层的第 10 帧，把"Alpha"设置为"100%"，如图 8.43 所示。这样就实现了淡入的效果。

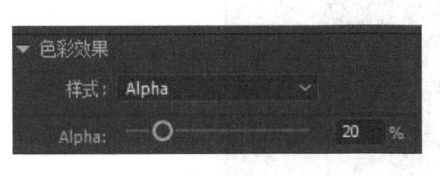

图 8.42

图 8.43

2. 应用遮罩

（1）在"视频"图层上方新建一个图层，将其命名为"遮罩"。在"遮罩"图层上右击，在弹出的快捷菜单中选择"遮罩层"命令，如图 8.44（a）所示。此时，"遮罩"图层会发生变化，"视频"图层向右缩进，"遮罩"图层的图标也变成遮罩层专用图标，如图 8.44（b）所示。

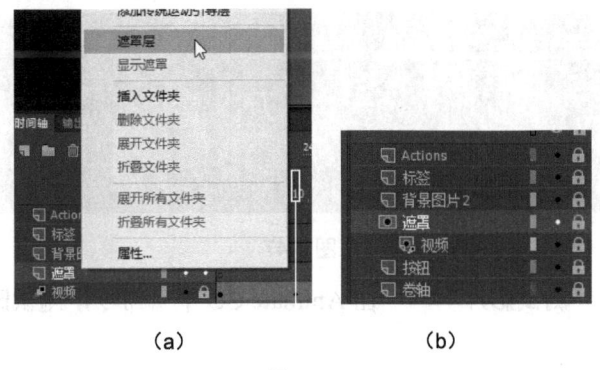

（a）　　　　（b）

图 8.44

注意：遮罩层的作用是对被遮罩图层的视觉范围进行控制。本课件将在遮罩层放一个特殊图形，这样可以让被遮罩的"视频"图层的视频以特殊图形的方式显示出来。

（2）选择"多角星形工具"，打开"属性"面板，在"工具设置"中单击"选项"按钮，如图 8.45（a）所示。在弹出的"工具设置"对话框中，设置"样式"为"星形"、"边数"为"32"、"星形顶点大小"为"0.80"，如图 8.45（b）所示。

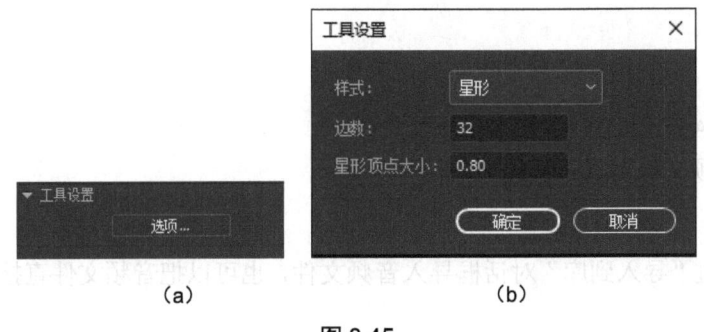

（a）　　　　（b）

图 8.45

（3）选择"遮罩"图层，在舞台中画一个如图 8.46 所示的图形。

图 8.46

（4）单击"遮罩"图层的第 100 帧，在按住 Shift 键的同时单击第 65 帧，这样就选择了第 65~100 帧。在选择的帧上右击，在弹出的快捷菜单中选择"删除帧"命令，如图 8.47 所示。

图 8.47

选择"控制"→"测试影片"→"在 Animate CC 中"命令，测试影片，查看效果。

课后习题

一、模拟练习

浏览"模拟练习\Lesson08\作品\Lesson08.swf"文件，仿照"Lesson08.swf"文件，制作一个类似的课件。课件资料已提供，保存在"模拟练习\Lesson08\作品素材"文件夹中。

二、自主创意

自主设计一个 Animate CC 课件，应用本章所学的导入音频文件、编辑音频、导入外部视频文件等知识。

三、理论题

1．如何在 Animate CC 中导入音频文件？
2．导入视频文件是否有其他的方法？

理论题答案

1．可以通过"导入到库"对话框导入音频文件，也可以把音频文件直接拖动到"库"面板中。

2．在本章中，用户还可以直接在舞台中拖出 FLVPlayback 组件，然后在"组件参数"面板的"source"选项中选择视频。

第 9 章

在 Animate CC 课件中加载和控制外部内容

本章视频学习资源

📝 本章学习内容

（1）创建遮罩层。
（2）使用 ActionScript 加载外部的 SWF 文件。
（3）删除已加载的外部 SWF 文件。
（4）控制影片剪辑。

📝 本章课件案例介绍

本章课件案例是一个中学数学课件案例（见图 9.1），使用 Animate CC 中的 ActionScript 加载外部的 SWF 文件。本章课件案例首先使用遮罩层制作一个动画标题，然后制作一组元件（通过单击让其调用外部的文件），使用 ActionScript 编写相应的代码，以加载外部 SWF 文件和控制 SWF 文件。

图 9.1

9.1 预览完成的课件并开始制作

（1）打开已制作完成的课件。

打开"范例文件\Lesson09\09Complete\09Complete.swf"文件，查看最终课件效果。

本课件的名称是"正余弦函数"。课件封面上的图片简洁明了，清楚地显示了课件的 4 项主要内容：函数定义、推算公式、随堂练习和本课总结。

在打开课件后，我们可以通过单击课件封面上的加号、减号、乘号、除号或者文字来访问加载的内容。虽然内容不是很完美，但可以让每个区域包含更多的信息。再次单击加载的课件，即可返回主页面。下面对课件内容进行简要介绍。

单击加号或"函数定义"，显示介绍定理的视频，如图 9.2 所示。

单击减号或"推算公式"，显示介绍推算公式的视频，如图 9.3 所示。

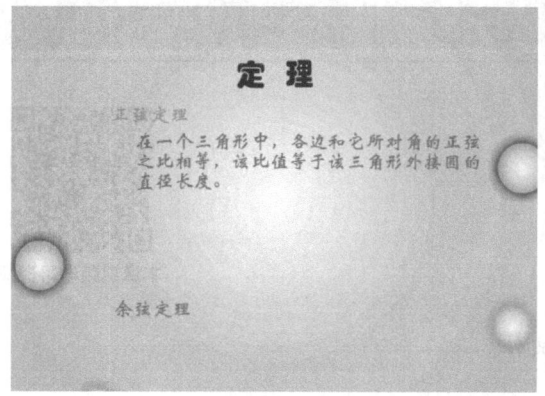

图 9.2　　　　　　　　　　图 9.3

单击乘号或"随堂练习"，显示随堂练习视频，如图 9.4 所示。

单击除号或"本课总结"，显示本课总结视频，如图 9.5 所示。

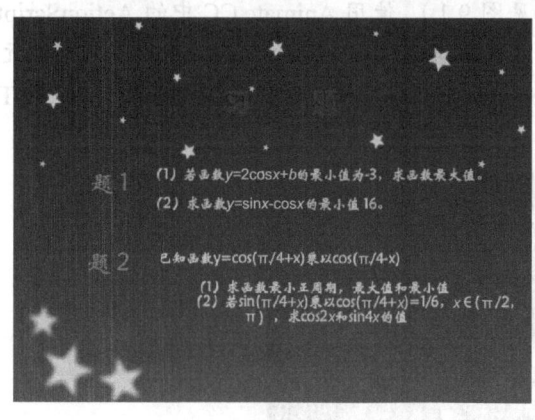

图 9.4　　　　　　　　　　图 9.5

（2）为了熟悉和进一步了解本课件的学习计划，我们可以查看文件夹中的内容，分别打开"范例文件\Lesson09\09Complete"文件夹中的"one.swf""two.swf""three.swf""four.swf"文件，这 4 个 SWF 文件是主文件将要加载的外部文件。我们将根据需要来设置封面内容（"09Complete.swf"），从而加载每个 SWF 文件。

第 9 章　在 Animate CC 课件中加载和控制外部内容

（3）将刚刚打开查看的 SWF 文件全部关闭，打开"范例文件\Lesson09\09Start\09Start.fla"文件，学习本课件的内容。

在打开"09Start.fla"文件后，我们可以看到许多图像、图形和动画的制作已经完成（见图 9.6），只需添加必要的 ActionScript 代码，让 Animate CC 文件加载外部的内容即可。

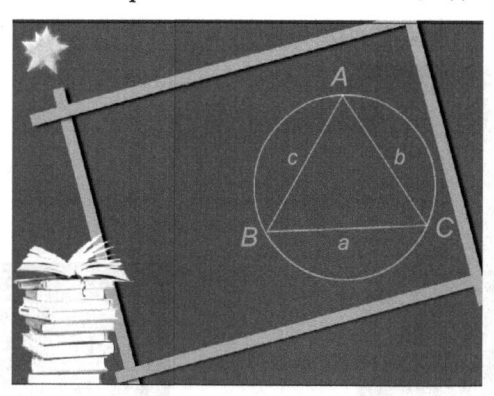

图 9.6

（4）选择"文件"→"另存为"命令，把文件命名为"09Demo.fla"，并保存在"09Start"文件夹中。保存工作副本可以确保在重新制作时使用原始文件。

9.2　创建遮罩层

遮罩用来有选择地显示图层中的文字内容。利用遮罩可以看到不一样的动画效果，使得影片内容更加丰富和美观。

创建遮罩层的方法是在需要创建遮罩层的图层上右击（前提是"时间轴"面板中已经有两个或两个以上的图层，并且在该图层下方至少还有一个图层），在弹出的快捷菜单中选择"遮罩层"命令，该图层就会自动生成遮罩层，图标会从普通层图标变为遮罩层图标，系统自动把遮罩层下方的一层关联为被遮罩层。遮罩主要有两种用途：一种是用在整个场景或一个特定区域中，使场景上的对象或特定区域外的对象不可见；另一种是用来遮罩住某一元件的一部分，从而实现一些特殊的效果（本章会讲到）。

（1）选择"插入"→"新建元件"命令，设置元件的"名称"为"logo"、"类型"为"影片剪辑"，单击"确定"按钮。

（2）重命名"logo"元件中的"图层 1"为"logo"。选择"文本工具"，在"logo"图层中输入文字"正余弦函数"。打开"属性"面板，在"属性"面板中设置文本类型为"静态文本"、"系列"为"楷体"、"大小"为"30.0 磅"、"颜色"为红色，文字的位置可以根据情况自行调整，也可以参照图 9.7 中的参数进行设置。

（3）在"logo"图层上右击，在弹出的快捷菜单中选择"拷贝图层"命令，产生一个新图层"logo 复制"。此图层中文本的其他属性不变，仅在"属性"面板中将文字颜色设置为白色。在"logo 复制"图层上右击，在弹出的快捷菜单中选择"插入图层"命令。

（4）在"时间轴"面板中的"图层_2"图层上右击，在弹出的快捷菜单中选择"遮罩层"命令，会自动生成遮罩效果。此时"时间轴"面板中的图层如图 9.8 所示。

（5）选择遮罩层的第 1 帧，使用"矩形工具"在舞台中绘制一个矩形。矩形的颜色可以

| 161

为白色以外的任意颜色。使用"任意变形工具"将矩形旋转一定的角度,并将矩形移动到文字左上方,如图9.9所示。

(6)同时选中所有图层的第15帧,右击,在弹出的快捷菜单中选择"添加关键帧"命令(或按F6键)。

(7)选择遮罩层的第15帧,将矩形移动到文字右下方,如图9.10所示。

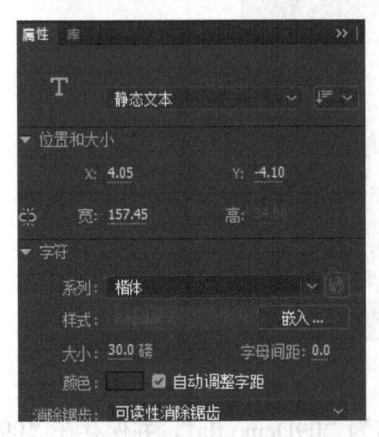

图 9.7

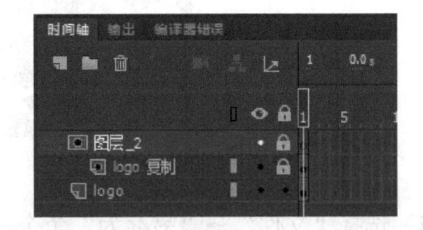

图 9.8

图 9.9

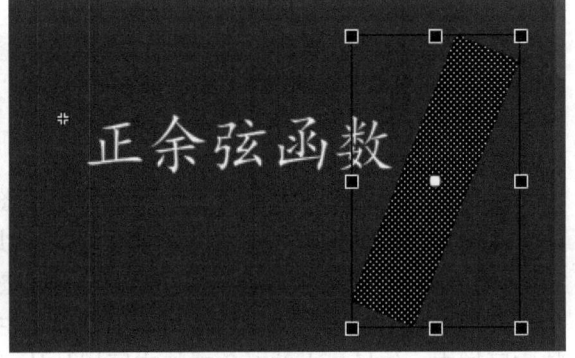

图 9.10

(8)在"图层_2"图层的任意帧上右击,在弹出的快捷菜单中选择"创建传统补间"命令,在弹出的"将所选的内容转换为元件以进行补间"对话框中单击"确定"按钮[见图9.11(a)],这时,遮罩层中出现了箭头线段,说明传统补间动画创建成功,如图9.11(b)所示。

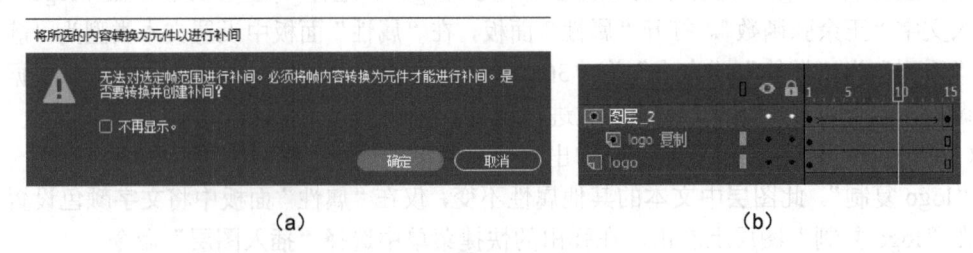

(a)　　　　　　　　　　　　　　　　　　(b)

图 9.11

(9)返回"场景1",选择"logo"图层,选择"库"面板中的"logo"元件,将其拖动到舞台中并调整其位置,如图9.12所示。

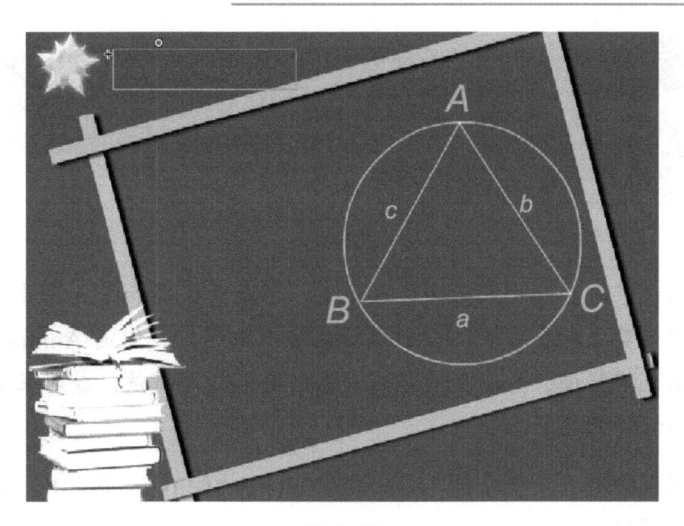

图 9.12

（10）选择"控制"→"测试影片"→"在 Animate CC 中"命令（或按 Ctrl+Enter 组合键），测试影片，观看舞台中"正余弦函数"产生的遮罩效果。

9.3 加载外部的 SWF 文件

下面使用 ActionScript 把外部的 SWF 文件加载到 Animate CC 文件中。加载外部内容可以防止 Animate CC 文件因太大而难以下载。最重要的是，它可以让用户更容易地编辑模块的每个区域，使主 Animate CC 文件简单明了，且涵盖更多的内容。要加载外部的 SWF 文件，需要使用两个 ActionScript 对象，即 Loader 和 URLRequest。

（1）选择"text"图层，打开"库"面板，将"素材"文件夹中的所有素材都拖动到舞台中，并调整图形的位置和大小，如图 9.13 所示。

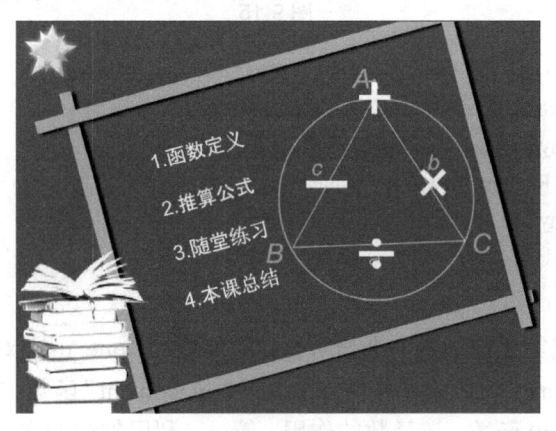

图 9.13

（2）选择"Action"图层的第 1 帧，按 F9 键（或在"Action"图层上右击，在弹出的快捷菜单中选择"动作"命令），打开"动作"面板，输入以下代码：

```
var myLoader:Loader=new Loader();
```

此代码创建了一个 Loader 对象，并将其命名为"myLoader"，如图 9.14 所示。

图 9.14

注意：在输入代码时要切换到英文输入状态，字母大小写和标点符号都要正确。要特别注意标点符号必须是英文标点符号，否则代码无法正常运行。但是 Animate CC 只能查出语法错误而不能查出逻辑错误，所以在制作前，我们要先构思清楚，否则在制作完成后才发现逻辑错误会就影响设计效率。

本课件的代码保存在"范例文件\Lesson09\09Start\代码.txt"文件中，可以从该文件中把代码复制到编辑的项目中。

（3）在舞台中选择"Image1"元件实例（加号），并在"属性"面板中设置该元件实例的名称为"one_mc"，如图 9.15 所示。

图 9.15

（4）在现有的代码下方输入以下代码：

```
one_mc.addEventListener(MouseEvent.CLICK, onecontent);
function onecontent(myevent:MouseEvent):void {
    var myURL:URLRequest=new URLRequest("one.swf");
    myLoader.load(myURL);
    addChild(myLoader);
}
```

此代码的意思：在第 2 行创建一个侦听器，用来检测"one_mc"对象上的鼠标单击事件。当侦听到鼠标在"one_mc"对象上单击时，将执行"onecontent"函数。在以上代码中，function 关键字定义了 onecontent 函数。该函数的作用：第一，利用加载的文件创建一个 URLRequest 对象；第二，把 URLRequest 对象加载到 Loader 对象中；第三，把 Loader 对象加载到舞台中。

（5）选择"控制"→"测试影片"→"在 Animate CC 中"命令，测试影片。此时在影片中单击加号，会出现"范例文件\Lesson09\09Complete\one.swf"文件中的内容。

（6）在"属性"面板中分别设置舞台中的"Image2""Image3""Image4" 3 个影片剪辑元件实例的名称为"two_mc""three_mc""four_mc"。然后选择"Action"图层的第 1 帧，按

F9 键打开"动作"面板,在面板中已有的代码下方输入以下代码:

```
two_mc.addEventListener(MouseEvent.CLICK, twocontent);
function twocontent(myevent:MouseEvent):void {
    var myURL:URLRequest=new URLRequest("two.swf");
    myLoader.load(myURL);
    addChild(myLoader);
}
three_mc.addEventListener(MouseEvent.CLICK, threecontent);
function threecontent(myevent:MouseEvent):void {
    var myURL:URLRequest=new URLRequest("three.swf");
    myLoader.load(myURL);
    addChild(myLoader);
}
four_mc.addEventListener(MouseEvent.CLICK, fourcontent);
function fourcontent(myevent:MouseEvent):void {
    var myURL:URLRequest=new URLRequest("four.swf");
    myLoader.load(myURL);
    addChild(myLoader);
}
```

此时,"动作"面板如图 9.16 所示。

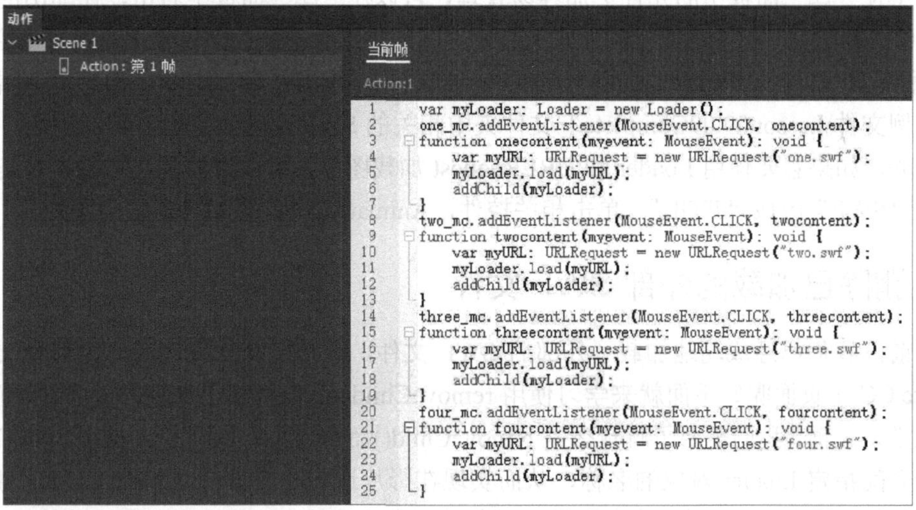

图 9.16

(7) 在"属性"面板中分别设置舞台中的"Text1""Text2""Text3""Text4"4 个按钮元件实例的名称为"One_btn""Two_btn""Three_btn""Four_btn",然后选择"Action"图层的第 1 帧,按 F9 键打开"动作"面板,在面板中已有的代码下方输入以下代码:

```
One_btn.addEventListener(MouseEvent.CLICK, Onecontent);
function Onecontent(myevent:MouseEvent):void {
    var myURL:URLRequest=new URLRequest("one.swf");
    myLoader.load(myURL);
```

```
        addChild(myLoader);
    }
    Two_btn.addEventListener(MouseEvent.CLICK, Twocontent);
    function Twocontent(myevent:MouseEvent):void {
        var myURL:URLRequest=new URLRequest("two.swf");
        myLoader.load(myURL);
        addChild(myLoader);
    }
    Three_btn.addEventListener(MouseEvent.CLICK, Threecontent);
     function Threecontent(myevent:MouseEvent):void {
        var myURL:URLRequest=new URLRequest("three.swf");
        myLoader.load(myURL);
        addChild(myLoader);
    }
    Four_btn.addEventListener(MouseEvent.CLICK, Fourcontent);
    function Fourcontent(myevent:MouseEvent):void {
        var myURL:URLRequest=new URLRequest("four.swf");
        myLoader.load(myURL);
        addChild(myLoader);
    }
```

为了使"库"面板中的元件更加容易管理，可以在"库"面板中右击，在弹出的快捷菜单中选择"新建文件夹"命令，然后将所有元件都放入这个新建的文件夹中。选择"控制"→"测试影片"→"在 Animate CC 中"命令，测试影片。单击在影片中添加的影片剪辑，会出现"范例文件\Lesson09\09Complete"文件夹中相关的 SWF 文件。

另外，如果想要使用 Loader 和 URLRequest 加载图片，那么语法是一样的，只是需要将文件名"SWF"改成"JPGE"。单击相关控件，Animate CC 就会加载指定的图片。

9.4 删除已加载的外部 SWF 文件

目前，我们已经成功地加载了外部的 SWF 文件，但是，在加载之后，如何使文件回到 Animate CC 主页面呢？下面就来学习使用 removeChild()命令删除已加载的外部 SWF 文件。

在学习之前，我们需要了解什么是 removeChild()命令，以及如何在 removeChild()命令的圆括号之间指定 Loader 对象的名称，从而实现在影片运行时在舞台中删除 Loader 对象的效果。此命令并不能完全删除对象，而是将对象从舞台中清除，但是它仍存在于计算机内存中，只是在播放时不显示而已。

（1）选择"Action"图层的第 1 帧，打开"动作"面板。在现有代码下方输入以下代码：

```
myLoader.addEventListener(MouseEvent.CLICK, unloadcontent);
function unloadcontent(myevent:MouseEvent):void {
    removeChild(myLoader);
}
```

这段代码的意思是把侦听器添加到名为"myLoader"的 Loader 对象中。当单击此对象时，会执行 unloadcontent 函数。从此函数的执行过程来看，我们不会在舞台中看到 Loader 对象，因为它已经被删除。

（2）测试影片。单击影片中的任意一个 Loader 对象（影片中的加号、减号、乘号、除号），可以看到加载的外部 SWF 文件。单击加载的外部 SWF 文件的任何区域，将返回 Animate CC 文件的主页面。

9.5 控制影片剪辑

当返回 Animate CC 文件的主页面时，我们可以单击另一个影片剪辑来加载不同的 SWF 文件；也可以重新播放初始动画，将它嵌套到影片剪辑内；还可以控制舞台中的影片剪辑。因此，我们将用到 gotoAndStop、gotoAndPlay、stop 和 play 语句来导航影片剪辑的时间轴及主时间轴。

（1）选择"Action"图层的第 1 帧，打开"动作"面板。

（2）在刚刚添加的 unloadcontent 函数中输入以下代码：

```
function unloadcontent(myevent:MouseEvent):void {
    removeChild(myLoader);
    one_mc.gotoAndPlay(1);
    two_mc.gotoAndPlay(1);
    three_mc.gotoAndPlay(1);
    four_mc.gotoAndPlay(1);
}
```

在 unloadcontent 函数中，当用户单击 Loader 对象时，将执行它。从舞台中删除 Loader 对象，把每个影片剪辑的播放头都移动到第 1 帧。

（3）选择"控制"→"测试影片"→"在 Animate CC"中命令，测试影片。此时单击 4 个数学运算符号中的任何一个，都将加载各自指定的外部 SWF 文件。单击加载的内容，将返回主文件。

本课件的全部代码如下：

```
var myLoader:Loader=new Loader ();

one_mc.addEventListener(MouseEvent.CLICK, onecontent);
function onecontent(myevent:MouseEvent):void {
    var myURL:URLRequest=new URLRequest("one.swf");
    myLoader.load(myURL);
    addChild(myLoader);
}
two_mc.addEventListener(MouseEvent.CLICK, twocontent);
function twocontent(myevent:MouseEvent):void {
    var myURL:URLRequest=new URLRequest("two.swf");
    myLoader.load(myURL);
    addChild(myLoader);
}
three_mc.addEventListener(MouseEvent.CLICK, threecontent);
```

```
function threecontent(myevent:MouseEvent):void {
    var myURL:URLRequest=new URLRequest("three.swf");
    myLoader.load(myURL);
    addChild(myLoader);
}
four_mc.addEventListener(MouseEvent.CLICK, fourcontent);
function fourcontent(myevent:MouseEvent):void {
    var myURL:URLRequest=new URLRequest("four.swf");
    myLoader.load(myURL);
    addChild(myLoader);
}

One_btn.addEventListener(MouseEvent.CLICK, Onecontent);
function Onecontent(myevent:MouseEvent):void {
    var myURL:URLRequest=new URLRequest("one.swf");
    myLoader.load(myURL);
    addChild(myLoader);
}
Two_btn.addEventListener(MouseEvent.CLICK, Twocontent);
function Twocontent(myevent:MouseEvent):void {
    var myURL:URLRequest=new URLRequest("two.swf");
    myLoader.load(myURL);
    addChild(myLoader);
}
Three_btn.addEventListener(MouseEvent.CLICK, Threecontent);
function Threecontent(myevent:MouseEvent):void {
    var myURL:URLRequest=new URLRequest("three.swf");
    myLoader.load(myURL);
    addChild(myLoader);
}
Four_btn.addEventListener(MouseEvent.CLICK, Fourcontent);
function Fourcontent(myevent:MouseEvent):void {
    var myURL:URLRequest=new URLRequest("four.swf");
    myLoader.load(myURL);
    addChild(myLoader);
}
myLoader.addEventListener(MouseEvent.CLICK, unloadcontent);
function unloadcontent(myevent:MouseEvent):void {
    removeChild(myLoader);
    one_mc.gotoAndPlay(1);
    two_mc.gotoAndPlay(1);
    three_mc.gotoAndPlay(1);
    four_mc.gotoAndPlay(1);
}
```

课后习题

一、模拟练习

浏览"模拟练习\Lesson09\作品\Lesson09.swf"文件，仿照"Lesson09.swf"文件，制作一个类似的课件。课件资料已提供，保存在"模拟练习\Lesson09\作品素材"文件夹中。

二、自主创意

自主设计一个 Animate CC 课件，应用本章所学的创建遮罩层、使用 ActionScript 加载外部的 SWF 文件等知识。

三、理论题

1．怎样创建遮罩层？创建遮罩层有什么作用？
2．怎样加载外部的 SWF 文件？
3．加载外部的 SWF 文件有什么好处？需要注意什么？
4．怎样删除已加载的外部 SWF 文件？
5．如何控制影片剪辑的时间轴？

理论题答案

1．在需要创建遮罩层的图层上右击，在弹出的快捷菜单中选择"遮罩"命令，该图层就会自动生成遮罩层，图标会由普通层图标变为遮罩层图标，系统自动把遮罩层下方的一层关联为被遮罩层。遮罩主要有两种用途：一种是用在整个场景或一个特定区域中，使场景上的对象或特定区域外的对象不可见；另一种是用来遮罩住某一元件的一部分，从而实现一些特殊的效果。

2．Animate CC 可以通过帧、按钮、影片剪辑来调用外部的文件。使用两个 ActionScript 对象，即 Loader 和 URLRequest，将指定的 SWF 文件加载到 Animate CC 中。

3．加载外部的 SWF 文件，可以增加 Animate CC 文件内容的丰富性，同时使得 Animate CC 文件内容模块化，更易于管理。在加载外部的 SWF 文件时，要注意必须把 Animate CC 主文件和要加载的外部文件放在同一个文件夹之中。

4．想要删除已加载的外部 SWF 文件，可以使用 removeChild() 命令。添加一个 unloadcontent 函数，把一个侦听器添加到 Loader 对象中，单击此对象，就会执行 unloadcontent 函数。当 Animate CC 文件运行时，单击加载的外部 SWF 文件的任何区域，即可退出已加载的 SWF 文件。

5．可以利用 ActionScript 来控制影片剪辑的时间轴。通过元件实例名称使它们作为目标，在名称后面输入句号，然后在"动作"面板中输入相关的代码。此外，我们还将用到 gotoAndStop、gotoAndPlay、stop 和 play 语句来导航影片剪辑的时间轴及主时间轴。

第 10 章

Animate CC 课件的摄像机控制

本章视频学习资源

本章学习内容

（1）打开或关闭摄像机功能。
（2）启用或禁用摄像机。
（3）缩放、旋转或平移摄像机。
（4）对摄像机图层应用色调。
（5）在摄像机图层中调整滤镜。
（6）使用摄像机锁定图层。
（7）使用"图层深度"面板创建景深。
（8）本章课件案例制作。

本章课件案例介绍

本章课件案例是一个介绍大自然并强调生物多样性的课件案例（见图 10.1），画面优美且生动，通过摄像机把大自然展现给观众，效果逼真，感染力强。通过学习本章，读者要掌握 Animate CC 摄像机的使用及其相关概念。

图 10.1

10.1 预览完成的课件

(1)打开已制作完成的课件。打开"范例文件\Lesson10\10Complete\10Complete.swf"文件,预览完成的课件(见图10.2),对将要进行的制作有个概要性的了解。

图 10.2

(2)关闭课件。

10.2 摄像机功能介绍

摄像机功能是在 Animate 2018 版本中开始增加的功能,此外,Animate 2018 版本还增加了图层深度、操作码向导、自定义缓动和把文件转换为其同类型文件等内容。图 10.3 中的 ■ 是"摄像机"按钮, ■ 是"显示父级视图"按钮, ■ 是"调用图层深度"按钮。

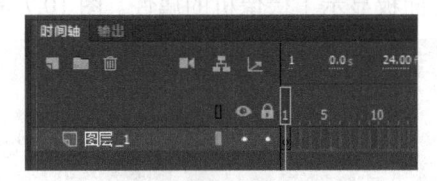

图 10.3

利用 Animate 中的摄像机功能,动画制作人员可模拟真实的摄像机。在没有摄像机功能之前,动画制作人员需要依赖具有各种品质和兼容性的第三方扩展,或者更改自己的动画来模仿摄像机的移动。有了摄像机功能,动画制作人员就可以直接使动画随着帧的主题进行平移;对对象进行特写;缩小帧;增大图片的可视范围;修改焦点,使观众的注意力从一个主题移转到另一个主题;旋转摄影头;使用色调或滤镜对场景套用颜色效果等。

10.3 在创建的文件中打开和关闭摄像机功能

在新建一个文件后,摄像机功能不一定是打开的,如果"时间轴"面板中的"摄像机"按钮是灰色的(见图10.4),摄像机功能就不可用。

要使用摄像机功能,可选择"修改"→"文档"命令,在弹出的"文档设置"对话框中,勾选"使用高级图层"复选框,单击"确定"按钮,如图10.5所示。

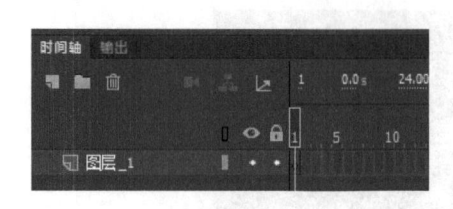

图 10.4

图 10.5

若要关闭摄像机功能，则取消勾选"使用高级图层"复选框。

10.4 创建摄像机图层，启用或禁用摄像机

在打开摄像机功能后，我们就可以创建摄像机图层。单击"时间轴"面板中的"摄像机"按钮，在"时间轴"面板中会增加一个"Camera"图层，即摄像机图层，如图 10.6 所示。

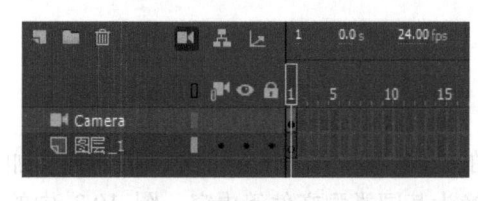

图 10.6

在创建摄像机图层后，可以通过单击工具面板或"时间轴"面板中的"摄像机"按钮启用或禁用摄像机。在启用摄像机后，当前文件被置于摄像机模式下，可以在舞台边界看到摄像机的边框，舞台边界的颜色会与摄像机图层的颜色相同，舞台中出现放大、缩小和旋转摄像机的工具，摄像机图层正处于选中状态，"属性"面板显示了摄像机的属性。图 10.7 是启用摄像机后舞台的状态。

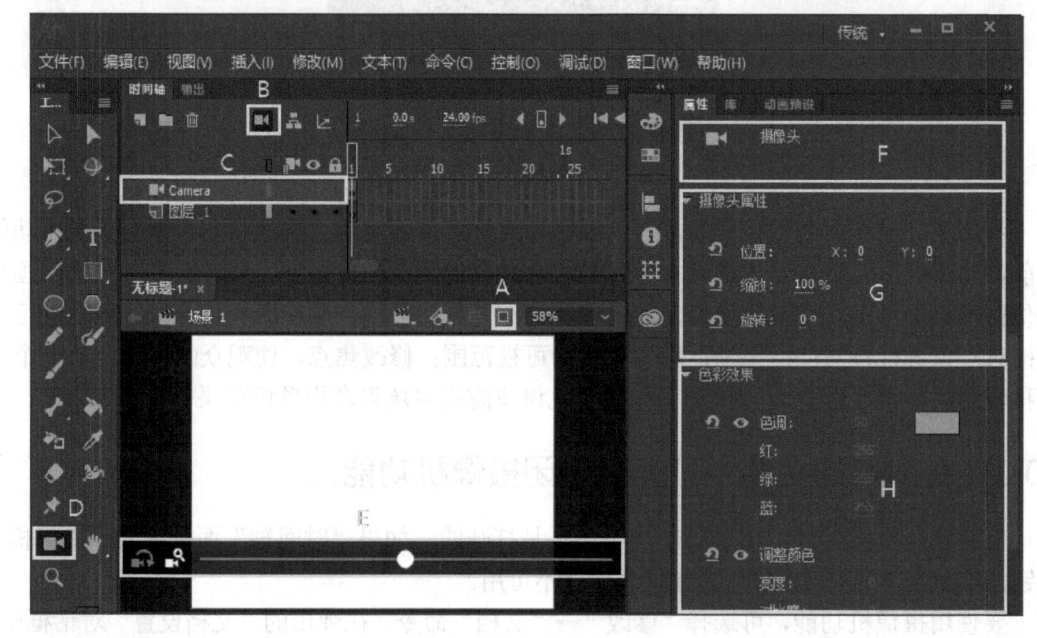

图 10.7

A 为剪切掉舞台范围以外内容，B 为"摄像机"按钮，C 为"Camera"图层，D 为"摄像机工具"，E 为摄像机属性调节工具，F 为摄像机图标，G 为摄像机属性，H 为摄像机色彩效果。

10.5 缩放、旋转或平移摄像机

10.5.1 缩放摄像机

（1）使用屏幕上的缩放控件进行缩放。要使用摄像机的缩放功能，则必须确保"摄像机工具"是活动的，"缩放"模式应该高亮显示，如图 10.8 所示。将滑块向右侧移动，可放大对象；将滑块向左侧移动，可缩小对象。要想能向两侧无限缩放，可松开滑块，使滑块迅速回至中间位置。

（2）在摄像机的"属性"面板中修改缩放参数，如图 10.9 所示。

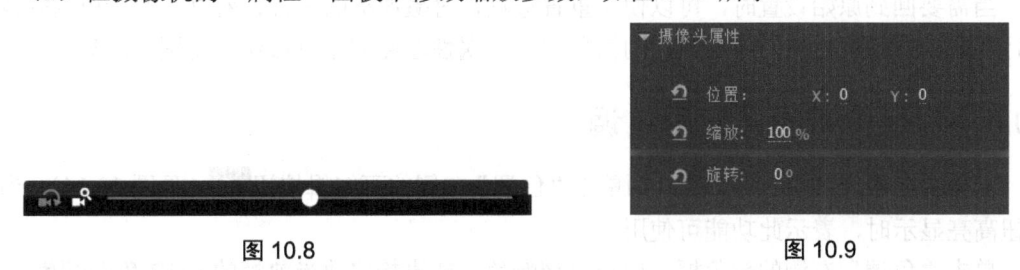

图 10.8

图 10.9

注意：在使用摄像机的缩放功能时，要注意图片的分辨率。

10.5.2 旋转摄像机

（1）使用屏幕上的旋转控件对对象进行旋转。要使用摄像机的旋转功能，则必须确保"摄像机工具"是活动的，"旋转"模式应该高亮显示，如图 10.10 所示。将滑块向右侧移动，可逆时针旋转对象；将滑块向左侧移动，可顺时针旋转对象。要想能向两侧无限旋转，可松开滑块，使对象迅速回至停驻位置。

（2）在摄像机的"属性"面板中修改旋转参数，如图 10.11 所示。

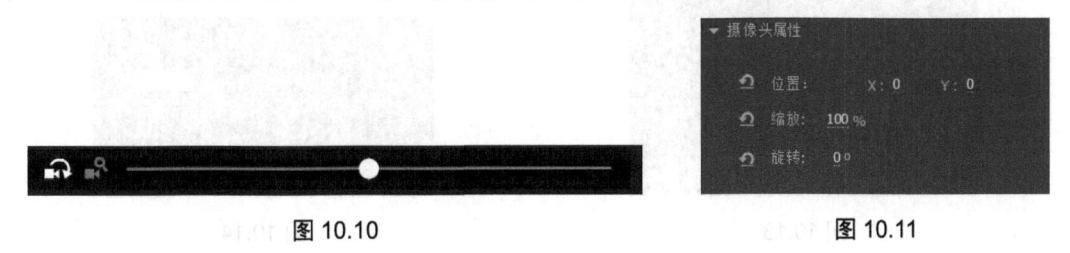

图 10.10

图 10.11

10.5.3 平移摄像机

（1）在舞台摄像机图层中的任意位置，单击摄像机定界框并拖动。

（2）平移对象，需要向上或向下滚动，或者使用 Shift 键水平或垂直平移，在这个过程中无须任何倾斜。

（3）当"摄像机工具"处于活动状态时，在摄像机边界内的任何拖动动作都是平移操作。

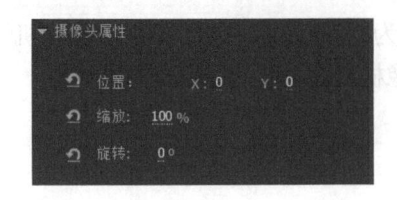

图 10.12

为了获得更精确的平移效果，可以在摄像机的"属性"面板中修改摄像机的 X、Y 坐标值，如图 10.12 所示。

要在水平方向上平移对象，可以直接修改 X 坐标值，然后向右或向左拖动滑块。

要在垂直方向上平移对象，可以直接修改 Y 坐标值，然后向右或向左拖动滑块。

注意：在舞台中，对象的移动方向与拖动的方向是相反的，因为在移动的过程中，移动的是摄像机，而不是舞台中的对象。

10.5.4 摄像机效果的重置选项

当需要回到原始设置时，可以使用重置选项，对摄像机的平移、缩放、旋转和色彩效果进行复原。要保留之前的属性值，则需单击每个属性左侧的重置按钮（见图 10.13）。

10.6 对摄像机图层应用色调

若需要启用或禁用色调效果，则单击"色调"左侧的可编辑按钮 👁（见图 10.14）。当该按钮高亮显示时，表示此功能可使用。

单击"色调"右侧的颜色框，选择色调颜色，或直接修改当前帧的 RGB 色调颜色。

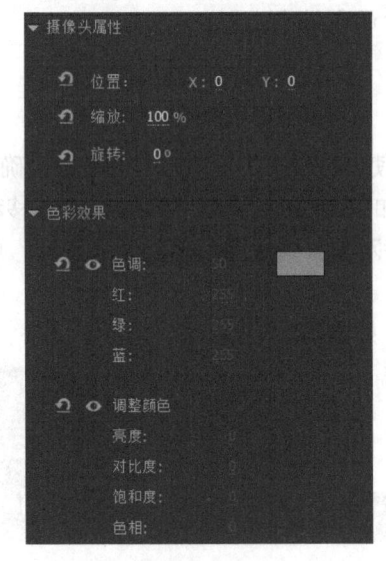

图 10.13

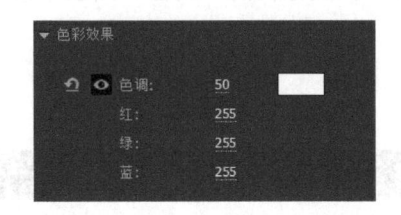

图 10.14

注意：ActionScript 3.0 和 WebGL 文件类型支持此功能。

10.7 在摄像机图层中调整滤镜

（1）在摄像机的"属性"面板中，单击"调整颜色"左侧的可编辑按钮（见图 10.15），可启用或禁用滤镜。当该按钮高亮显示时，表示此功能可使用。

（2）修改当前帧的亮度、对比度、饱和度和色相。亮度、对比度、饱和度的可接受范围为-100%～100%，色相的范围为-180°～180°。

注意：仅 ActionScript 3.0 文件类型支持此功能。

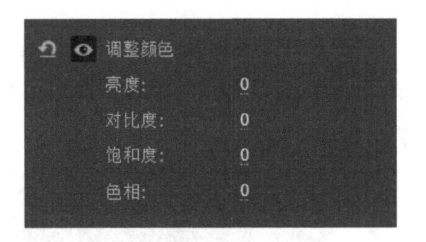

10.8 使用摄像机锁定图层

如果需要让动画的一些对象保持在摄像机的视图中，如在游戏中显示时间表的动作按钮和平视显示器，就必须使该对象在摄像机移动时被锁定。Animate 中的附加到摄像机功能能够实现这个效果。

（1）在"时间轴"面板中单击将图层附加到摄像机按钮 ，当图层中出现链接图标 时，就表示该图层被锁定到摄像机图层，如图 10.16 所示。

（2）选择一个图层，双击图层前面的图层图标 ，就会弹出"图层属性"对话框，勾选"连接至摄像头"复选框（见图 10.17），就能用摄像机锁定该图层。锁定后，该图层中的内容不会随着摄像机移动，不会因为摄像机推拉镜头而放大或缩小。

图 10.15

图 10.16 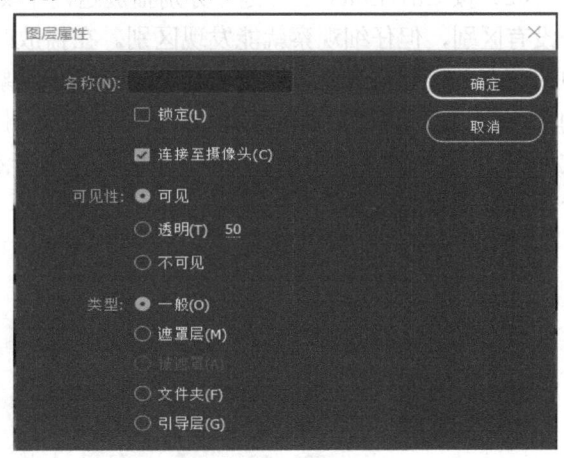　　　　　　　　　图 10.17

图 10.17 中的"锁定"选项是常规的锁定图层操作选项，图层被锁定后会出现一个小锁图标，图层中的内容将不能被编辑。一定不要混淆常规的锁定图层操作和使用摄像机锁定图层操作。

10.9 使用"图层深度"面板创建景深

10.9.1 图层深度的概念

在现实生活中移动摄像机来拍摄景色时，我们会产生一种深度感，这是因为前景元素在镜头中的运动速度比背景元素快，这称为视差效应。我们很熟悉这种效应，当坐在行驶的汽车中通过车窗向外看时，就存在视差效应——近处的树木和街道标志从车窗中一闪而过，远处的山脉则缓慢移动。

Animate 提供了创建这种深度感的功能。用户可以使用"图层深度"面板对摄像机的运动进行动画处理。"图层深度"面板允许用户设置图层的 z 深度，z 深度表示图层到摄像机的距离。

10.9.2 "图层深度"面板的使用

（1）打开"范例文件\Lesson10\10Complete"文件夹中的"摄像机教学（未添加景深）.fla"和"摄像机教学（添加景深）.fla"两个文件，这两个文件在时间轴上的结构是一样的，如图 10.18 所示。

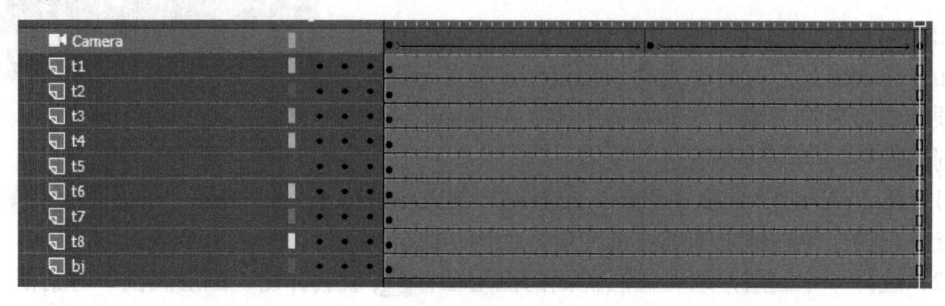

图 10.18

（2）按 Ctrl+Enter 组合键，分别播放这两个文件。这两个文件的画面内容是一样的，似乎没有区别，但仔细观察就能发现区别。在播放时，"摄像机教学（未添加景深）.fla"文件中的所有大楼都是等比例缩放和移动的，但"摄像机教学（添加景深）.fla"文件中的大楼移动快，缩放比例也比后面的大楼大，立体感较强。图 10.19 是"摄像机教学（未添加景深）.fla"文件第 25 帧的画面，图 10.20 是"摄像机教学（添加景深）.fla"文件第 25 帧的画面，这两个画面有明显的区别。

图 10.19

图 10.20

（3）下面给"摄像机教学（未添加景深）.fla"文件加上景深效果。选择"文件"→"另存为"命令，将文件名命名为"景深 Demo.fla"，保存在"10Complete"文件夹中。在"时间轴"面板中单击"调用图层深度"按钮![]，打开"图层深度"面板，如图 10.21 所示。

在默认情况下，"图层深度"面板是关闭的，所有图层的 z 深度值都是 0。在"图层深度"面板处于关闭状态时，摄像机的平移和缩放不会显示深度感，整体效果如同摄像机在一个平面中平移或者缩放。尽管图片会移动或变大、变小，但是单独的图层之间没有差异运动。

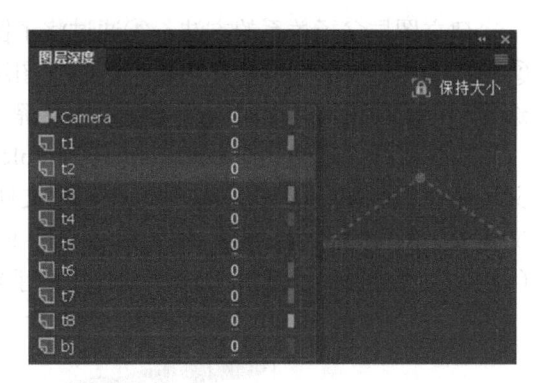

图 10.21

在图 10.21 中，有一个三角形框架，其中的小圆点代表摄像机的位置，有颜色的线条代表该对象距离摄像机的距离（空间距离）。

需要注意的是，z 深度与每个图层的单个关键帧都相互关联。也就是说，同样的图层在一个关键帧处可以具有特定的 z 深度，然后在时间轴后面的另外一个关键帧处有一个不同的 z 深度。对象可以在图层之间"跳来跳去"，以更改到摄像机的距离。既然 z 深度与单独的关键帧相关联，那么我们可以在两个关键帧之间应用补间，以对靠近摄像机或者远离摄像机的运动进行动画处理。对 z 深度进行动画处理，可以在 3 个维度上打开一个全新的创意世界。

（4）用鼠标拖动线条或直接修改参数值，可以改变对象与摄像机的距离。在每次修改时都要单击"保持大小"按钮，这样对象的大小就不会被修改。修改后的参数如图 10.22 所示。

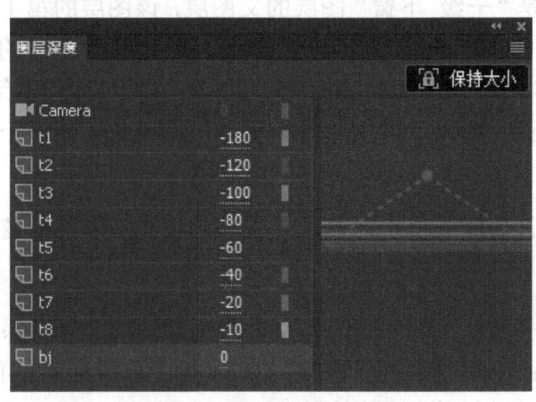

图 10.22

（5）按 Ctrl+Enter 组合键预览动画，可以看到景深效果。

10.10 图层父子关系

在"时间轴"面板中有一个![]按钮，叫"显示父级视图"按钮，下面介绍这个按钮。

Animate 允许将一个图层设置为另一个图层的父项。建立图层父子关系的一种简单方法是允许动画的一个图层对象控制另一个图层对象。利用此功能，动画设计人员或游戏设计人员可以轻松地控制人物不同部位的移动，从而缩短动画开发时间。

建立图层父子关系的方法：①通过将子图层拖动到一个新图层中来建立图层父子关系；②单击子图层并选择移除父图层来删除父图层；③单击子图层并选择更改父图层来为父图层选择一个新图层。下面用一个案例进行讲解。

（1）打开"范例文件\Lesson10\10Complete"文件夹中的"父子级-手臂抬起.fla"和"无父子级-手臂抬起.fla"两个文件。在两个文件中分别按 Ctrl+Enter 组合键，可以看到这两个文件最大的区别是"父子级-手臂抬起.fla"文件中的手臂抬起动画自然，无错位［见图 10.23（a）］，"无父子级-手臂抬起.fla"文件中的手臂抬起动画不自然，有错位［见图 10.23（b）］。

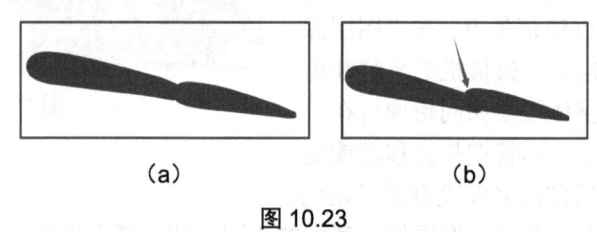

（a）　　　　　　　（b）

图 10.23

（2）查看"父子级-手臂抬起.fla"文件的"时间轴"面板中的图层结构，单击"显示父级视图"按钮，图层的父子关系就显示出来了，如图 10.24 所示。

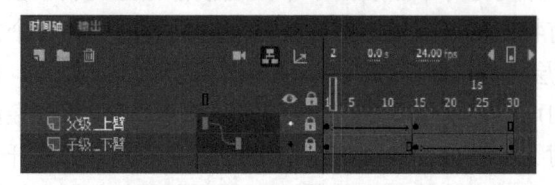

图 10.24

"父级_上臂"图层是"子级_下臂"图层的父图层，该图层的第 1~14 帧中有一个上臂抬起的动画，所以"子级_下臂"图层的下臂也和"父级_上臂"图层的上臂一起运动，做着一模一样的动作。到第 15 帧时，子图层的第 15~30 帧中有一个下臂抬起的动画，由于子图层不能带动父图层一起动画，所以下臂抬起时上臂并没有变化，这样一个完整的手臂抬起动画就完成了。

注意：子图层对象只能随父图层对象做位置移动变化，不能做随父图层对象做放大或缩小的变化。

（3）下面在"无父子级-手臂抬起.fla"文件中添加图层父子关系。首先把该文件另存为"父子级-手臂抬起 Demo.fla"，然后在该文件的时间轴上删除所有的传统补间动画，图 10.25 为删除前的效果，图 10.26 为删除后的效果。

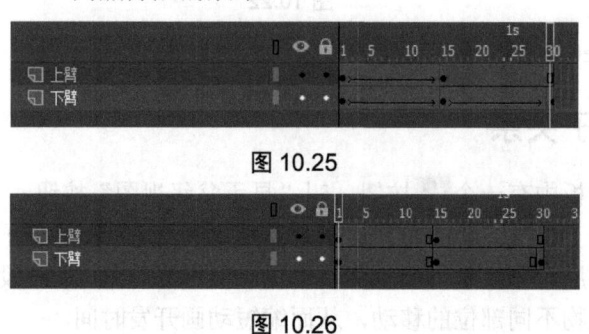

图 10.25

图 10.26

（4）为"下臂"图层的 3 个关键帧添加父子关系。首先单击"显示父级视图"按钮，选择"下臂"图层的第 1 个关键帧（第 1 帧），从"下臂"图层的名称后开始，按住鼠标左键拖动到"上臂"图层名称后的区域松开鼠标左键，设置"上臂"图层为"下臂"图层的父图层，如图 10.27 和图 10.28 所示。

图 10.27

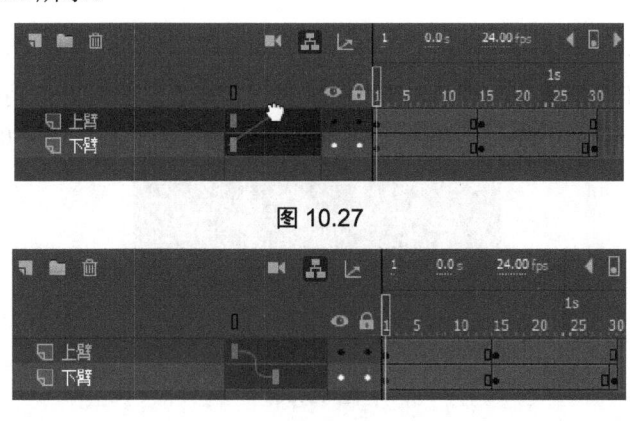

图 10.28

在"下臂"图层的后两个关键帧（第 14 帧和第 30 帧）上，用同样的方法设置"上臂"图层为父图层。

注意：父图层是以关键帧为单位设置的，每个关键帧都可以单独设置父图层。

（5）添加传统补间动画。在"上臂"图层的第 1～14 帧的任意一帧上右击，在弹出的快捷菜单中选择"创建传统补间"命令，这样，当父图层中的上臂向上移动时，子图层中的下臂也会一起移动。在"下臂"图层的第 15～30 帧的任意一帧上右击，在弹出的快捷菜单中选择"创建传统补间"命令，这样子图层中的下臂在第 15 帧时开始向左转动（见图 10.29）。当然，"下臂"图层的后两个关键帧不设置父图层也可以正常运行动画，不过这里还是都进行了设置。

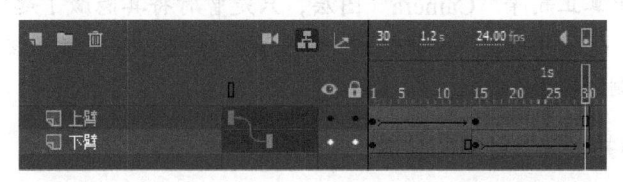

图 10.29

（6）运行动画，查看效果。

10.11 本章课件案例制作

10.11.1 打开文件并开始制作

在"范例文件\Lesson10\10Start"文件夹中有一个名为"10Start.fla"的文件，该文件完成了一部分工作，并且所需要的元素已经被导入"库"面板中。在 Animate CC 中打开"10Start.fla"文件。选择"视图"→"缩放比率"→"符合窗口大小"命令，可以看到计算机屏幕上的整个舞台。

选择"文件"→"另存为"命令,将文件命名为"10Demo.fla",并保存在"10Start"文件夹中。

10.11.2　在摄像机图层中添加关键帧并设置摄像机的参数

1．添加摄像机图层

使用"摄像机工具"或者"时间轴"面板中的"摄像机"按钮,启用摄像机。此时,"时间轴"面板中出现一个"Camera"图层,并且处于活动状态,如图 10.30 所示。

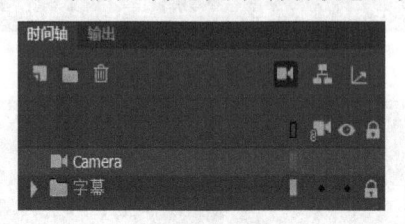

图 10.30

舞台中出现摄像机控件,如图 10.31 所示。

图 10.31

注意："摄像机工具"不适用于所有类型的 Animate 文件。单击"时间轴"面板中的"摄像机"按钮,并不能真正删除"Camera"图层,只是暂时将其隐藏了起来,可以再次单击该按钮恢复"Camera"图层。若需要彻底删除"Camera"图层,则可以将该图层选中,单击"时间轴"面板中的"删除"按钮 。

2．添加关键帧并设置摄像机的参数

1）为"七星瓢虫"添加特写镜头

在"Camera"图层的第 55 帧和第 70 帧处按 F6 键,添加关键帧,如图 10.32 所示。

在第 55 帧处,选择"摄像机工具",在"摄像头属性"中修改摄像机的位置参数,如图 10.33 所示。

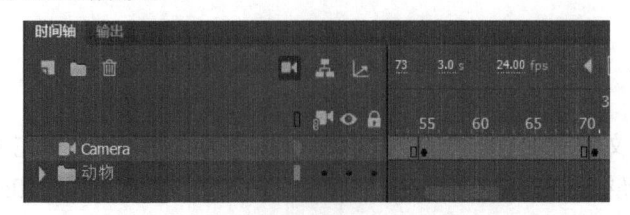

图 10.32 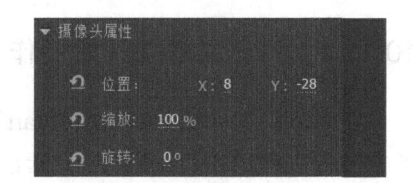　　　　　　　　　　　图 10.33

同理,在第 70 帧处,修改摄像机的位置和缩放参数,如图 10.34 所示。

为了使画面过渡得更加自然，我们需要添加一个传统补间动画。在第 55～70 帧的任意一帧上右击，在弹出的快捷菜单中选择"创建传统补间"命令，创建传统补间动画如图 10.35 所示。这样，从第 55 帧开始，出现移动和放大的效果，最终在第 70 帧停止，固定在如图 10.36 所示的画面，出现"七星瓢虫"的特写画面。

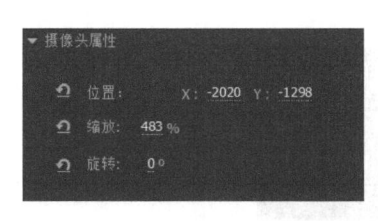

图 10.34

图 10.35

图 10.36

2）为"松鼠"和"小鸟"添加特写镜头

在第 138 帧和第 155 帧处添加关键帧，在第 155 帧处设置摄像机的位置参数（X：-1600，Y：-850）、缩放参数（483%）、旋转参数（0°）。

同理，为了使画面过渡自然，我们需要添加传统补间动画（见图 10.37）。这样，镜头从第 138 帧开始移动，最终在第 155 帧停止，固定在如图 10.38 所示的画面，出现"松鼠"和"小鸟"的特写镜头。

图 10.37

图 10.38

3）为"蝴蝶"添加特写镜头

在第 215 帧和第 228 帧处添加关键帧，在第 228 帧处设置摄像机的位置参数（X：611，Y：-658）、缩放参数（266%）、旋转参数（0°）。在第 215~228 帧处添加传统补间动画，如图 10.39 所示。这样，镜头从第 15 帧开始移动，最终在第 228 帧停止，固定在如图 10.40 所示的画面，出现"蝴蝶"的特写镜头。

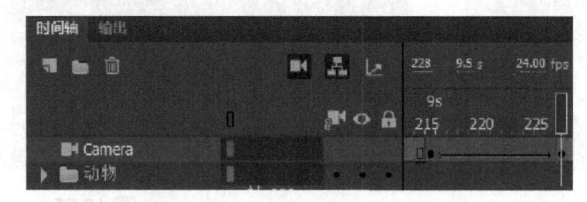

图 10.39

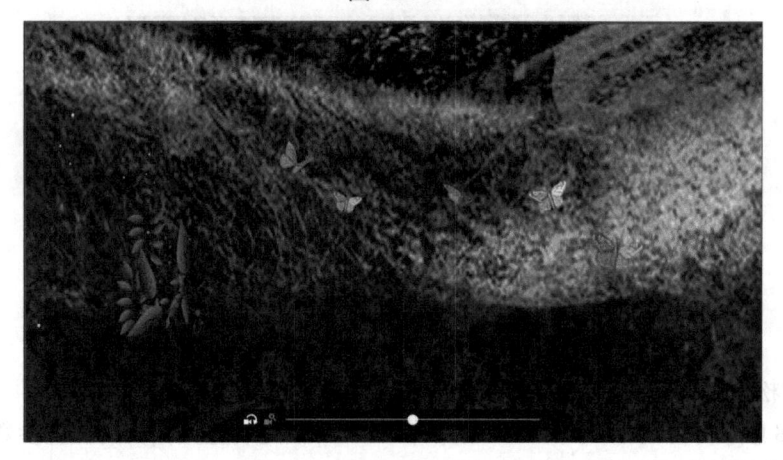

图 10.40

4）为"鹿群"添加特写镜头

在第 295 帧和第 309 帧处添加关键帧，在第 309 帧处设置摄像机的位置参数（X：1600，Y：-500）、缩放参数（483%）、旋转参数（0°）。在第 295~309 帧处添加传统补间动画，如图 10.41 所示。这样，镜头从第 295 帧开始移动，最终在第 309 帧停止，固定在如图 10.42 所示的画面，出现"鹿群"的特写镜头。

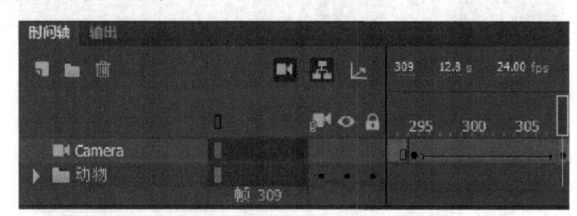

图 10.41

5）为"老虎"添加特写镜头

在第 340 帧和第 351 帧处添加关键帧，在第 351 帧处设置摄像机的位置参数（X：-1697，Y：-936）、缩放参数（872%）、旋转参数（0°）。在第 340~351 帧处添加传统补间动画，如图 10.43 所示。这样，镜头从第 340 帧开始移动，最终在第 351 帧停止，固定在如图 10.44 所示的画面，出现"老虎"的特写镜头。

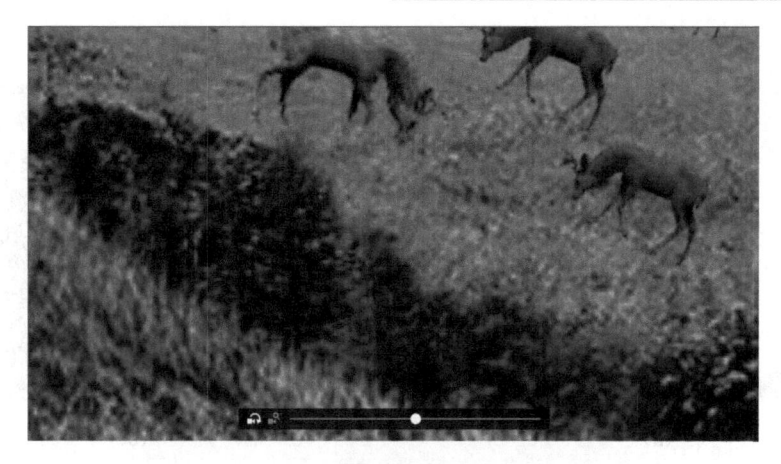

图 10.42

图 10.43

图 10.44

6)为"老鹰"添加特写镜头

在第 389 帧和第 502 帧处添加关键帧。在第 389 帧处设置摄像机的位置参数（X：45，Y：196）、缩放参数（219%）、旋转参数（0°）；在第 502 帧处设置摄像机的位置参数（X：-609，Y：-30）、缩放参数（219%）、旋转参数（0°）。在第 389~501 帧处添加传统补间动画。

这两个关键帧的效果：在第 389 帧，镜头从"老虎"突然切换到高空［见图 10.45（a）］，然后镜头慢慢地向第 502 帧的位置移动（通过传统补间动画实现的），移动的路径刚好是"老鹰"飞行的轨迹，就像是镜头在跟踪着"老鹰"移动，一直跟踪到第 502 帧所在位置［见图 10.45（b）］。画面中的"老鹰"是在实际运行时才出现的，因为"老鹰"飞翔是通过一个元件实现的，所以它在设计时的"场景 1"中不出现。

7)为"直升机"添加特写镜头

在第 525 帧处添加关键帧，设置摄像机的位置参数（X：-537，Y：193）、缩放参数（206%）、旋转参数（0°）。在第 502~525 帧处添加传统补间动画（见图 10.46），实现当"老鹰"飞出镜头之外时，镜头向上移动，进入"直升机"飞入的画面（见图 10.47）。图 10.47 中的"直升机"也是在实际运行时才出现的,这里截取的是运行时的画面。

(a)   (b)

图 10.45

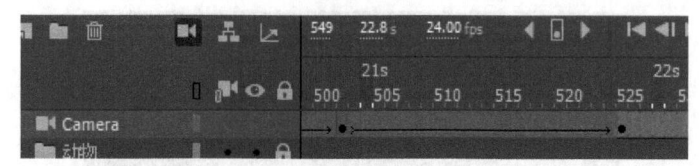

图 10.46

图 10.47

在第 636 帧处添加关键帧,设置摄像机的位置参数(X:809,Y:558)、缩放参数(352%)、旋转参数(0°),这里是"直升机"飞出画面的位置。在第 526～636 帧处添加传统补间动画,这样就实现了从第 526 帧"直升机"飞入画面到第 636 帧"直升机"飞出画面的镜头移动跟踪动画。

8)从"直升机"飞出时的第 636 帧过渡到全景画面

在第 653 帧处添加关键帧,设置摄像机的位置参数(X:10,Y:-30)、缩放参数(100%)、旋转参数(0°)。在第 536～653 帧处添加传统补间动画,这样就实现了从"直升机"飞出画面过渡到全景画面的效果。

10.11.3 添加字幕

1. 新建"字幕"图层

在"Camera"图层下方新建一个文件夹并将其命名为"字幕",在"字幕"文件夹中新建一个图层并将其命名为"字幕",如图 10.48 所示。

2. 为特写镜头添加字幕

在"字幕"图层中输入如图 10.49 所示的标题。

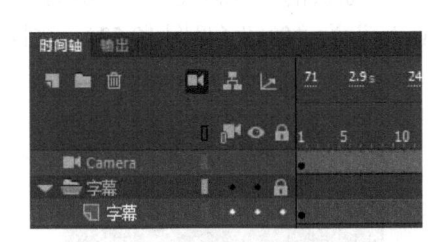

图 10.48

图 10.49

在"属性"面板中先设置"原野"的参数[见图 10.50（a）]，然后设置"充满了生机"的参数[见图 10.50（b）]。将"充满了危机"放到"充满了生机"下方，其属性同"充满了生机"。

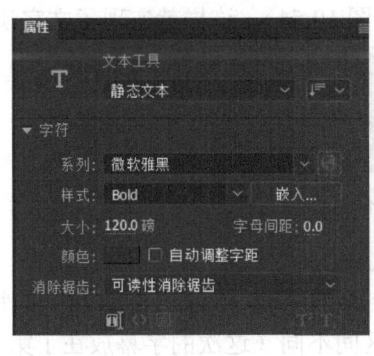

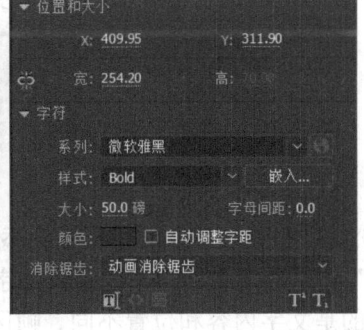

（a）　　　　　　　　　　（b）

图 10.50

1）为"七星瓢虫"的特写镜头添加字幕

在第 71 帧和第 138 帧处添加关键帧。在第 71 帧处输入文字"七星瓢虫、螳螂悠闲地爬行"[见图 10.51（a）]，文字的属性如图 10.51（b）所示。

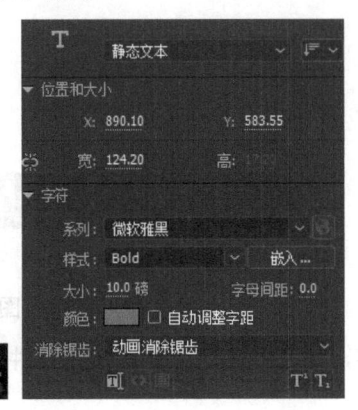

（a）　　　　　　　　　　（b）

图 10.51

在文字上右击，在弹出的快捷菜单中选择"转换为元件"命令，在弹出的"转换为元件"对话框中单击"确定"按钮，如图 10.52 所示。将对象转换为元件还可以在选中对象的情况下，按 F8 键直接转换。

在第 85 帧处添加关键帧。选择第 71 帧，在"属性"面板的"色彩效果"栏中的"样式"下拉列表中选择"Alpha"选项，拖动滑块，设置"Alpha"为"0%"（见图 10.53），这样的效果是在该帧文字变为全透明的了。

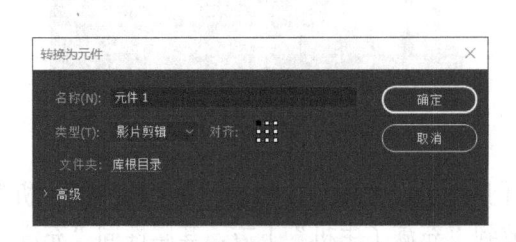

图 10.52 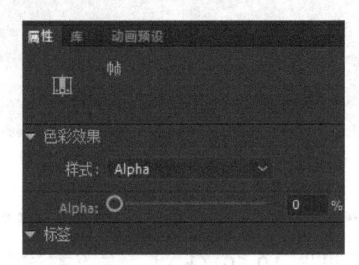　　　　　　　　　　图 10.53

在第 71～85 帧处添加传统补间动画（见图 10.54），这样就实现了文字淡入的效果。

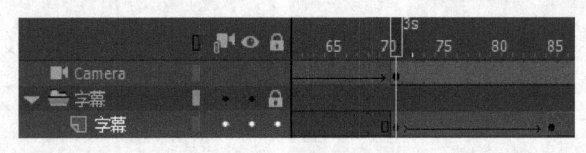

图 10.54

2）为"松鼠"和"小鸟"的特写镜头添加字幕

为"松鼠"和"小鸟"的特写镜头添加字幕的原理与为"七星瓢虫"的特写镜头添加字幕相同，不同的是文字内容和位置不同、帧区间不同（这次的字幕放在了第 156～214 帧）。

在第 156 帧和第 215 帧处添加关键帧。在第 156 帧处输入文字"小鸟在啄食，松鼠在瞭望"[见图 10.55（a）]，文字的属性如图 10.55（b）所示。

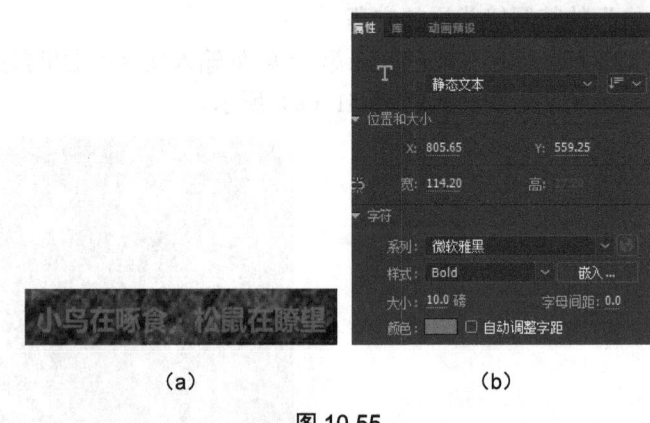

(a)　　　　　　　　　　(b)

图 10.55

选择文字，按 F8 键把文字转换为元件，设置元件类型为影片剪辑，名称采用默认设置即可。

在第 170 帧处添加关键帧。选择第 156 帧，在"属性"面板的"色彩效果"栏中的"样式"下拉列表中选择"Alpha"选项，拖动滑块，设置"Alpha"为"0%"，这样的效果是在该帧文字变为全透明的了。

在第 156～170 帧处添加传统补间动画，这样就实现了文字淡入的效果。

3）为"蝴蝶"的特写镜头添加字幕

这次的字幕放在第 228～294 帧，内容是"蝴蝶在飞舞"，如图 10.56（a）所示。文字的属性如图 10.56（b）所示。读者可参照前述字幕添加步骤自行添加。

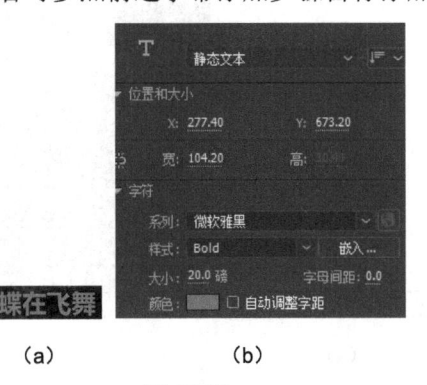

（a）　　　　（b）

图 10.56

过渡动画在第 228～244 帧，读者可参照前述字幕添加步骤自行添加。

4）为"鹿群"的特写镜头添加字幕

这次的字幕放在第 309～338 帧，内容是"鹿群在吃草"，如图 10.57（a）所示。文字的属性如图 10.57（b）所示。读者可参照前述字幕添加步骤自行添加。

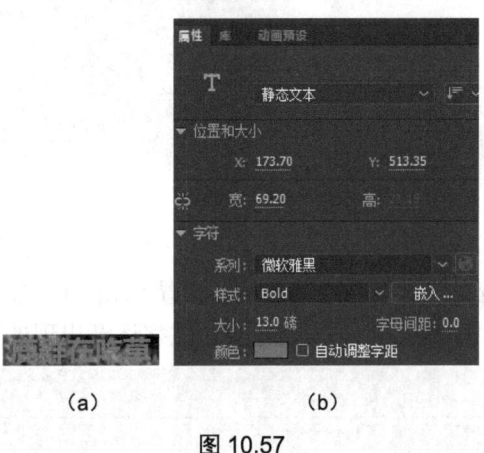

（a）　　　　（b）

图 10.57

过渡动画在第 309～316 帧，读者可参照前述字幕添加步骤自行添加。

5）为"老虎"的特写镜头添加字幕

这次的字幕放在第 351～387 帧，内容是"老虎藏在暗处虎视眈眈"，如图 10.58（a）所示。文字的属性如图 10.58（b）所示。读者可参照前述字幕添加步骤自行添加。

过渡动画在第 351～359 帧，读者可参照前述字幕添加步骤自行添加。

6）为"老鹰"的特写镜头添加字幕

这次的字幕放在第 389～501 帧，内容是"老鹰在窥视着下方"，如图 10.59（a）所示。文字的属性如图 10.59（b）所示。读者可参照前述字幕添加步骤自行添加。

因为"老鹰"是在飞翔的，镜头在随着"老鹰"的飞翔移动，字幕也必须跟着镜头一起移动，所以字幕在出现和消失期间一直是移动的。

在第 501 帧处设置"老鹰在窥视着下方"的位置参数（X：809，Y：244），并在第 389～501 帧处创建传统补间动画。这样，开始时文字的位置是（X：429.5，Y：150.20），到第 501 帧时文字就移动到了（X：809，Y：244）的位置。

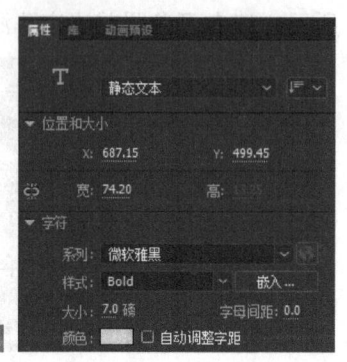

（a）　　　　　　　　（b）

图 10.58

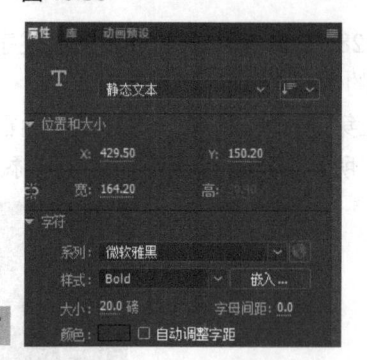

图 10.59

在第 415 帧处添加关键帧，选择第 389 帧，在"属性"面板的"色彩效果"栏中的"样式"下拉列表中选择"Alpha"选项，拖动滑块，设置"Alpha"为"0%"，使这一帧的文字完全透明不可见。这样就在第 389～415 帧处建立了文字逐渐出现的过渡效果（见图 10.60）。

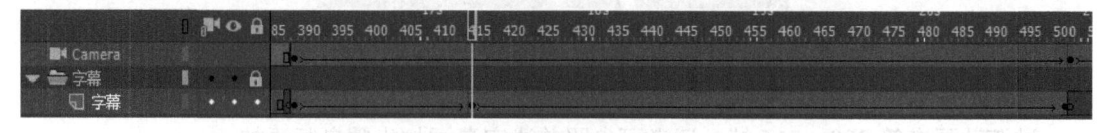

图 10.60

7）为"直升机"的特写镜头添加字幕

这次的字幕放在第 525～634 帧，内容是"还有人类的干预和主宰！"，如图 10.61（a）所示。文字的属性如图 10.61（b）所示。读者可参照前述字幕添加步骤自行添加。

同"老鹰"一样，"直升机"也是在飞翔的，镜头在随着"直升机"的飞翔移动，字幕也必须跟着镜头一起移动，所以字幕在出现和消失期间一直是移动的。

在第 634 帧处设置"还有人类的干预和主宰"的位置参数（X：309，Y：280），并在第 525～634 帧处创建传统补间动画。这样，开始时文字的位置是（X：689.55，Y：375.65），到第 634 帧时文字就移动到了（X：309，Y：280）的位置。

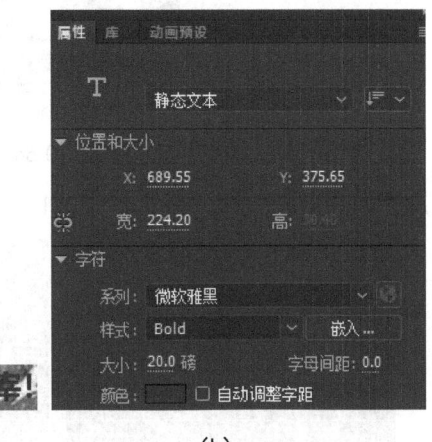

(a)　　　　　　　　　　(b)

图 10.61

在第 547 帧处添加关键帧，选择第 525 帧，在"属性"面板的"色彩效果"栏中的"样式"下拉列表中选择"Alpha"选项，拖动滑块，设置"Alpha"为"0%"，使这一帧的文字完全透明不可见。这样就在第 525～447 帧处建立了文字逐渐出现的过渡效果（见图 10.62）。

图 10.62

3. 为结束页面添加字幕

在镜头由局部转换到全景时，添加字幕"地球上的每种生物，祝你们永远幸福！"[见图 10.63（a）]，并把字幕放在第 653～957 帧，不添加动画效果。文字的属性如图 10.63（b）所示。

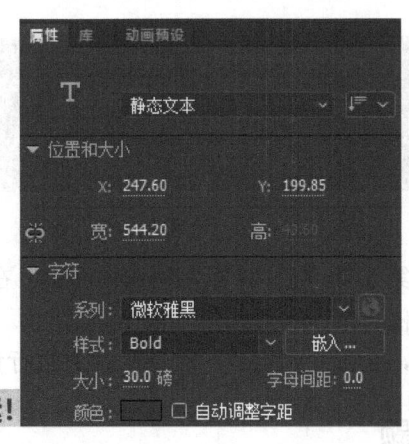

(a)　　　　　　　　　　(b)

图 10.63

在第 958 帧处添加关键帧，输入如图 10.64 所示的文字。

图 10.64

"End"的属性如图 10.65（a）所示，"2021 年 5 月"的属性如图 10.65（b）所示。

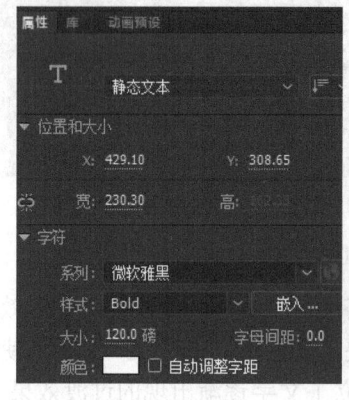

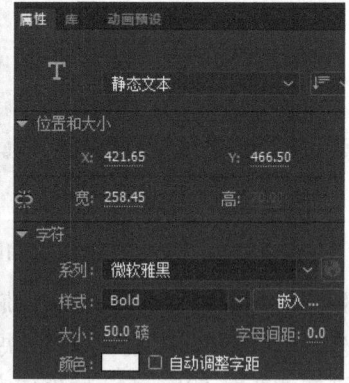

(a)　　　　　　　　　　(b)

图 10.65

在"字幕"文件夹中新建一个图层，将其命名为"END 文字过渡"，如图 10.66 所示。

在该图层的第 959 帧处添加关键帧，画一个和舞台大小一样的黑色矩形，并将其转换为影片剪辑元件，然后在第 1000 帧处添加关键帧。

选择第 959 帧，在"属性"面板的"色彩效果"栏中的"样式"下拉列表中选择"Alpha"选项，拖动滑块，设置"Alpha"为"0%"。在第 959～1000 帧处创建传统补间。这样黑色矩形会从不显示慢慢过渡到全部显示，遮挡住其下面的所有图层内容，舞台一片漆黑，只剩下没有遮挡的"字幕"图层中的白色字幕，影片到此结束，如图 10.67 所示。

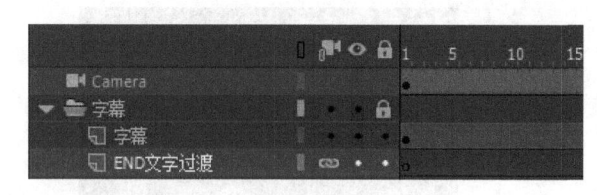

图 10.66 　　　　　　　　　　图 10.67

选择第 1000 帧，打开"动作"面板，在英文输入状态下输入"stop();"，让影片播放到此后就此停止，不再返回第 1 帧循环播放。

至此，全部制作完成。测试影片并进行调试，直到课件完全正确运行。

课后习题

一、模拟练习

浏览"模拟练习\Lesson10\作品\Lesson10.swf"文件，仿照"Lesson10.swf"文件，制作一

个类似的课件。课件资料已提供，保存在"模拟练习\Lesson10\作品素材"文件夹中。

二、自主创意

自主设计一个 Animate CC 课件，应用本章所学的摄像机操作的一系列知识：打开和关闭摄像机功能，启用或禁用摄像机，缩放、旋转或平移摄像机，对摄像机图层应用色调，在摄像机图层中调整滤镜，使用摄像机锁定图层，使用"图层深度"面板创建景深等。你也可以把自己的作品上传到网上，与大家进行交流。

三、理论题

1．如果"时间轴"面板中的"摄像机"按钮是灰色的，那么应如何打开摄像机功能？
2．可以使用摄像机功能进行动画处理的 3 种摄像机的运动是什么？
3．如何激活摄像机图层？
4．使用摄像机锁定图层的两种方法是什么？
5．什么是 z 深度？如何更改 z 深度？

理论题答案

1．在新建一个文件后，摄像机功能不一定是打开的，如果"时间轴"面板中的"摄像机"按钮是灰色的，摄像机功能就不可用。要使用摄像机和图层深度，可选择"修改"→"文档"命令，在弹出的"文档设置"对话框中勾选"使用高级图层"复选框，单击"确定"按钮。

2．可以使用摄像机功能进行动画处理的 3 种摄像机的运动是缩放、旋转或平移（左右移动或上下移动）。

3．选择"摄像机工具"或单击"时间轴"面板中的"摄像机"按钮，均可以激活摄像机图层。

4．第一种方法：在"时间轴"面板中单击将图层附加到摄像机按钮，当图层中出现链接图标时，就表示该图层被锁定到摄像机图层。

第二种方法：选择一个图层，双击图层前面的图层图标，就会弹出"图层属性"对话框，勾选"连接至摄像头"复选框，就能用摄像机锁定该图层。

5．z 深度表示图层到摄像机的距离。要更改图层的 z 深度，可单击图层名字右侧的数值，然后输入一个新的数值；也可以拖动相应的彩色线条（彩色线条表示图层与黑点的距离，其中黑点表示摄像机）。

第 11 章

Animate CC 虚拟现实课件

本章学习内容

（1）创建 VR 360 和 VR Panorama 文件。
（2）在项目图像中添加图层纹理，为环绕的 VR 环境做准备。
（3）将图形和动画添加到 VR 环境中。
（4）理解球形和圆柱形投影。
（5）为 VR 环境添加交互。
（6）通过代码控制 VR 摄像机。
（7）测试并发布 VR 文件。

本章课件案例介绍

本章课件案例是一个在虚拟现实环境中全景预览家乡和家的环境课件（见图 11.1）。通过学习本章，读者要掌握 Animate CC 虚拟现实编辑功能，其中包括虚拟现实创作和发布、在虚拟现实中添加交互等内容。

图 11.1

11.1 虚拟现实简介

虚拟现实（Virtual Reality，VR）利用计算机技术来创建模拟环境。对用户来说，现实是虚拟的。计算机图形通过创建一个360°全景环绕的环境，可以将用户带到任何虚拟世界中。在全景环绕环境中，用户可以从各个方向来观察虚拟世界。

VR 通常与一种头戴设备相关联。这种设备一般戴在头上并遮住眼睛，通过跟踪用户的头部运动，让用户获得完全沉浸式的体验。Animate CC 把 VR 作品发布为网页文件类型，在浏览器窗口中浏览，用户可以在浏览器中向任何方向拖动视图。在编辑过程中，用户还可以添加图形、动画和交互，以获得丰富的、引人注目的体验。

11.2 VR 360 和 VR Panorama 文件

Animate 为 VR 环境编辑提供了两种类型的文件：VR 360 和 VR Panorama 文件。VR 360 文件将纹理映射到一个球形的环境中，而 VR Panorama 文件将纹理映射到一个圆柱形的环境中。文件类型的选择取决于使用的全景图片素材。

注意：VR 360 和 VR Panorama 文件都不支持按钮元件。

11.3 设置预览环境

在浏览器中以本地文件形式直接打开 Animate CC 发布的 VR 网页文件进行浏览，网页的交互功能会失效，所以建立一个模拟 Internet 网络环境是非常有必要的。

在 Windows 操作系统中，用户可以使用 IIS 功能。IIS 在 Windows 操作系统中默认是不启用的，用户需要手动开启 IIS。如果还不熟悉如何在 Windows 操作系统中配置 IIS，那么可参照第 7 章 IIS 的相关知识。

这里在配置好 IIS 后，网站目录为 D:\wwwroot。

11.4 预览本章课件

（1）把"范例文件\Lesson11\11Complete\发布文件"文件夹中的所有内容都复制到 D:\wwwroot 目录中（IIS 网站目录）。

（2）在浏览器的地址栏中输入"http://127.0.0.1"，作品中的一个场景画面如图 11.2 所示。

图 11.2

11.5 开始制作本章课件

在"范例文件\Lesson11\11Start"文件夹中有一个名为"11Start.fla"的文件,该文件完成了一部分工作,并且所需要的素材已经被导入"库"面板中。在 Animate CC 中打开"11Start.fla"文件,选择"视图"→"缩放比率"→"符合窗口大小"命令,可以看到计算机屏幕上的整个舞台。

选择"文件"→"另存为"命令,将文件命名为"11Demo.fla",并保存在"11Start"文件夹中。

本章课件由 13 个场景组成,第 1 个场景是封面,后面 12 个场景用于预览 12 张全景照片。其中除"庭院"场景外,其他都已制作好,每个场景的制作原理和步骤是一样的,这里由读者完成"庭院"场景的制作。

11.6 制作"庭院"场景的"cj2"

11.6.1 新建并命名场景

(1)选择"窗口"→"场景"命令,打开"场景"面板,如图 11.3 所示。

(2)单击面板底部的 按钮,添加一个新场景。双击新添加场景的名称,将名称改为"cj2"。可以通过拖动场景来改变场景的顺序,把"cj2"拖动到"cj1"下方。单击"场景"面板中的场景名称,舞台和时间轴就会切换到该场景。还可以通过单击舞台上方的 按钮,在弹出的下拉列表中选择要切换到的场景,如图 11.4 所示。

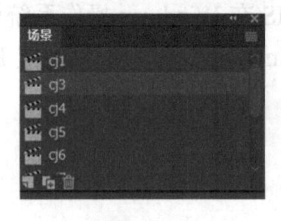

图 11.3 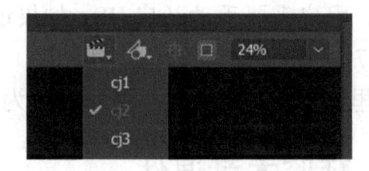　　　　　　　　图 11.4

(3)将"库"面板中的"courtyard.jpg"拖动到舞台中,设置位置参数(X:0,Y:0)。双击"图层_1"图层,将其命名为"背景",如图 11.5 所示。

图 11.5

11.6.2 为"cj2"场景创建纹理变形效果和添加音乐

(1)单击"为所有图层创建纹理环绕"按钮,将"背景"图层设置为纹理图层,如图 11.6 所示。

(2)新建一个图层,将其命名为"音乐"。选择该图层的第 1 个关键帧,将"courtyard_w.mp3"

拖动到舞台中,因为该音乐文件的播放时长为 35 帧,所以在该图层的第 35 帧处插入帧,延长图层的长度。在"背景"图层的第 35 帧处也插入一帧,延长该图层的长度。

这样,"cj2"场景的设计就基本完成了,此时的"时间轴"面板如图 11.7 所示。

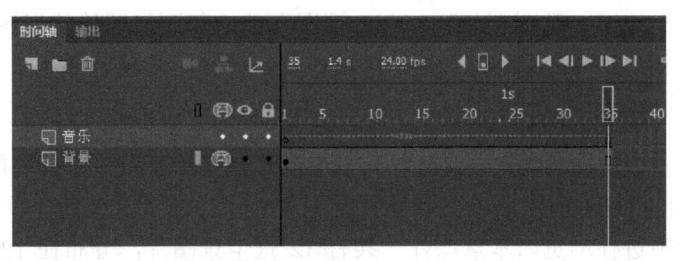

图 11.6

图 11.7

11.6.3 在"VR 视图"面板中预览设计内容

在 VR 项目编辑中,预览作品可通过两种方式:一种方式是发布项目,然后在浏览器中预览;另一种比较简便的方式是在"VR 视图"面板中进行预览。

(1)选择"窗口"→"VR 视图"命令,打开"VR 视图"面板,如图 11.8 所示。该面板把 VR 360 文件的纹理图层映射到一个球形的环境中,或把 VR Panorama 文件的纹理图层映射到一个圆柱形的环境中,供用户进行预览。

图 11.8

(2)单击"启动 VR 视图"按钮,可以看到"cj2"场景经过球形映射的内容,在"VR 视图"面板中按住鼠标左键,上、下、左、右拖动,可以进行立体视图效果浏览,如图 11.9 所示。

图 11.9

(3)当舞台中的内容有改动时,在已打开的"VR 视图"面板中并不能马上反映出来,此时单击"VR 视图"面板右上方的"刷新"按钮(见图 11.10),就可以看到改动的内容了。单击"重置"按钮(见图 11.10),"VR 视图"就恢复到最开始的视图。

图 11.10

11.7 制作导航元件

在前面预览本章课件时可以看到,除第 1 个场景以外的所有场景中都有一个导航按钮组,如图 11.11 所示的"去哪里看看呢?"下面的多个按钮,单击这些按钮可以导航到相应的场景中进行浏览。本章课件一共有 12 张全景图片,分布在 12 个场景中(第 2~12 个场景),第 1 个场景是封面。为此,我们需要制作 12 个按钮来导航,分别是如图 11.11 所示的"庭院""周边环境 1""周边环境 2""周边环境 3""周边环境 4""周边环境 5""厨房""会客厅""洗澡间""卧室 1""卧室 2""卧室 3"按钮。除"庭院"按钮留给读者制作以外,其他按钮均已制作好,每个按钮的制作原理和步骤相似。在"库"面板中,从上述"周边环境 1"开始,元件的名称分别是"environment1""environment2""environment3""environment4""environment5""kitchen""parlor""bathroom""bedroom1""bedroom2""bedroom3"。

图 11.11

11.7.1 制作"庭院"按钮

(1)选择"插入"→"新建元件"命令,在弹出的"创建新元件"对话框中输入名称"courtyard",在"类型"下拉列表中选择"影片剪辑"选项,单击"确定"按钮,如图 11.12 所示。

(2)在"courtyard"元件编辑界面的"时间轴"面板中新建 3 个图层,将其分别命名为"Actions""文字""背景",如图 11.13 所示。

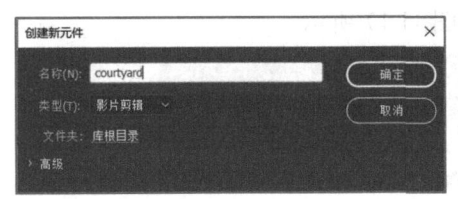

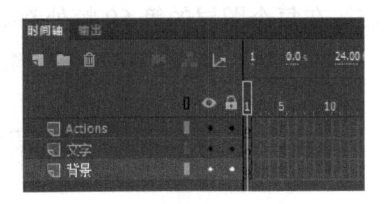

图 11.12　　　　　　　　　　　　图 11.13

（3）选择"文字"图层，输入文字"庭院"[见图 11.14（a）]，文字的属性如图 11.14（b）所示。读者也可以选择自己认为更好的字体。

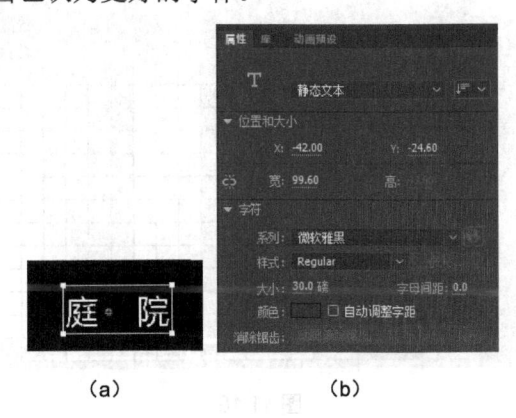

（a）　　　　　　　　（b）

图 11.14

（4）在"背景"图层中添加一个矩形，其属性如图 11.15 所示。

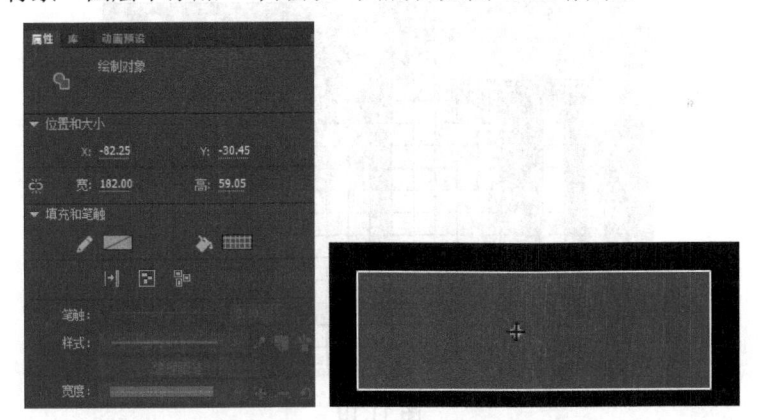

图 11.15

矩形的颜色和 Alpha 值设置如图 11.16 所示。

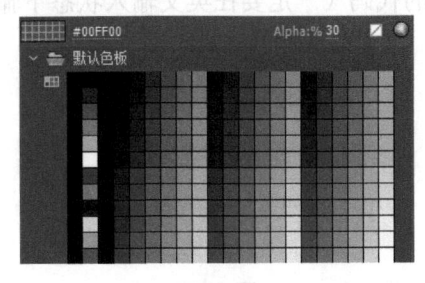

图 11.16

（5）在每个图层的第 50 帧处都插入帧，如图 11.17 所示。

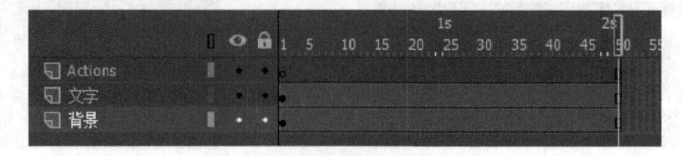

图 11.17

（6）在"背景"图层的第 6 帧处添加关键帧，矩形的颜色参数如图 11.18 所示。

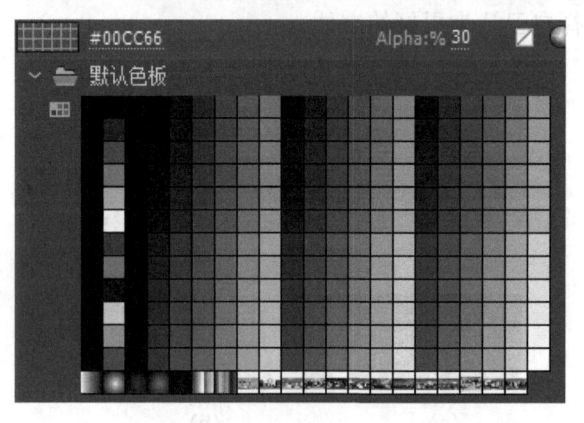

图 11.18

（7）在"背景"图层的第 31 帧处添加关键帧，矩形的颜色参数如图 11.19 所示。

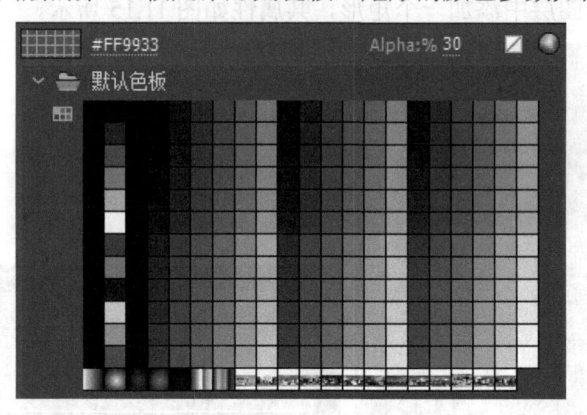

图 11.19

（8）在"Actions"图层的第 5 帧和第 30 帧处添加关键帧，在该图层的第 1、第 5 和第 30 帧处输入如图 11.20 所示的代码（一定要在英文输入状态下输入，以免代码输入错误）。

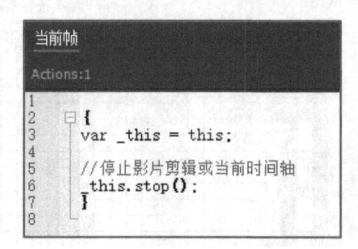

图 11.20

（9）最终完成的效果如图 11.21 所示。

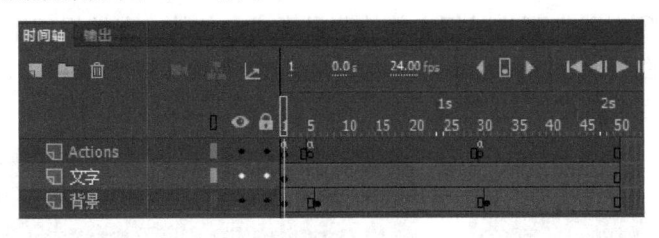

图 11.21

这样设计的目的是后面要用代码实现按钮的鼠标指针移入和单击效果。在鼠标指针移入后，代码控制从第 6 帧开始播放，在第 30 帧停止，背景显示为深绿色；单击后，代码控制从第 32 帧开始播放，循环到第 1 帧停止，背景显示一下橙色后马上恢复最初的颜色。具体代码随后会添加。

11.7.2　设计"去哪里看看呢？"导航面板

（1）选择"插入"→"新建元件"命令，在弹出的"创建新元件"对话框中输入名称"browse"，在"类型"下拉列表中选择"影片剪辑"选项，单击"确定"按钮，如图 11.22 所示。

（2）在"browse"元件编辑界面的"时间轴"面板中新建 4 个图层，将其分别命名为"代码""文字""文字背景""按钮"，如图 11.23 所示。

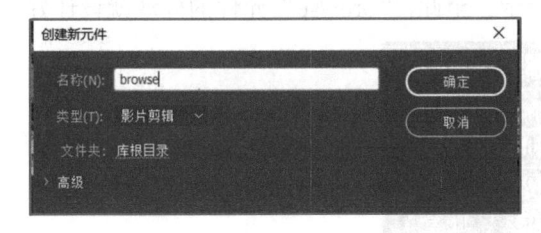

图 11.22 　　　　　　　　　　图 11.23

（3）在"文字"图层中输入文字"去哪里看看呢？"[见图 11.24（a）]，文字的属性如图 11.24（b）所示。

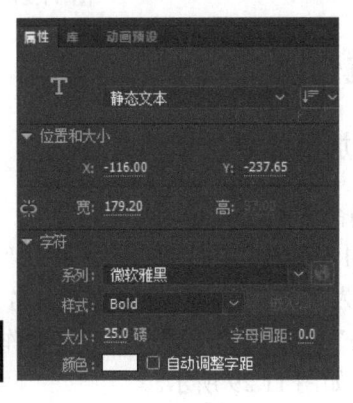

(a)　　　　　　　　　　(b)

图 11.24

（4）在"文字背景"图层中画一个黑色的矩形框，因为文件的背景是黑色的，画出的矩形框无法被识别，所以我们可临时把文件的背景换成白色的，在编辑好矩形后再把文件的背景还原为黑色的。白色的文字搭配黑色的背景，在虚拟场景浏览时，可以让用户看得更清晰。黑色矩形框的属性如图 11.25 所示。矩形框的颜色参数如图 11.26 所示。

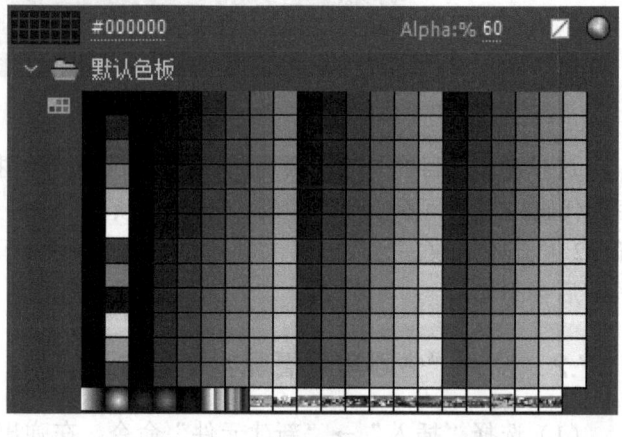

图 11.25　　　　　　　　　　　　　　　图 11.26

　　（5）在"按钮"图层中，把前面制作的"courtyard"元件和其他已制作好的场景导航按钮（"courtyard""environment1""environment2""environment3""environment4""environment5""kitchen""parlor""bathroom""bedroom1""bedroom2""bedroom3"）从"库"面板中拖动到舞台中，并进行布局排列，如图 11.27 所示。至此，"browse"元件的外观就设计好了。

图 11.27

11.8　添加导航代码

11.8.1　为按钮添加鼠标单击事件

　　（1）为元件实例命名：在"browse"元件中，在"属性"面板中将按钮从左至右、从上至下依次命名为"dh1""dh2""dh3""dh4""dh5""dh6""dh7""dh9""dh10""dh11""dh12"。如图 11.28 所示是在为"courtyard"元件实例命名。

　　（2）选择"代码"图层的第 1 帧，打开"动作"面板，单击"动作"面板右上方的"使用向导添加"按钮，如图 11.29 所示。

　　（3）在进入的界面中选择"Go to Scene"（跳转到场景）选项，如图 11.30 所示。

　　（4）在自动生成的代码的高亮部分更改名称为"cj2"，如图 11.31 所示。代码的意思是转到"cj2"场景开始播放。

（5）单击"下一步"按钮，在"选择一个触发事件"列表框中选择"On Click"选项，在"选择一个要触发事件的对象"列表框中选择"dh1"选项，如图11.32所示。

图 11.28 　　　　　　　图 11.29 　　　　　　　图 11.30

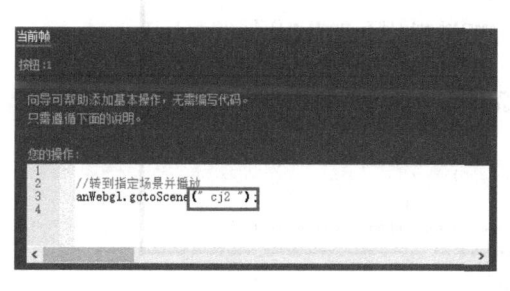

图 11.31 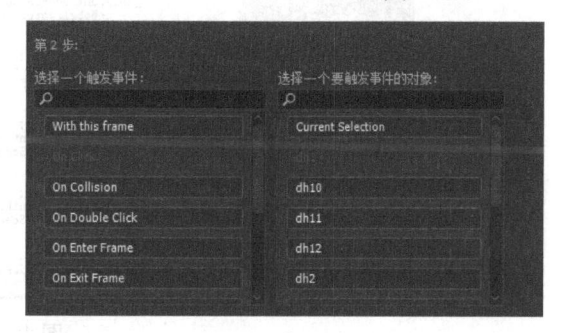　　　　　　　图 11.32

（6）单击"完成并添加"按钮，在"动作"面板中生成如下代码：

```
{
var _this = this;
//单击指定元件实例时将执行相应函数
_this.dh1.addEventListener(AnEvent.CLICK, function () {
//转到指定场景并播放
anWebgl.gotoScene(" cj2 ");
});
}
```

这是一段 JavaScript 代码，代码中的"_this.dh1.addEventListener(AnEvent.CLICK, function ()"是为"dh1"按钮添加侦听事件，"anWebgl.gotoScene(" cj2 ");"是导航到相应的场景。

通过直接复制代码并修改按钮名称和导航到的场景名称就可以为剩余的按钮添加鼠标单击事件。把代码中的"dh1"换成"dh2"，把"cj2"换成"cj3"，就完成了"dh2"即"厨房"按钮的鼠标单击事件代码编辑，具体代码如下：

```
{
var _this = this;
//单击指定元件实例时将执行相应函数
_this.dh2.addEventListener(AnEvent.CLICK, function () {
//转到指定场景并播放
```

```
        anWebgl.gotoScene(" cj3 ");
    });
}
```

用同样的方法在"动作"面板中为剩余的"dh3"~"dh12"完成代码编辑。图 11.33 为"browse"元件实例第 1 帧第 1~38 行的代码。

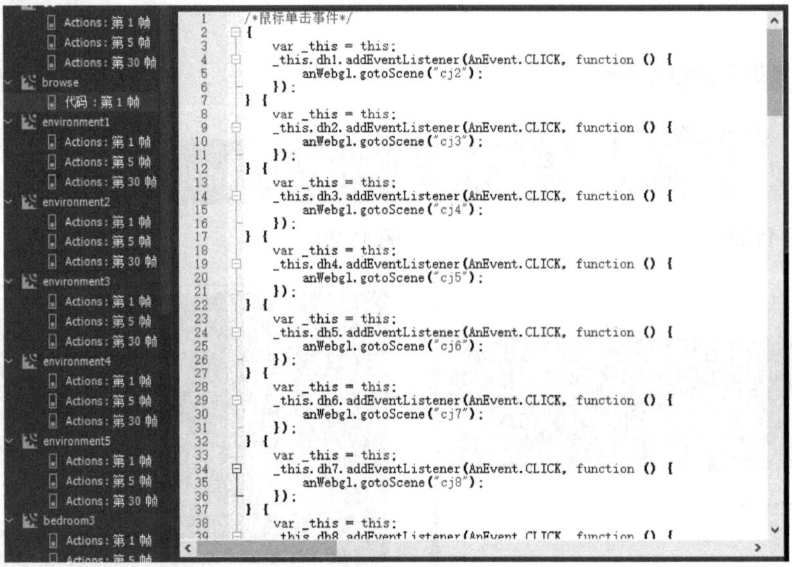

图 11.33

（7）要实现在单击按钮后，按钮颜色由橙色变化到淡绿色的效果，就需要在单击按钮后，让播放头跳转到按钮的第 32 帧开始播放，下面添加这段代码。这段代码的写法是："_this.按钮名称.gotoAndPlay(帧编号);"。图 11.34 是添加好后的代码，由于 Animate VR 文件的帧编号是从 0 开始的，因此跳转的帧号是 31 帧。

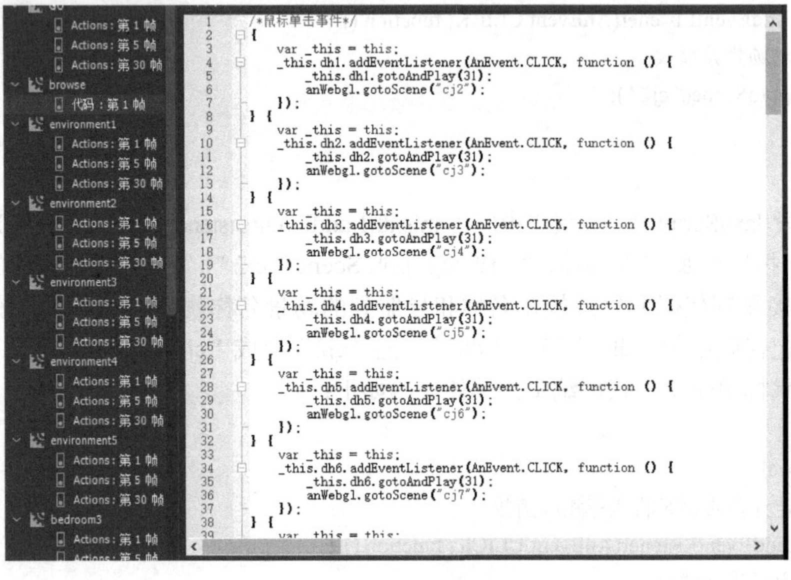

图 11.34

11.8.2 为按钮添加鼠标指针悬停事件

（1）选择"browse"元件"代码"图层的第 1 帧，打开"动作"面板，把光标放到"动作"面板编辑界面的最后一行的下一行，单击"动作"面板右上方的"使用向导添加"按钮。

（2）在进入的界面中的"选择一项操作"列表框中选择"Go to Frame and Play"（跳转帧并播放）选项；在"要应用的操作对象"列表框中选择"dh1"选项，如图 11.35 所示。

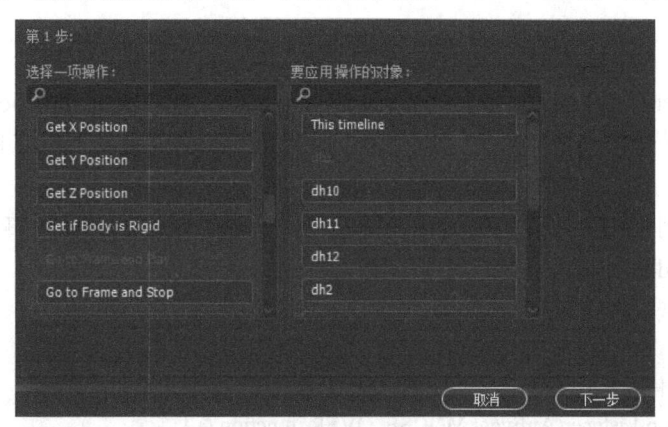

图 11.35

（3）单击"下一步"按钮，在"选择一个触发事件"列表框中选择"On Mouse Over"选项，在"选择一个要触发事件的对象"列表框中选择"dh1"选项。此时，生成了当鼠标指针悬停在"dh1"上时要执行的动作——"dh1"的播放头跳转到某一帧进行播放，默认值是第 10 帧，这里改为第 6 帧，如图 11.36 所示。

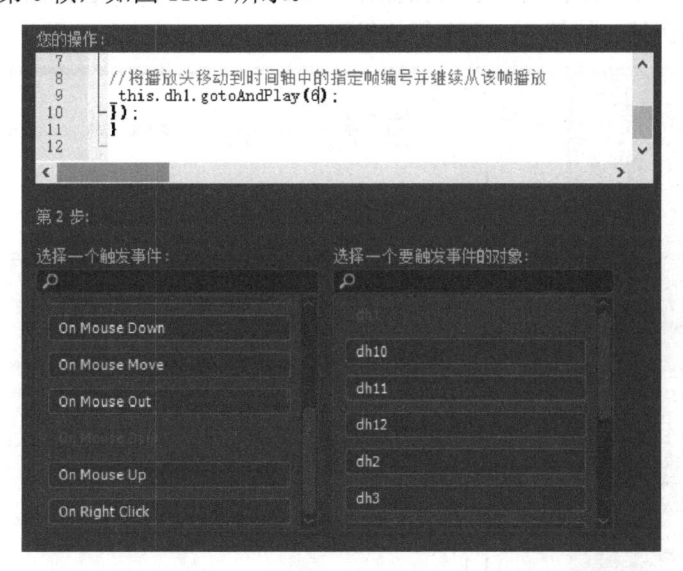

图 11.36

注意：Animate VR 文件的帧编号是从 0 开始的，改为第 6 帧实质上是从第 7 帧开始的。"dh1"从第 7 帧开始播放后显示一个深绿色的矩形作为文字背景。具体可参考 11.7 节的内容。

（4）单击"完成并添加"按钮，在"动作"面板中生成了如下代码：

```
{
var _this = this;
//将鼠标指针悬停在指定元件实例上将执行相应函数
_this.dh1.addEventListener(AnEvent.MOUSE_OVER, function () {
//将播放头移动到时间轴中的指定帧编号并继续从该帧播放
_this.dh1.gotoAndPlay(6);
});
}
```

代码中的"_this.dh1.addEventListener(AnEvent.MOUSE_OVER, function ()"是为"dh1"按钮添加鼠标指针悬停侦听事件,"_this.dh1.gotoAndPlay(6);"是让"dh1"的播放头跳转到第7帧开始播放。

通过直接复制代码并修改按钮名称为剩余的按钮添加鼠标指针悬停事件。下面把代码中的"dh1"换成"dh2":

```
{
var _this = this;
//将鼠标指针悬停在指定元件实例上将执行相应函数
_this.dh2.addEventListener(AnEvent.MOUSE_OVER, function () {
//将播放头移动到时间轴中的指定帧编号并继续从该帧播放
_this.dh2.gotoAndPlay(6);
});
}
```

用同样的方法在"动作"面板中为剩余的"dh3"～"dh12"完成代码编辑,图11.37为"browse"元件实例第1帧第77～113行的代码。

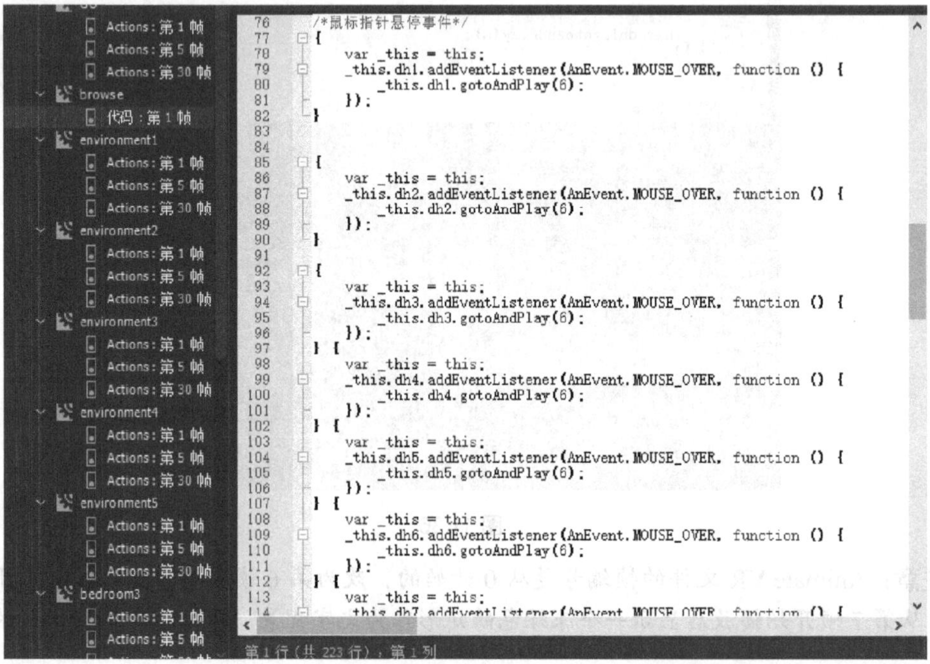

图 11.37

11.8.3 为按钮添加鼠标指针移出事件

（1）选择"browse"元件"代码"图层的第1帧，打开"动作"面板，把光标放到"动作"面板编辑界面的最后一行的下一行，单击"动作"面板右上方的"使用向导添加"按钮。

（2）接下来的操作步骤与为按钮添加鼠标指针悬停事件的操作步骤基本一致，不同的是，在"选择一个触发事件"列表框中选择"On Mouse Out"选项，最后形成的"dh1"的代码如下：

```
{
    var _this = this;
    //将鼠标指针悬停在指定元件外部时将执行相应函数
    _this.dh1.addEventListener(AnEvent.MOUSE_OUT, function () {
    //将播放头移动到时间轴中的指定帧编号并继续从该帧播放
        _this.dh1.gotoAndPlay(0);
    });
}
```

（3）把该段代码复制后粘贴11遍，把每段代码中的元件实例名称依次改为"dh2"～"dh12"。图11.38为"browse"元件实例第1帧第144～179行的代码。

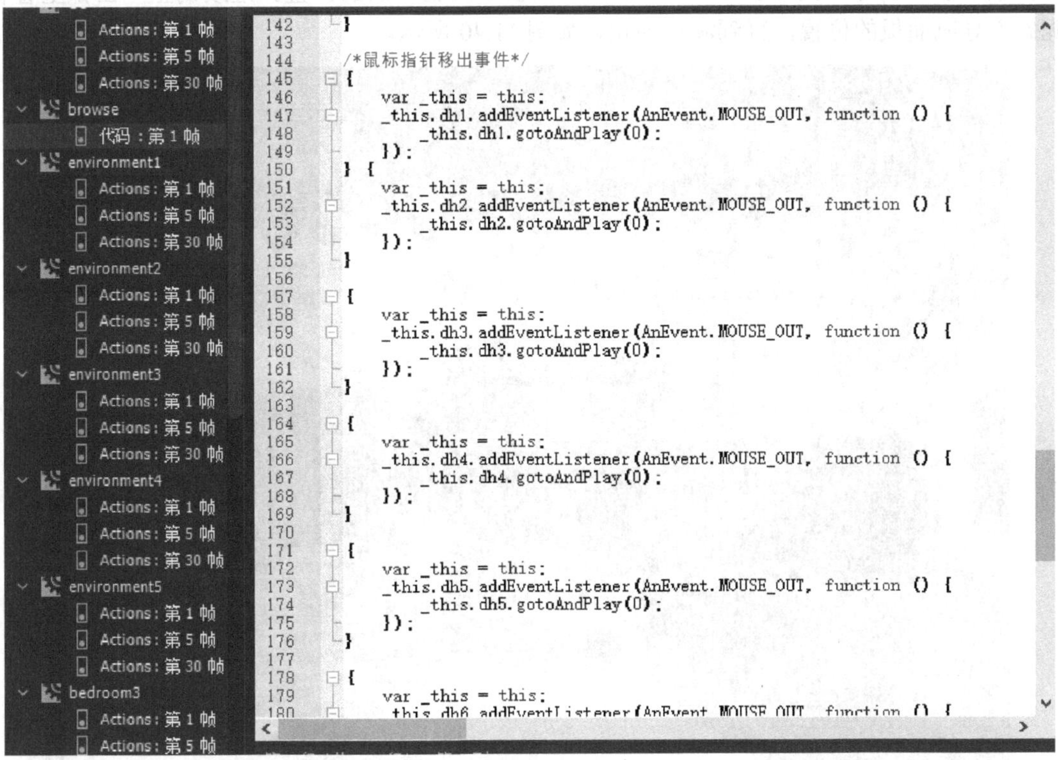

图 11.38

11.9 为各场景添加导航面板并在"VR视图"面板中调整其位置

"去哪里看看呢？"导航面板已经设计完毕，下面将其添加到第2～13个场景中。

（1）切换到"cj2"场景，在"时间轴"面板中新建一个图层并将其命名为"导航"，从"库"面板中将"browse"元件拖动到舞台中，放在"导航"图层的第1个关键帧中，如图11.39所示。

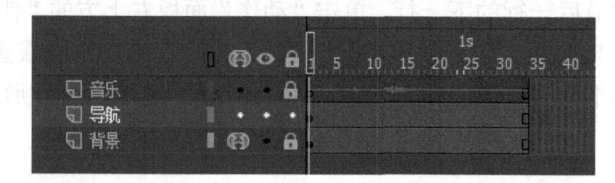

图11.39

（2）选择"窗口"→"VR视图"命令，打开"VR视图"面板，单击"启动VR视图"按钮，看看能否看到刚才添加的"browse"元件实例。如果不能看到，就可在舞台中调整"browse"元件实例的位置，并在"VR视图"面板中单击"刷新"按钮。重复以上操作，直到能在"VR视图"面板中看到"browse"元件实例。一进入"VR视图"面板，看到的画面就是网页浏览中最初看到的画面，这样可以确保在网页浏览中一进入就能看到"去哪里看看呢？"导航面板。

（3）把鼠标指针放在"VR视图"面板中的"去哪里看看呢？"导航面板上，当鼠标指针变成十字形状时，就可以在"VR视图"面板中调整对象的位置。继续调整"去哪里看看呢？"导航面板的位置，直到满意为止，如图11.40所示。

图11.40

（4）用上述方法为"cj3"～"cj13"场景添加"去哪里看看呢？"导航面板。

11.10 发布课件

（1）选择"文件"→"发布"命令，把课件发布到 IIS 网站目录，输出名称为 index.html（index.html 是浏览网页时默认首先打开的网页）。

（2）若发布条件不符合上述内容，则可选择"文件"→"发布设置"命令，进行设置。

（3）在浏览器的地址栏中输入"http://127.0.0.1"进行浏览。如果显示的内容不是最新的，那么可通过刷新网页更换为最新的网站内容。

课后习题

一、模拟练习

将"模拟练习\Lesson11\作品\发布文件"文件夹中的文件复制到 IIS 网站目录，在浏览器的地址栏中输入"http://127.0.0.1"进行浏览。仿照该项目，制作一个类似的课件。课件开始文件已提供，保存在"模拟练习\Lesson11\01 模拟 Start.fla"文件中。

二、自主创意

自主设计一个 Animate CC VR 课件，应用本章所学的创建 VR 360 和 VR Panorama 文件、为 VR 环境添加交互等知识。你也可以把自己完成的作品上传到课程网站，与大家进行交流。

三、理论题

1．VR 360 文件和 VR Panorama 文件的区别是什么？

2．如何在 VR 360 文件和 VR Panorama 文件中创建纹理图层？

3．"VR 视图"面板的用途是什么？

4．为什么浏览 VR 360 文件和 VR Panorama 文件要在 Internet 或虚拟 Internet 环境中进行？Windows 10 操作系统自带虚拟 Internet 环境吗？

理论题答案

1．VR 360 文件将纹理映射到一个球形的环境中，而 VR Panorama 文件将纹理映射到一个圆柱形的环境中。

2．在包含要作为纹理投影的图像或图形的图层中单击"为所有图层创建纹理环绕"按钮，可在 VR 360 文件和 VR Panorama 文件中创建纹理图层。

3．"VR 视图"面板用于预览纹理图层中的图像或图形如何被投影为 VR 环境。我们还可以在"VR 视图"面板中拖动影片剪辑元件实例，以便将它们精确地放置在舞台中，使它们处于我们希望它出现的 VR 环境中。

4．因为网页中的很多交互功能需要在 Internet 环境中实现，在浏览器中直接打开本地网页文件不具有这样的功能。Windows 10 操作系统带有 IIS 虚拟网站环境，但需要用户自行开启和配置。

第 12 章

发布 Animate CC 课件

本章学习内容

（1）理解开发时环境和运行时环境。
（2）发布 HTML5 Canvas 文件。
（3）发布 macOS 和 Windows 放映文件。
（4）发布桌面 Adobe AIR。
（5）在 AIR Debug Launcher 中测试移动交互性。
（6）Animate CC 文件类型转换。

12.1 开发时环境和运行时环境

开发时（Author-time）环境指的是创建 Animate 内容时所在的环境，如 Animate CC。运行时（Runtime）环境指的是为观众播放 Animate 内容时所在的环境。Animate 内容的运行时环境可以是桌面浏览器中的 Flash Player，可以是桌面上或移动设备上的 AIR 应用程序，可以是标准或扩展的 WebGL 运行时环境，可以是使用 HTML5 和 JavaScript 的浏览器，还可以是在视频网站上播放的视频。本章重点介绍其中的几个运行时环境。

所有在 Animate CC 开发过程中编辑的原始文件都被保存为扩展名为.fla 的文件。在编辑过程中，用户可以使用 ActionScript 3.0 脚本语言，也可以使用 JavaScript 脚本语言。使用 JavaScript 脚本语言的项目可以被发布到 HTML5 浏览器运行，如 HTML5 Canvas 文件、VR 360 文件、VR Panorama 文件和 WebGL glTF 文件等。

12.2 发布到 HTML5 运行时环境

12.2.1 发布 HTML5 Canvas 文件

（1）如图 12.1 所示，在 Animate CC 开始界面的"高级"选项卡中，选择"HTML5 Canvas"选项，在设置好舞台的大小和颜色后，单击"创建"按钮即可创建一个 HTML5 Canvas 文件。

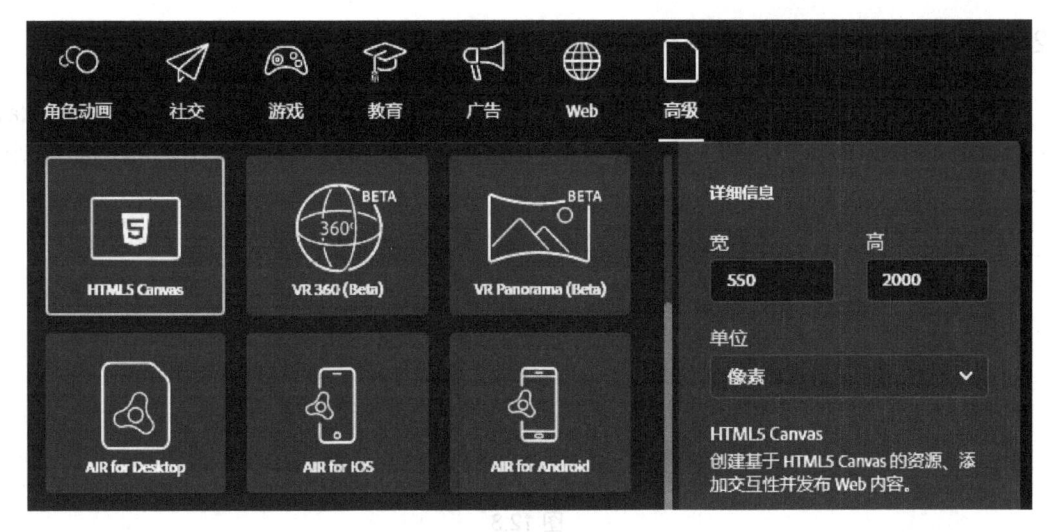

图 12.1

Canvas 指的是 canvas（画布）元素，这是 HTML5 中的一个标记，允许 JavaScript 对 2D 图形进行渲染和动画处理。Animate 通过 CreateJS JavaScript 库来生成 HTML5 项目 canvas 元素中的图形和动画。HTML5、CSS3 和 JavaScript 是用于在桌面端、手机和平板电脑上为 Web 创建内容的现代标准。在 Animate 中选择 HTML5 Canvas 文件类型，会把 HTML5 定义为发布的运行时环境，并输出 HTML5 和 JavaScript 文件的集合。

（2）在文件设计好后，可以选择"文件"→"发布"命令来发布文件。Animate 将动画导出为 HTML 和 JavaScript 文件，并将它存放在与 FLA 文件相同的文件夹中（根据默认的"发布设置"选项）。

（3）由于安全限制，用户可能无法从本地文件系统中播放浏览器中的内容。如果发生这种情况，那么可将 HTML 文件和相关素材上传到 Web 服务器中；或者建立本地 Internet 虚拟环境，把文件发布到（或复制到）网站目录中，在浏览器的地址栏中输入"http://127.0.0.1/发布的文件名/"来进行浏览，若文件名为 index.html，则在浏览器的地址栏中直接输入"http://127.0.0.1/"即可浏览。

本书第 7 章设计的网页就是 HTML5 Canvas 文件。在发布时，在"发布设置"对话框中把发布的目录定在了"D:/wwwroot/"目录下，文件名为 index.html，如图 12.2 所示。

图 12.2

说明：目前，Animate Canvas 还不支持操作数据库的动态网页设计。如果要操作数据库，那么可以首先在 Animate Canvas 中设计出网页界面，然后在其他动态网页编辑器中继续编辑，使用 PHP、Java 等编程语言加入动态调用数据库的交互效果，如在 Adobe Dreamweaver 中继续编辑。

12.2.2 发布 VR 360 和 VR Panorama 文件

（1）如图 12.3 所示，在 Animate CC 开始界面的"高级"选项卡中，选择"VR 360(Beta)"和"VR Panorama(Beta)"选项，在设置好舞台的大小和颜色后，单击"创建"按钮即可创建一个 VR 文件。

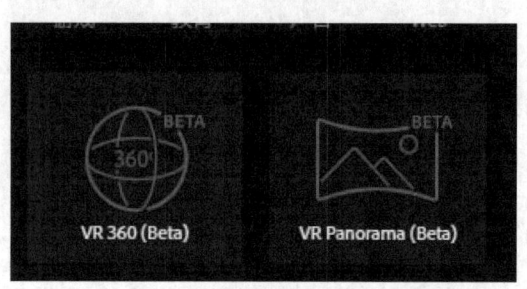

图 12.3

（2）在文件设计好后，可以选择"文件"→"发布"命令来发布文件。Animate 将动画导出为 HTML 和 JavaScript 文件，并将它存放在与 FLA 文件相同的文件夹中（根据默认的"发布设置"选项）。

（3）同样，由于安全限制，用户可能无法从本地文件系统中播放浏览器中的内容。如果发生这种情况，那么可将 HTML 文件和相关素材上传到 Web 服务器中；或者建立本地 Internet 虚拟环境，把文件发布到（或复制到）网站目录中，在浏览器的地址栏中输入"http://127.0.0.1/发布的文件名/"来进行浏览，若文件名为 index.html，则在浏览器的地址栏中直接输入"http://127.0.0.1/"即可浏览。

本书第 11 章设计的是 VR 360(Beta)文件，图 12.4 是发布后浏览的一个界面。

图 12.4

12.2.3 发布 WebGL glTF 文件

（1）如图 12.5 所示，在 Animate CC 开始界面的"高级"选项卡中，选择"WebGL glTF Extended(Beta)"和"WebGL glTF Standard(Beta)"选项，在设置好舞台的大小和颜色后，单

击"创建"按钮即可创建一个 WebGL glTF 文件。WebGL glTF Extended(Beta)将扩展 glTF 格式应用于 Web，创建丰富的 WebGL glTF 动画；WebGL glTF Standard(Beta)用于创建可以在任何 glTF 运行的基于 glTF 标准的 WebGL 动画。

图 12.5

WebGL（Web Graphics Library）是一种 3D 绘图协议。WebGl 技术标准允许把 JavaScript 和 OpenGL ES 2.0 结合在一起，通过增加 OpenGL ES 2.0 的 JavaScript 绑定，可以为 HTML5 Canvas 提供硬件 3D 加速渲染功能，这样 Web 开发人员就可以借助系统显卡在浏览器中更流畅地展示 3D 场景和模型，还能创建复杂的导航和数据视觉化。显然，WebGL 技术标准免去了开发网页专用渲染插件的麻烦，可被用于创建具有复杂 3D 结构的网站页面，甚至可以用来设计 3D 网页游戏等。

WebGL 解决了现有的 Web 交互式三维动画的两个问题：第一，它通过 HTML 脚本本身实现 Web 交互式三维动画的制作，无须任何浏览器插件支持；第二，它利用底层的图形硬件加速功能进行的图形渲染，是通过统一的、标准的、跨平台的 OpenGL 接口实现的。

（2）在发布时，我们可在"发布设置"对话框的"输出名称"文本框中输入一个名称；单击■按钮来选择发布路径；在"格式"选项中选中"GLB"或"glTF"单选按钮；在"图像分辨率"文本框中指定一个范围为 1~3 的十进制数字；勾选"移除 JSON 文件中的空白"复选框，以缩小文件；"包括隐藏图层"和"使用 JavaScript 托管库"复选框默认已勾选（可以取消勾选）；单击"发布"按钮可发布文件，如图 12.6 所示。

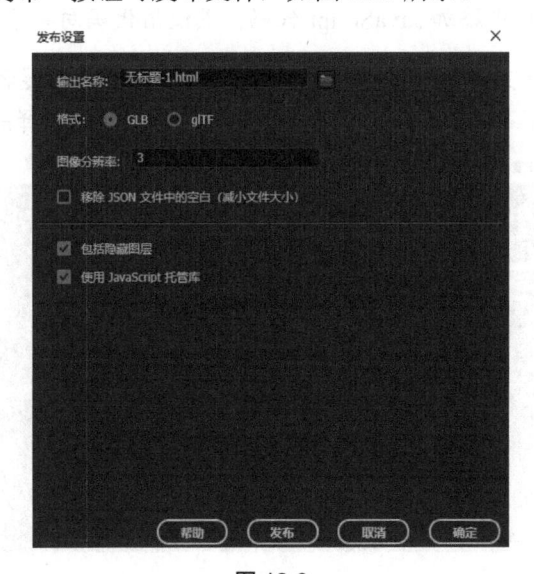

图 12.6

12.3 发布到 Flash Player 运行时环境

（1）如图 12.7 所示，在 Animate CC 开始界面的"高级"选项卡中，选择"ActionScript 3.0"选项，在设置好舞台的大小和颜色后，单击"创建"按钮即可创建一个使用 Flash Player 播放的文件。

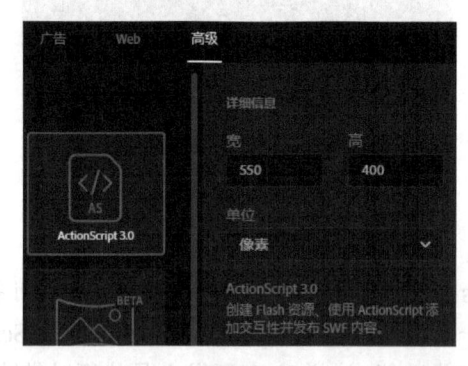

图 12.7

如果将 ActionScript 3.0 文件发布到 SWF 并在桌面 Web 浏览器中使用 Flash Player 播放，那么 Flash Player 是该 ActionScript 3.0 文件的运行时环境。Flash Player 是 Adobe 公司提供的一个免费插件，可用于所有主流的流览器和平台。但是，从 2020 年年底开始，Adobe 公司不再为 Web 浏览器提供 Flash Player 支持。越来越多的主流浏览器自动阻止 Flash Player，用户必须手动下载和安装 Flash Player 插件。

ActionScript 3.0 文件还支持将内容作为 macOS 或 Windows 的放映文件发布。放映文件作为桌面上的独立应用程序播放，不需要浏览器。

注意：如果针对的是不带 Flash Player 插件的 Web 浏览器，那么使用 HTML5 Canvas、VR 360、VR Panorama 或 WebGL glTF 创建 Animate 项目。将交互性集成到 HTML5 Canvas、VR 360、VR Panorama 或 WebGL glTF 文件中，使用 JavaScript 代码而不是 ActionScript 代码，直接在"动作"面板中添加 JavaScript 代码，或使用代码向导添加 JavaScript 代码。

（2）ActionScript 3.0 文件除了发布需要 Flash Player 运行的扩展名为.swf 的文件，还能发布其他很多格式的文件。图 12.8 是"发布设置"对话框中可以选择的发布格式。

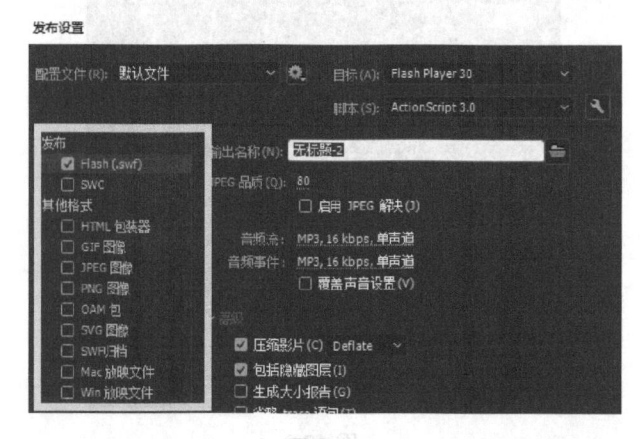

图 12.8

在 Animate CC 中打开"范例文件\Lesson10\10Complete\10Complete.fla 文件,在"发布设置"对话框中分别勾选"Flash(.swf)""HTML 包装器""Mac 放映文件""Win 放映文件"复选框,分别单击![]按钮,把发布目录都放在"范例文件\Lesson12"文件夹中,单击"发布"按钮。在发布完成后,查看发布目录,发现有如图 12.9 所示的 4 个文件。"10Complete.exe"文件是在 Windows 环境中独立运行的文件(不需要 Flash Player),"10Complete.swf"文件是需要 Flash Player 才能运行的文件,"10Complete.app"文件是在 Mac 系统中独立播放的文件(不需要 Flash Player),"10Complete.html"文件是在安装有 Flash Player 插件的浏览器中打开"10Complete.swf"的网页文件。

图 12.9

由此看到,ActionScript 3.0 文件的运行并不完全受制于 Flash Player,还能发布为其他格式,在各种平台和软件环境中运行。

12.4 发布到桌面应用环境

Animate 课件可以作为一个桌面应用程序被安装到计算机上,这时需要使用 Adobe 的 AIR 运行环境。用户可以从 Adobe 公司的官网上下载免费的 AIR 运行时环境。当然,用户也可以使用运行时绑定(Captive Runtime)选项输出 AIR 项目。运行时绑定选项包含 AIR 运行时环境,这样用户就不需要下载任何插件了。能够发布为 AIR 应用程序的脚本语言是 ActionScript。

12.4.1 创建 AIR 应用程序

(1)在 Animate CC 开始界面的"高级"选项卡中选择"AIR for Desktop"选项(见图 12.10),在设置好舞台的大小和颜色后,单击"创建"按钮即可创建一个 AIR 应用程序。

图 12.10

也可以在创建的 ActionScript 3.0 文件中弹出"发布设置"对话框,在"目标"下拉列表中选择"AIR 30.0 for Desktop"选项。需要注意的是,在"脚本"下拉列表中只有"ActionScript 3.0"选项,JavaScript 不能作为 AIR 文件的脚本语言,如图 12.11 所示。

(2)下面用一个例子进行讲解。在 Animate CC 中打开"范例文件\Lesson12\AIR 发布\学英语.fla"文件,如图 12.12 所示。

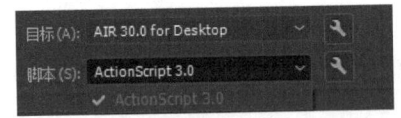

图 12.11

图 12.12

(3)在"发布设置"对话框的"目标"下拉列表中选择"AIR 30.0 for Desktop"选项,单击"发布"按钮,弹出如图 12.13 所示的对话框。

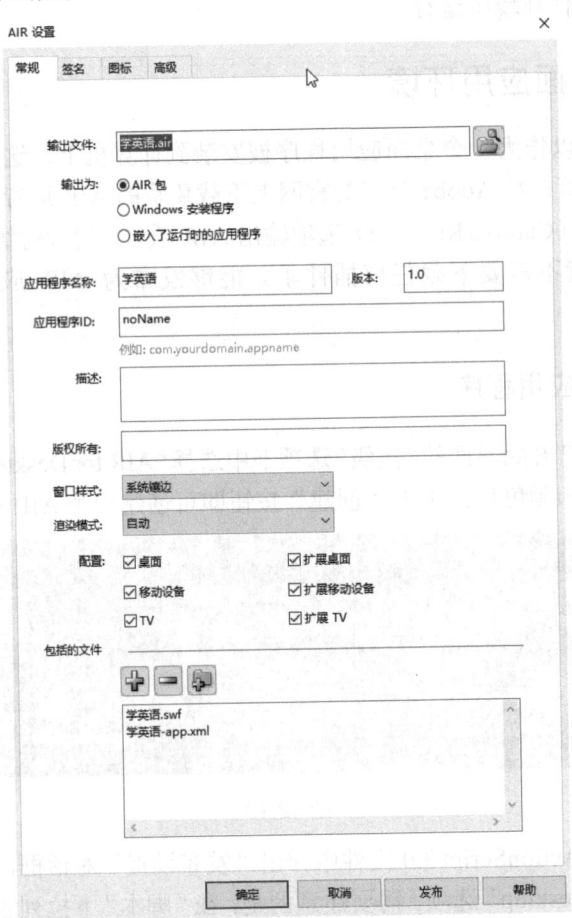

图 12.13

检查"常规"选项卡中的设置。"输出文件"选项显示已发布的 AIR 应用程序为"学英语.air"。"输出为"选项提供了创建 AIR 应用程序的 3 种方式,这里选中"AIR 包"单选按钮,意思是创建一个独立于平台的 AIR 应用程序;"Windows 安装程序"用于创建一个 Windows 平台的 AIR 应用程序;"嵌入了运行时的应用程序"用于创建不需要安装的应用程序,或者不需要在终端用户的桌面上安装 AIR 运行时的应用程序。在"应用程序名称"文本框中输入"学英语课",这是安装时应用程序的名称。在"窗口样式"下拉列表中选择默认的"系统镶边"选项,或者根据需要设置其他样式。在"渲染模式"下拉列表中选择"自动"选项。勾选"配置"中的 6 个复选框。

(4)选择"签名"选项卡(见图 12.14),创建一个证书(创建 AIR 应用程序需要用到证书,以便用户能够识别并信任 Animate 内容的开发人员)。本章课件不需要正式的证书,创建自签名的证书即可。

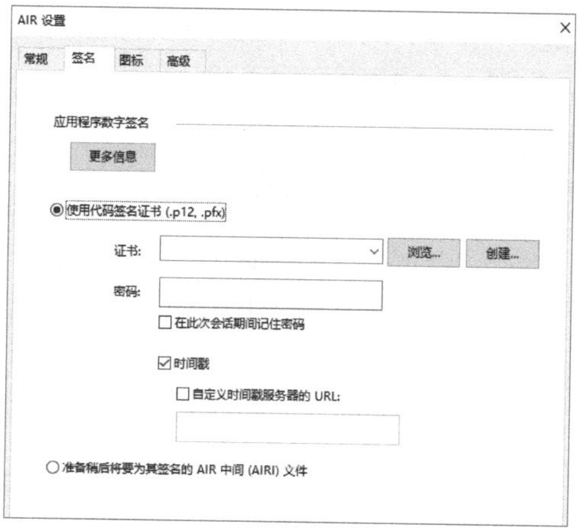

图 12.14

单击"证书"右侧的"创建"按钮,弹出如图 12.15 所示的对话框。

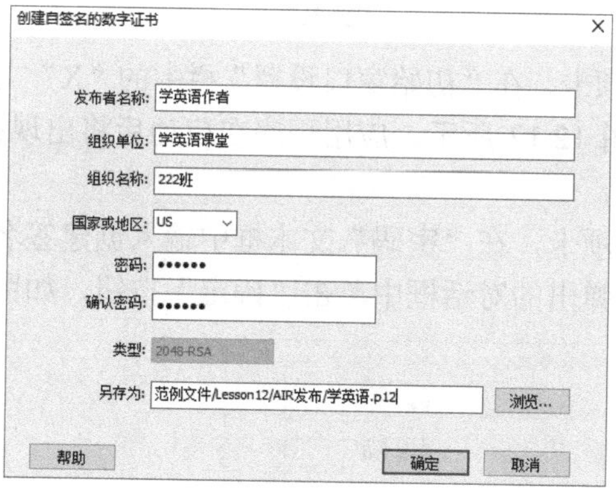

图 12.15

在空白的文本框中输入信息,确保密码已填写并记住该密码(这里密码输入的是"123456")。单击"另存为"右侧的"浏览"按钮,将其存放到"范例文件\Lesson12\AIR 发布"文件夹中。单击"确定"按钮,Animate 将在计算机上创建一个自签名的证书"学英语.pl2"。

(5)选择"图标"选项卡,如图 12.16 所示。选择"图标 128×128"选项,单击 按钮,选择"范例文件\Lesson12\AIR 发布\学英语.png"文件，单击"打开"按钮。

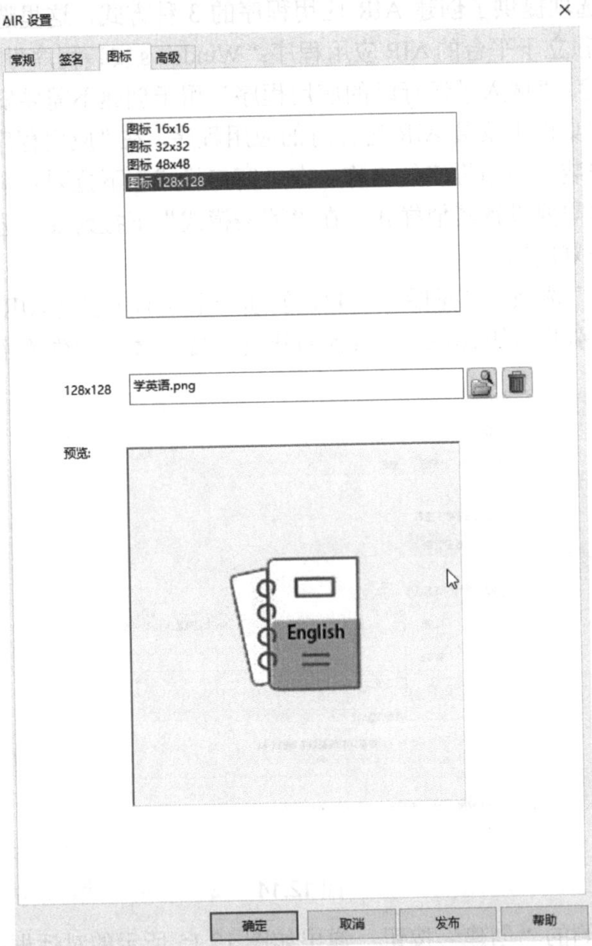

图 12.16

（6）选择"高级"选项卡，在"初始窗口设置"栏中的"X"文本框中输入"0"，在"Y"文本框中输入"50"，如图 12.17 所示。应用程序在启动后将出现在屏幕左侧且距离顶部 50 像素的位置。

（7）选择"签名"选项卡，在"密码"文本框中输入创建签名时的密码，单击"发布"按钮。在发布完成后，在弹出的对话框中单击"确定"按钮，如图 12.18 所示。

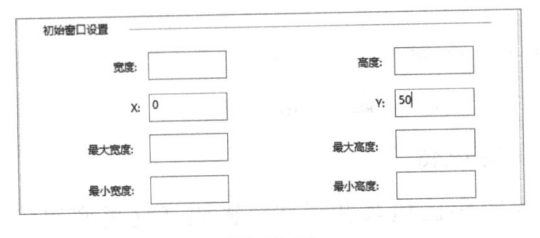

图 12.17 　　　　　　　　　　　图 12.18

这样，Animate 就在"范例文件\Lesson12\AIR 发布"文件夹中创建了一个 AIR 应用程序，名为"学英语.air"。

12.4.2 安装 AIR 应用程序

（1）安装"学英语.air"AIR 应用程序。AIR 应用程序独立于平台，但是用户的系统需要安装 AIR 运行时的应用程序。双击刚才创建的 AIR 应用程序，由于在创建 AIR 应用程序时使用了自签名的证书，因此 Adobe 公司会警告这是一个未知不可信任的开发程序，可能存在潜在的安全威胁（用户可以信任自己，因此可以继续进行），如图 12.19 所示，单击"安装"按钮，继续安装。

（2）在新进入的界面中浏览并选择安装位置，单击"继续"按钮，如图 12.20 所示。

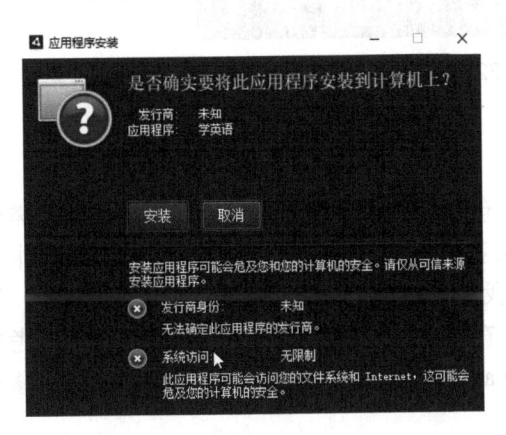

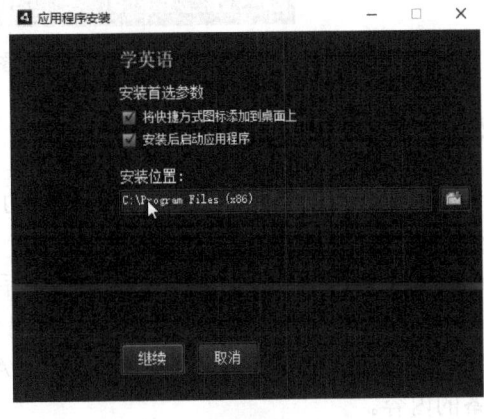

图 12.19　　　　　　　　　　　　图 12.20

（3）在安装完成后，桌面上会出现刚才安装好的"学英语"程序图标，如图 12.21 所示。双击它即可运行该应用程序。

图 12.21

12.5　发布到移动设备

用户可以将 Animate 内容发布到运行在 iOS（如 iPhone 或 iPad）或 Android 系统上的移动设备中。要将 Animate 内容发布到移动设备上，则需要在"发布设置"对话框中将"目标"设置为"AIR for iOS"或"AIR for Android"，以便创建一个用户可以在其设备上下载并安装的应用程序。

用户也可以在新建文件时，在开始界面的"高级"选项卡中选择"AIR for iOS"或"AIR for Android"选项（见图 12.22），在设置好舞台的大小和颜色后，单击"创建"按钮即可创建一个 AIR 在移动设备上的程序。

图 12.22

12.5.1 测试移动应用程序

相较于为桌面端创建应用程序，为移动设备创建应用程序要更加复杂，主要原因是需要获得开发和分发所需要的特定证书。例如，如果我们想将应用程序上传到 iTunes Store 中，Apple 就会要求我们按年付费，在付费之后，我们才能成为一名经过认证的开发人员。为 Android 设备进行开发只需一次性付费。另外，在单独的设备上测试和调试时，还需要考虑此项行为引起的额外的时间和精力。但是，Animate CC 提供了几种方法来帮助我们测试移动设备的内容。

注意：iOS Simulator 隶属于 Apple 的 Xcode 开发工具集。我们可以从 Apple 网站上免费下载这个工具集。

要在 iOS 设备上测试应用程序，需要加入 Apple 的 iOS Developer 计划，在这里可以创建开发、分发和提供证书。有了证书，我们就可以在 iOS 设备上安装应用程序并进行测试，还能将应用程序上传到 iTunes Store 中。

我们可以使用 Animate 提供的移动设备模拟器 AlR Debug Launcher 来测试移动交互性。与 AIR Debug Launcher 配套的 SimController 可以模拟设备倾斜（使用加速度计）、触摸姿势（如拖动和缩放），甚至地理定位功能。

对于 iOS 设备，Animate 能够发布一个 AIR 应用程序，以在本地的 iOS Simulator 中进行测试。AIR 应用程序类似模拟器，能够在 macOS 桌面端模拟移动应用程序的使用。

使用 USB 线将移动设备连接到计算机，Animate 就可以直接将 AIR 应用程序发布到移动设备上了。

12.5.2 模拟移动应用程序

下面将在 Animate CC 中使用 SimController 和 AIR Debug Launcher 来模拟移动设备的交互性。

（1）在 Animate CC 中打开"范例文件\Lesson12\AIR 发布\学英语.fla"文件。该文件包括 3 个场景（a 场景、b 场景、d 场景），如图 12.23 所示。

这个项目已经包含向舞台左侧或右侧滑动，以分别进入下一场景和上一场景的 ActionScript 代码。每个场景的第 1 个图层都设计了这个代码。图 12.24 是"a 场景"第 1 个关键帧的代码，第 1~18 行是场景滑动切换代码。

图 12.23

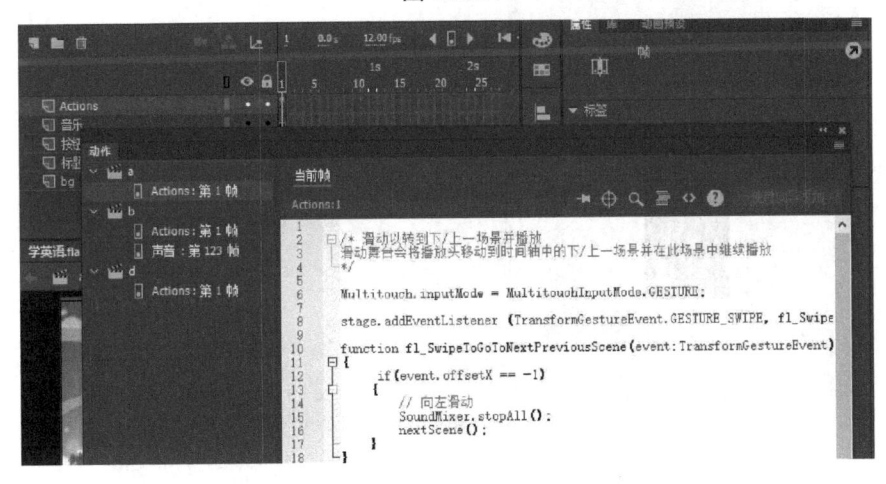

图 12.24

这段代码是通过"代码片断"面板添加的，包含许多可以用于手机设备交互的代码片断。

（2）在"发布设置"对话框中，在"目标"下拉列表中选择"AIR 30.0 for Android"选项，如图 12.25 所示。

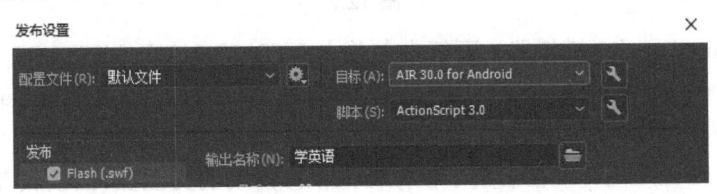

图 12.25

（3）选择"控制"→"测试影片"→"在 AIR Debug Launcher（移动设备）中"命令，如图 12.26 所示。

（4）此时，这个项目被发布到一个新窗口中，SimController 应用程序也被打开了，如图 12.27 所示。

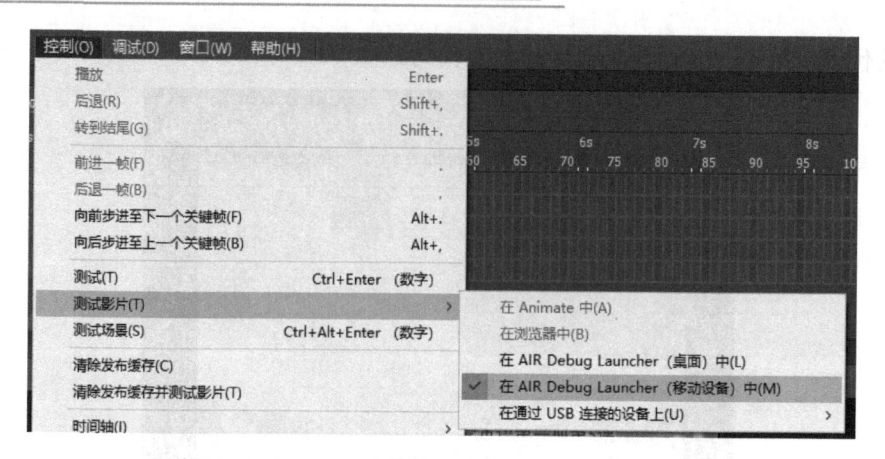

图 12.26

图 12.27

（5）在"Simulator"（模拟器）面板中，单击"TOUCHAND GESTURE"（触摸和手势）来展开该区域，勾选"Touch layer"（触摸层）复选框。该模拟器会在 Animate 内容上覆盖一个透明的灰色框，以模拟移动设备的触摸屏。选中"Gesture"（姿势）中的"Swipe"（滑动）单选按钮，如图 12.28 所示。现在启用了模拟器来模拟滑动的交互性。面板底部的"Instruction"（说明）会提示如何仅通过鼠标指针来创建交互设计。

（6）在 Animate 内容的触摸层上，向左拖动，然后松开鼠标按键。通过更改 Alpha 的值，可以更改触摸层的不透明度。黄色的点表示移动设备触摸层上的接触点，如图 12.29 所示。项目可以识别滑动的交互，然后切换到另一场景。左右滑动，Animate CC 会分别导航到下一场景或上一场景。

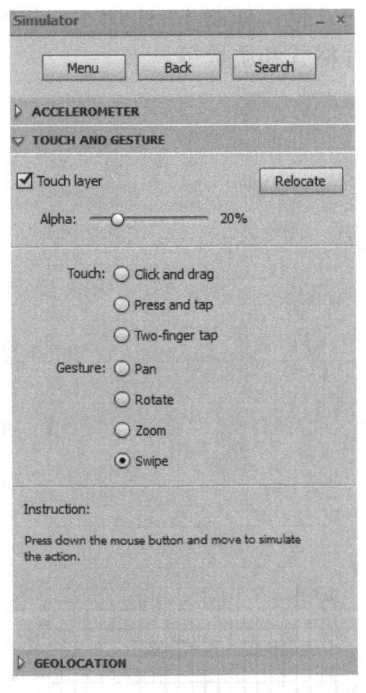

图 12.28 　　　　　　　　　　　　　　图 12.29

（7）关闭窗口。

注意：在启用触摸层时，不要移动包含 Animate 内容（AIR Debug Launcher 或 ADL）的窗口。否则触摸层就无法与 ADL 窗口对齐，也就无法准确地测试移动交互性了。

12.6　使用"导出"命令导出图像、影片、视频和动画等

（1）使用 Animate CC 的"导出"命令可以导出图像、影片、视频、动画等，如图 12.30 所示。

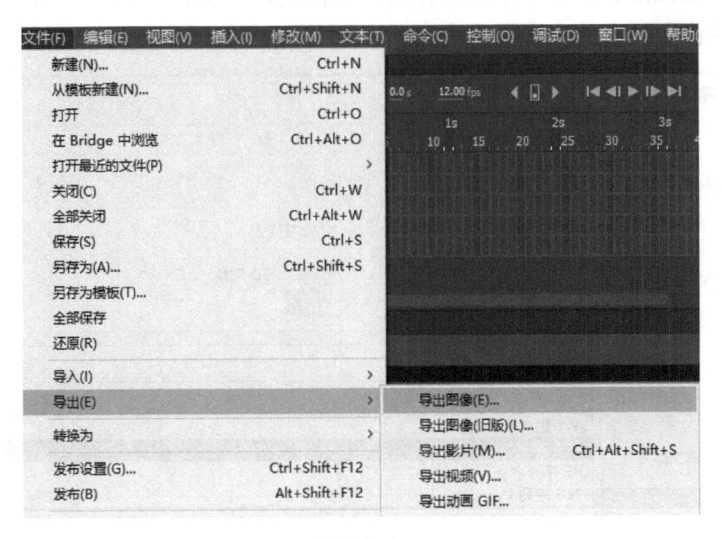

图 12.30

（2）选择"导出图像"命令，弹出"导出图像"对话框，如图 12.31 所示。我们可以在此修改导出当前帧的图像的各种选项，包括导出的图片格式和质量等。

图 12.31

（3）选择"导出影片"命令，弹出"导出影片"对话框，可以导出的影片格式如图 12.32 所示。我们将 Animate CC 文件导出为静止图像格式，为文件中的每一帧都创建一个带编号的图像文件，并将文件中的声音导出为 WAV 文件（仅限 Windows）。

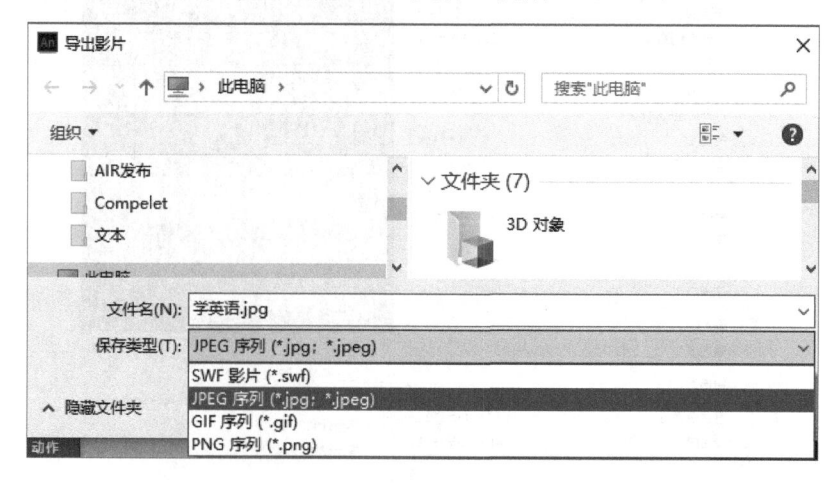

图 12.32

将文件导出为 Windows AVI 视频，会丢弃所有的交互性。由于 AVI 是基于位图的格式，因此如果包含的动画很长或者分辨率比较高，文件就会非常大。

（4）选择"导出视频"命令，弹出"导出视频"对话框，如图 12.33 所示。在此我们对导出的一些参数进行设置。视频导出的文件格式是 MOV。

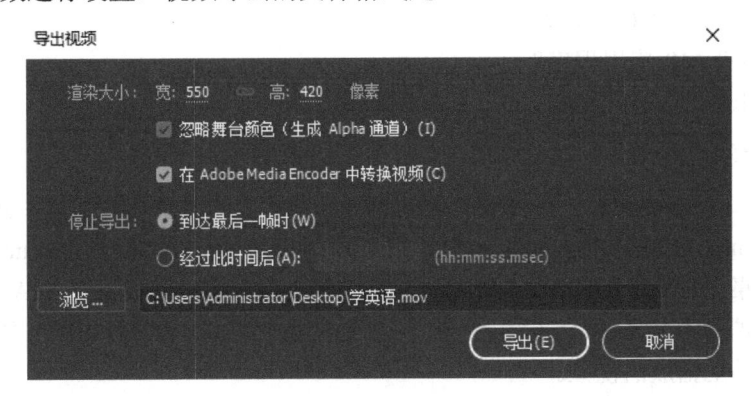

图 12.33

12.7 Animate CC 文件类型转换

要将一种类型的文件转换为其他类型的文件，可选择"文件"→"转换为"命令，并选择所需的文件类型，如图 12.34 所示。

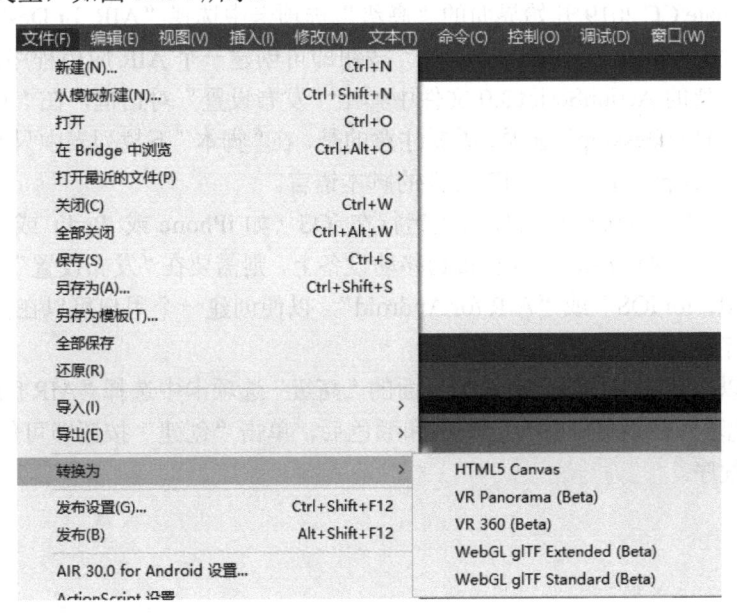

图 12.34

注意：HTML5 Canvas 文件类型不支持多个场景。当尝试将任何多场景文件转换为 HTML5 Canvas 文件类型时，需将所有场景均保存为单独的文件。如果想在一个单独的文件中使用场景，那么可将所有场景都分别放在单独的元件中。

对于文件之间重复使用某些资源，可以通过在文件之间互相复制、粘贴图层和元件来实现。

课后习题

理论题

1. 开发时环境和运行时环境的区别是什么？
2. 什么是 HTML5 Canvas？
3. 如何创建 AIR 应用程序？
4. 如何创建一个发布到移动设备的应用程序？

理论题答案

1. 开发时（Author-time）环境指的是创建 Animate 内容时所在的环境，如 Animate CC。运行时（Runtime）环境指的是为观众播放 Animate 内容时所在的环境。Animate 内容的运行时环境可以是桌面浏览器中的 Flash Player，可以是桌面上或移动设备上的 AIR 应用程序，可以是标准或扩展的 WebGL 运行时环境，可以是使用 HTML5 和 JavaScript 的浏览器，还可以是在视频网站上播放的视频。

2. Canvas 指的是 canvas（画布）元素，这是 HTML5 中的一个标记，允许 JavaScript 对 2D 图形进行渲染和动画处理。Animate 通过 CreateJS JavaScript 库来生成 HTML5 项目 canvas 元素中的图形和动画。HTML5、CSS3 和 JavaScript 是用于在桌面端、手机和平板电脑上为 Web 创建内容的现代标准。在 Animate 中选择 HTML5 Canvas 文件类型，会把 HTML5 定义为发布的运行时环境，并输出 HTML5 和 JavaScript 文件的集合。

3. 在 Animate CC 2019 开始界面的"高级"选项卡中选择"AIR for Desktop"选项，在设置好舞台的大小和颜色后，单击"创建"按钮即可创建一个 AIR 应用程序。

也可以在创建的 ActionScript 3.0 文件中弹出"发布设置"对话框，在"目标"下拉列表中选择"AIR 30.0 for Desktop"选项。需要注意的是，在"脚本"下拉列表中只有"ActionScript 3.0"选项，JavaScript 不能作为 AIR 文件的脚本语言。

4. 用户可以将 Animate 内容发布到运行在 iOS（如 iPhone 或 iPad）或 Android 系统上的移动设备中。要将 Animate 内容发布到移动设备上，则需要在"发布设置"对话框中将"目标"设置为"AIR for iOS"或"AIR for Android"，以便创建一个用户可以在其设备上下载并安装的应用程序。

用户也可以在新建文件时，在开始界面的"高级"选项卡中选择"AIR for iOS"或"AIR for Android"选项，在设置好舞台的大小和颜色后，单击"创建"按钮即可创建一个 AIR 在移动设备上的程序。